JN014176

IT ROADMAP 2024

ITロードマップ

2024年版

**情報通信技術は
5年後こう変わる!**

野村総合研究所
IT基盤技術戦略室
NRIセキュアテクノロジーズ

東洋経済新報社

はじめに

　野村総合研究所（NRI）グループでは、最新IT（情報技術）の動向を継続的に調査した結果を出版や講演活動を通じて広く社会に情報発信している。本書はその成果を書籍としてまとめた『ITロードマップ』の19冊目である。「ITロードマップ」とは、特定のIT領域について、現在から5年程度先までの技術の進化を予想した年表形式の"マップ"である。各技術のロードマップには、予想の根拠となる国内外の大学や企業の研究開発動向、その分野における主要ベンダーの製品開発動向、ベンチャー企業の製品開発動向、さらにはアーリーアダプター企業における活用状況、今後の課題などについても、われわれなりの視点で解説している。

　本書は、ITをビジネスに活用する企業の経営者やCIO、CDO（チーフ・デジタル・オフィサー）、デジタルビジネスの企画・推進部門の方、実際にITの開発や運用に携わる方々に対して、今後のIT利活用のナビゲーションとなるべく、以下のような構成とした。

■第1章「ITロードマップとは」

　ITロードマップの概要を紹介するとともに、2024年に特に注目すべき技術・ビジネストレンドとして、生成AIの本格導入、国産ステーブルコインとデジタル通貨、ネイチャーポジティブ経済、衛星ビジネスの胎動、分岐点を迎えるXRについてコンパクトに解説した。

■第2章「5年後の重要技術」

　5年先までの間にビジネスや社会に広く普及し、さまざまな影響を及ぼすと考えられるITとして「生成AI」「スペーステック」「プログラマブル・アイデンティティ」「次世代クラウド」「インダストリアル・メタバース」について解説した。

　また、経済安全保障の観点から注目を集めている「ソブリンクラウド」と

1

生成AIの登場によって新たな進化を遂げつつある「意思決定テクノロジー」について、コラム形式で紹介した。

■第3章「複合的なITの活用による新サービスの可能性」

単一技術ではなく、複数の技術の組み合わせによって実現している興味深いソリューションやサービスとして、「ネイチャーテック」「デジタルヘルス」「スキル・インテリジェンス」「コミュニティテクノロジー」について解説した。

■第4章「セキュリティの新潮流」

DXの推進では、AIやIoTなどデジタル技術の活用に注目が集まりがちであるが、新たな技術の導入には、何らかのリスクを伴うことが一般的である。新技術の導入に際し、企業としては適切にセキュリティリスクを把握し、対策を検討する必要がある。そうしなければ経営は新技術の導入にゴーサインを出すことはないだろう。

本章では、セキュリティ技術の新潮流として、「コグニティブセキュリティ」「サイバー公衆衛生」「マイクロセグメンテーション」「SRCとパスキー」「IoTセキュリティ法規」について紹介する。

また、消費者を無意識のうちに誘導するなどして不利益な選択をさせるサービス設計手法「ダークパターン」と「脅威対策の最新動向」については、別途、コラム形式で解説した。

本書がデジタルビジネスの検討やIT戦略の立案等、何らかの形で読者の皆様のお役に立つことを心より願っている。

第3章
複合的なITの活用による
新サービスの可能性

131

第 **4** 章
セキュリティの新潮流
～人と技術の融合へ～

コラム

第 1 章

ITロードマップとは

1.1 『ITロードマップ』とは

　IT（情報技術）の進展は目ざましい。AIやIoTの進化はもちろんのこと、それらを活用した新たなサービスが数多く生まれているほか、この数年はデジタルトランスフォーメーション（DX）実現のための必要不可欠な要素として、今まで以上に企業活動に大きな影響を与えている。数多くの技術が生まれる一方で、信頼性や投資対効果などの点では、企業の利用に必ずしも適さないものも少なくない。そのため、企業が適切なIT投資を行うためには、技術動向を継続して調査し、その中から将来重要となる技術を早期に見極める「目利き力」が求められる。

　野村総合研究所（NRI）では、ITの将来動向の予測を「ITナビゲーション」と呼んでおり、その活動の一環として継続的に『ITロードマップ』を作成、2005年からは書籍としても上梓してきた。

　ITロードマップは、執筆時から5年程度先までの特定のIT領域の動向を把握し、進化を予測している。時間軸を考慮しているため、年表形式の「マップ」となっている。

　ITロードマップの作成に当たっては、まず、①国内外の研究開発動向、②標準化団体の活動状況、③その分野における主要ベンダーの製品開発動向、④ベンチャー企業の製品開発動向、⑤さらにはアーリーアダプター企業における活用状況——などを幅広く調査する。そして、これらの調査結果をベースとして、ITアナリストの専門知識に基づく判断を加えたレポートとしてまとめている。レポートには、図表1-1-1のような年表形式のマップの予測に加え、先進的なユーザーによる活用事例や新技術を保有しているプレイヤーの評価・分析結果なども記載している。

　2023年時点、われわれが利用可能なデジタル技術は極めて多様化しており、すべてを把握することはますます難しくなっている。そのため、技術そ

図表 1-1-1 量子ネットワークのITロードマップ（「ITロードマップ 2023年版」より引用）

		～2021年度	2022年度	2023年度	2024年度	2025年度	2026年度
全体			量子技術の戦略テーマ化		耐量子暗号の実装準備		量子ネットワーク黎明期
			★「量子未来社会ビジョン」（内閣府）量子技術の2030年目標発表		☆クラウドサービスにおけるPQCサポート		
			★金融機関なども参加したQKD技術検証				
関連技術	耐量子暗号			次世代公開鍵候補の検討	PQC標準化		既存暗号とPQCのハイブリッド運用
				★「IBM Quantum Safeソリューション」（IBM）	☆「PQC標準公開」（NIST）		
				★「PQC第3ラウンド終了」（NIST）	☆「Hybrid key exchange in TLS 1.3」（IETF）		
	量子暗号通信			量子暗号通信技術検証		検証エリアの拡大	
			★「QKD検証実験」（NICT、野村證券ほか）	★「QKD検証実験」（JPモルガン・チェース、米国シェナ、東芝アメリカ）	☆「都市間QKDネットワーク構築」（NICT）		
			★「全長4600kmの量子鍵配送ネットワークを構築」（中国科学技術大学）	★「PQC、QKD組み合わせ利用検証」（NTT）			
				★「PQC、量子雑音暗号組み合わせ検証」（玉川大学）			

のものに加え、技術を取り巻く環境分析と併せて、取り組むべき技術を絞り込んでいくことがいっそう大切になってきている。また、IT関連ビジネスを展開する企業はもとより、一般のユーザー企業にとっても中長期的な事業計画を立案するに当たっては、今後、どのようなデジタル技術が出現し、それが自社の属する業界にどのようなインパクトを与えるのか、という見通しを持ち続けることは有益であろう。

　「ITロードマップ」の意義は、重要性を増しつつ多様化し続けるデジタル技術の将来を把握し、DX戦略あるいはデジタルビジネス戦略の立案に役立てることにある。

1.2 2024年の技術展望

本節では、2024年に注目すべき技術動向について概観する。

❶ 生成AIの本格導入

2022年11月に公開された「ChatGPT」は企業のIT戦略に大きな影響を与えた。多くの企業は生成AIを2023年度のIT戦略の最重要事項に位置づけ、「まず触ってみる」からスタートした。大企業では、マイクロソフトの「Azure OpenAI Service」を中心に利用環境を整備し、さらには社内ガイドラインの制定に追われる企業が多かった。2024年も試行錯誤は続くと予想されるが、先行企業では実際の業務への組みこみが本格化し、具体的にビジネスにどう生かすかが問われる年になるだろう。

特に、「自社固有の質問には回答できない」「最新の情報については回答できない」といったChatGPTの課題への対応策として、「RAG（Retrieval Augmented Generation：検索拡張生成）」やファインチューニングに取り組む企業が増加すると予想される。

ビジネスにおける生成AIの活用で期待されている業務の1つが、ソフトウェア開発である。AIがプログラマーのコーディングプロセスを支援するしくみとしては、ChatGPTの発表以前から「GitHub Copilot」などがあったが、GitHub Copilotはすでに生成AIを取り入れることを発表しており、プログラマーの生産性向上にさらに役立つものと期待される。

また、2023年8月にメタ・プラットフォームズが公開した「Code Llama」のように、コード生成に特化した大規模言語モデルも続々と生まれている。Code Llamaは、メタが2023年7月にオープンソースとしてリリースした大規模言語モデル「Llama 2」をコード固有のデータセットでさらにトレーニ

ングしたものである。コードの続きを生成する機能のほか、自然言語での入力をもとにしたコード生成や、コードについての解説の生成などが可能となっている。Code Llama もオープンソースとして公開されており、研究用途だけでなく商用でも無料で利用できる点は魅力的である。

　もっとも、生成AIが取りこまれるのはプログラマー向けのツールだけではない。コードを書かずにアプリケーションを開発できるノーコード開発ツールも生成AIを取り入れ、自然言語で対話しながらアプリケーション開発ができるようになりつつあり、ソフトウェア開発に携わるあらゆるユーザーが恩恵にあずかることになるだろう。

　一方、生成AIが職場に浸透することによって仕事を奪われる「AI失業」が現実のものになるかもしれない。すでに米国では2023年5月の時点で、米国に本拠を置く企業が発表した8万89人の人員削減のうち、約5%に相当する3900人はAIが解雇理由となっている。終身雇用が色濃く残る日本では、解雇は現実的ではないが、「AIによる社内失業」は十分あり得る。こうした事態に備えて「リスキリング」をいかに効率よく進めるかが重要になってくるだろう。リスキリングのプロセスを支援する「スキル・インテリジェンス」については3章3節で解説している。

❷ 国産ステーブルコインとデジタル通貨

　「ステーブル」は日本語で「安定した」を意味し、「ステーブルコイン」は文字通り、価格の安定を目指し、ドルなどの法定通貨に価格を「ペッグ（固定）」することなどによって、価格変動を排除した暗号資産である。「ビットコイン」や「イーサリアム」をはじめとする従来の暗号資産は価格変動が大きく、投機や投資の対象になってはいるものの、日々の決済手段として広く利用されるには至っていない。その点、法定通貨に連動するステーブルコインであれば、暗号資産でありながら価格の変動を抑え、法定通貨と同等の価値を持つことになる。

　ただし、ステーブルコインの定義は日本と欧米など海外では若干の違いが

ある。2023年6月に施行された日本の改正資金決済法で「ステーブルコイン」と定義されたのは、法定通貨を担保とし、デジタルマネーに類似した電子決済手段である「デジタルマネー類似型」である。暗号資産を担保としたり、アルゴリズムによって価値の安定を試みたりするステーブルコインは「暗号資産型」に分類され、暗号資産として規制を受けることとなった。

改正資金決済法の施行を受けて、日本でもデジタルマネー類似型のステーブルコインの発行および流通が可能になり、国産ステーブルコイン発行の気運が高まっている。2024年の発行を目指し、2023年は三菱UFJ信託銀行やオリックス銀行などが実証実験を行った。早ければ、2024年前半にも国産ステーブルコインが登場することになるだろう。

一方、改正資金決済法が定義する（狭義の）ステーブルコインには該当しないが、「広義のステーブルコイン」と言えるデジタル通貨「DCJPY」も2024年中に発行される予定である。DCJPYは民間銀行が預金として発行・移転（為替取引）するデジタル通貨であり、位置づけとしては、「銀行預金型の電子マネー」である。DCJPYのプラットフォームは基本的な資金の移転を取り扱う層と、さまざまなニーズに応じたプログラムの書きこみを可能とする層の2層構造となっている。スマートコントラクトを実装できるため、DCJPYによる商品・サービス、アセットなどの取引の自動決済も可能である点が特徴である。DCJPYは2024年7月に、まずはGMOあおぞらネット銀行が発行する予定となっており、ステーブルコインと共に注目したい。

❸ ネイチャーポジティブ経済

気候変動は現代社会における重要な課題の1つであり、世界中の農業生産や生態系の保全、自然エネルギーの供給など、人々の生活のあらゆる場面に悪影響を及ぼしている。すでに企業も温室効果ガス排出量の削減や再生可能エネルギーの使用などのさまざまな対策を進めており、気候変動対策は世界一体となって解決すべき課題として認知されていると言えよう。

気候変動の次に解決すべき社会課題として注目されているのが、生物多様

性である。2022年12月にカナダのモントリオールで開催された「生物多様性条約第15回締約国会議（CBD-COP15）」では、生物多様性の損失を食い止め、回復軌道に乗せる「ネイチャーポジティブ」の考え方が盛り込まれた。これは、「昆明・モントリオール生物多様性枠組」と呼ばれ、2030年までに世界の陸と海のそれぞれ30％以上を保護する「30 by 30」などの具体的な目標が設定された。

　目標の達成に向け、日本政府の動きも活発になっている。2023年3月に「生物多様性国家戦略2023-2030」を世界に先駆けて策定したほか、6月には自民党の環境・温暖化対策調査会が「NXへ実行の時―世界はNXに大きく動いている―」という政策提言を行っている。「NX」とは「Nature-based-Transformation」の略で、「自然資本を守り活用する社会への変革」を意味する。この提言には、ネイチャーポジティブ活動の法制化や企業などの活動促進につながるインセンティブの検討、自然資本に根ざした経済の新たな成長のかたちを示し、企業経営のトランジションを促すため、2023年度中に「ネイチャーポジティブ経済移行戦略（仮称）」を策定することなどが盛り込まれた。

　戦略の策定に向けては、環境省が主催する「ネイチャーポジティブ経済研究会」で議論が進められており（2024年1月時点）、ネイチャーポジティブ経済への移行による日本国内のビジネス機会は、2030年時点で最大104兆円（波及効果含め約125兆円）と推計されている。これは直近の実質GDP成長率約5〜6年分に相当し、大きな事業を生み出す可能性があると言える。

　テーマとしては、持続可能な森林管理から生態系の回復、自然に配慮した建築設計、再生可能エネルギーへの移行、省資源化など多岐にわたるが、テクノロジーが果たす役割も大きい。世界経済フォーラムが2020年に公開したレポート「New Nature Economy Report Ⅱ：The Future Of Nature And Business」でも、「ネイチャーポジティブの実現には第4次産業革命がもたらす革新技術（IoT、AI、ビッグデータなど）がキードライバー、あるいはイネーブラーとして重要な役割を果たす」と説明されている。

　ネイチャーポジティブ経済移行戦略（仮称）が2023年度中に策定された

後の2024年度から具体的な政策が推進されるため、その動向を注視する必要がある。本書では、3章1節「ネイチャーテック」で関連する技術動向を解説している。

④ 衛星ビジネスの胎動

アマゾン・ドット・コムの創業者であるジェフ・ベゾス氏が2000年に設立したブルー・オリジンやイーロン・マスク氏が2002年に創業したスペースXなどの民間企業が宇宙産業に積極的に参入し、宇宙産業は従来の政府主導から民間企業主導へと変貌を遂げた。これにより、ロケット打ち上げの低コスト化や再利用可能なロケットなどの技術革新が加速し、衛星インターネットサービスや衛星画像データの提供といった新たなビジネス機会も生まれつつある。

特にここ数年注目されているのが「低軌道衛星通信サービス」である。低軌道衛星通信サービスとは、その名の通り、高度2000km以下の低軌道を周回する多くの通信衛星を使った高速通信サービスである。低軌道衛星通信サービスは高度3万6000kmの静止衛星を用いた従来の衛星通信と比べ、ネットワークの遅延が小さい。また、離島や人里離れた山奥などのインフラを設置しづらい場所や、飛行機の機内、海洋上の船舶など、長距離を移動しながらでもブロードバンド接続を実現しやすくなるという特徴がある。特に地上の通信網がカバーしきれない場所に低軌道衛星通信サービスの出番があり、NTTドコモやKDDI、ソフトバンクなどがこれまで提供してきた通信サービスと補完関係にある。

実際、KDDIやソフトバンクはすでに低軌道衛星通信サービスとして、スペースXの法人向けサービス「Starlink Business」を提供している。先行するKDDIのサービスは静岡県熱海市の初島などの島嶼部や富山県剱岳、岩手県早池峰山などの山間部で使用されるなど、利用実績も着々と増えている。

KDDIでは、スターリンクの衛星とauスマートフォンが直接通信できる新サービスを2024年内をめどに開始するとしており、これまで「圏外」となっ

ていた地域でも、スマートフォンから地上の基地局を介さずにスターリンクの衛星と直接通信し、インターネットに接続できるようになる。

　また、地球の表面から比較的近い距離を周回している低軌道衛星は、高解像度の画像提供が可能であるため、温室効果ガスの排出量のモニタリングや森林の炭素吸収量の測定など気候変動対策や環境保護の分野で重要な役割を果たすことも期待されている。たとえば、小型衛星を使用して温室効果ガスの排出量モニタリングに取り組む米国のGHGSatは、2023年11月に二酸化炭素の排出源のモニタリングに特化した世界初の商業衛星「GHGSat-C10」の打ち上げに成功している。一方、米国の地球観測企業プラネットラボは、30mの解像度で森林の炭素吸収や樹木の高さなどの情報を提供する製品「Forest Carbon Diligence」を2023年11月にリリースし、さらに、より詳しい分析とレポートを提供するために3mの解像度で森林をモニタリング可能な製品を2024年に提供する予定である。

　このように2024年は、低軌道衛星通信サービスを利用したビジネスが大きく進展する1年となることが予想される。本書では、2章2節「スペーステック」で詳しく解説している。

❺ 分岐点を迎えるXR

　VR（Virtual Reality）やAR（Augmented Reality）などのXR（Extended Reality）技術はこれまでも本書『ITロードマップ』で何度か取り上げてきた。それだけ息の長いテーマであると同時に、なかなか普及しきれない技術とも言える。

　直近では、2021年10月のフェイスブックからメタ・プラットフォームズへの社名変更を契機としたメタバースブームによって、いよいよ普及期に入ると期待されたものの、2022年11月末に公開されたChatGPTが巻き起こした生成AIブームによって停滞してしまった感がある。

　メタは2023年3月に従業員約1万人をレイオフし、VRゲームチームの従業員を多数解雇した。2023年10月に発売したVRヘッドセットの最新モデル

「Meta Quest 3」の出荷台数は、当初の予測を下回っていると伝えられている。メタバースブームを牽引した1つ前のモデル「Meta Quest 2」の価格が3万7180円（当初）だったのに対し、Quest 3は7万4800円（いずれも128GBモデル）と価格が約2倍になったことも影響しているが、市場の熱が冷めつつあることは否定できない。肝心のメタ自身も前述したLlama 2やCode Llamaなどの生成AIに注力し始めており、同社の年次イベントでもメタバースについての言及は限定的でトーンダウンする一方、AIのパートに多くの時間を割いていた。

CEOのマーク・ザッカーバーグ氏は、XRやメタバース分野への投資を継続する意向を示しているが、2024年も生成AIブームが続くようであれば、生成AIにいっそう注力し、相対的にXRやメタバースの比重が下がっても何ら不思議ではない。

2024年にはXR業界の今後を占う上で重要なイベントも予定されている。アップルが満を持して発売するXR端末「Apple Vision Pro」である。同社がPC、スマートフォンに取って代わる「空間コンピューティング」端末と称するVision Proは、2024年前半にまず米国での発売を予定しており、日本など他国での発売は2024年後半と予想されている。

Vision Proはバッテリーを外づけにすることで軽量化（450g）を図りつつも、4Kテレビ以上という高画質のスクリーンを視界いっぱいに表示させることができる「マイクロOLED（Organic Light Emitting Diode）ディスプレイ」を備え、軽量化と高画質を同時に実現している。また、ユーザーの頭部の動きと手の動きがコントローラーなしでトラッキングできるようになっているため、コントローラーは付属せず、ハンドトラッキングや音声、アイトラッキング（視線）による直感的な操作が可能である。

ただし、ネックとなるのが価格である。Vision Proは3499ドル（約50万円）で発売予定であり、Meta Quest 3の7倍近い価格である。一般ユーザーではなく、開発者がターゲットであると考えられるが、それにしても強気の価格設定である。「アップル」というブランド力に加えて、これまで「iPhone」や「MacBook」で培ってきたUI（ユーザーインターフェース）・

UX（ユーザーエクスペリエンス）によってどれだけのユーザー（開発者）を惹きつけられるか、興味は尽きない。

　Vision Proは停滞するXR市場の起爆剤となることが期待される一方、万が一、失敗すれば市場に与える影響は計りしれない。「アップルをもってしてもダメだった」となれば、XRはしばらく冬の時代に入ってもおかしくない。ここまで紹介してきた4つの技術とは違った意味で、2024年のXRの動向に注目である。

第 2 章

5年後の重要技術

エグゼクティブサマリ

●サマリ

・生成AIとは、学習したデータをもとに新たな文章や画像、音声などを生み出すAIである。

・代表例は、スタビリティAI（Stability AI）の画像生成AI「ステーブルディフュージョン（Stable Diffusion）」、オープンAI（OpenAI）の会話型AIサービス「ChatGPT」である。

・文字認識のような認識系AIと生成AIの最も大きな違いは、「プロンプト」の有無である。プロンプトとは、コンピュータなどのシステムをコマンドと呼ばれる「命令」を組み合わせた文（テキスト）によって操作する機能を指す。生成AIは言語を獲得したことでプロンプトに入力されるコマンドや文章を理解し、ユーザーとの対話が可能となった。

・ぐるなびは、2023年6月から、自社サービス「ぐるなびFineOrder」にChatGPTを活用し、生成AI型のチャットボットを組みこむ実証実験をした。

・オンライン語学学習サービスのデュオリンゴ（Duolingo）は、2023年3月、生成AIを活用した新サービス「Duolingo Max」を始めた。ユーザーの引き起こした間違いを理解して説明するなど、まるで個人レッスンを受けているような学習を体験できる。

・スティッチフィックス（Stitch Fix）は、AIによるレコメンデーション（推奨方法）をさらに高度化するため、文章のような非構造データからユーザーの嗜好や意図を抽出するために生成AIを活用している。

●サービス・ソリューションのロードマップ
- ～2024年度：黎明期。生成AIサービスを活用した実証実験が始まる。
- 2025年度～2026年度：発展期。生成AIを組みこんだサービスが登場する。
- 2027年度～：普及期。生成AIがエージェントに進化し、サービスの窓口になる。

●課題
- 大規模な生成AIのモデルの開発や運用には、AIスーパーコンピュータのような特別なリソース（資源）が必要になる。
- 著作権の問題も避けて通ることができない。生成AIを活用する企業は、生成物に著作権侵害のおそれがないかどうかを確認する義務がある。
- 文章生成AIの課題は、「ハルシネーション（幻覚）」と呼ばれる現象である。回避策として、「検索拡張生成」が利用されているが、ハルシネーションを100%防げるとはいえないため注意を要する。

　情報処理推進機構が、2023年2月に公開した『DX白書2023』によると、国内企業のAIの利活用状況は、「全社で導入している」「一部の部署で導入している」を合わせると22.2%となった。情報処理推進機構では、2019年から継続的にAIの利活用に関するアンケートを実施しており、2019年の利活用状況は3.1%、2020年は4.2%と伸び悩んでいたが、2021年には20.5%に一気に増加するなど、AIは企業に根づき始めている（図表2-1-1）。AIの導入も一巡し、落ち着きをみせようとしていた中、2022年11月、日本をはじめ、世界中の話題を席巻することとなる新たなサービス「ChatGPT」が登場した。

　ChatGPTとは、米国のオープンAI（OpenAI）の開発する対話型AIサービスである。ChatGPTは、ウィキペディアをはじめとしたインターネット上の膨大なテキストを学習して開発されたAIで、質問に答えたり、入力さ

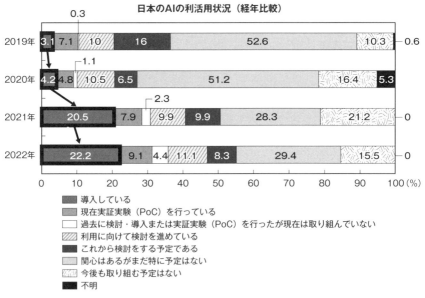

図表2-1-1 AIの利活用の状況

日本のAIの利活用状況（経年比較）

凡例:
- 導入している
- 現在実証実験（PoC）を行っている
- 過去に検討・導入または実証実験（PoC）を行ったが現在は取り組んでいない
- 利用に向けて検討を進めている
- これから検討をする予定である
- 関心はあるがまだ特に予定はない
- 今後も取り組む予定はない
- 不明

（出所）情報処理推進機構『AI白書2020』『DX白書2021』『DX白書2022』『DX白書2023』をもとに作成

れたテキストを要約したりする（図表2-1-2）。また、プログラムコードの生成や物語の創作など、知的な作業や創造的な作業にも活用できる。ChatGPTのように学習したデータをもとに新たな文章や画像、音声などを生み出すAIを「生成AI」と呼ぶ。

現在の生成AIブームのきっかけとなったのは、2022年8月に英国のスタートアップ企業のスタビリティAI（Stability AI）が公開した画像生成AI「ステーブルディフュージョン（Stable Diffusion）」である。スタビリティAIはモデルをインターネットで公開し、商用利用も認めたため、エンジニアを中心にユーザーを爆発的に増やしていった。オープンAIからも「DALL・E 2」と呼ばれる画像生成AIサービスが開発され、2022年7月から公開されていたが、利用が一部のユーザーに制限されていたことなどから、後発のスタビリティAIに話題をさらわれたかたちになった。ステーブルディフュージョンは、フォトリアルな画像やアニメ風の緻密な画像をわずか数秒で生成

図表2-1-2　ChatGPTの出力例

入力

あなたは市役所の職員です。
夏の暑い時期にイベントを開催する際の、案内チラシのあいさつ文を教えてください。

ChatGPT

出力

暑い夏が到来いたしましたが、皆様の健やかな毎日をお祈り申し上げます。
このたび、［市の名前］市役所では、夏を楽しむ特別なイベントを開催いたします。市民の皆様にとって、心に残る夏の思い出となることを願っております。
日時や場所、詳細などは後述の情報をご参照ください。多くの皆様のご参加を心よりお待ちしております。
炎天下の中、健康と安全を最優先に、十分な水分補給や日差し対策をしてお越しいただきますようお願い申し上げます。
夏の思い出を共につくることができるのを楽しみにしております。どうぞよろしくお願い申し上げます。
［市の名前］市役所

図表2-1-3　ステーブルディフュージョンの出力例

入力

portrait photo of a asia old warrior chief, tribal panther make up, blue on red, side profile, looking away, serious eyes, 50mm portrait photography, hard rim lighting photography-beta -ar 2:3 -beta -upbeta -upbeta

ステーブルディフュージョン

出力

する（図表2-1-3）。写真を絵画風に変換する従来のAIと比べ、生成される画像の質やバラエティが劇的に向上し、一部のユーザーの間では写真の発明に匹敵するインパクトと捉えられた。

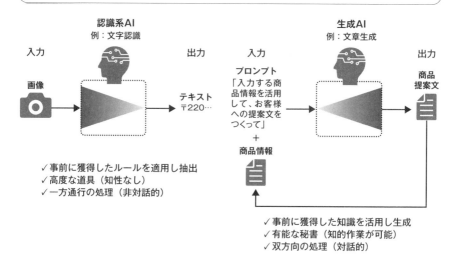

図表2-1-4 認識系AIと生成AI

認識系AIと生成AIの違い

　手書き文字認識のような「認識系AI」と「生成AI」は特徴が異なる。認識系AIは、入力から情報を取り出す役割を担い、生成AIは入力に応じて情報をつくり出す役割を果たす（図表2-1-4）。また、認識系AIと生成AIの最も大きな違いは、「プロンプト」の有無である。プロンプトとは、コンピュータなどのシステムをコマンドと呼ばれる「命令」を組み合わせた文（テキスト）によって操作する機能を指す。生成AIはプロンプトを通じて人と対話を繰り返し、出力結果を調整するなど、まるで「有能な秘書」のように振る舞う。このため、認識系AIが「便利な道具」である機械の域を出なかったのに対し、生成AIは機械を超えた知性を感じさせる。

言語モデルと生成AI

　英語や日本語など言語の特徴をモデル化したコンピュータプログラムを「言語モデル」と呼ぶ。近年、言語モデルをAIによって開発する手法が発展した。入力された単語や文章の続きを精度高く予測するよう、内容も書き手も異なるさまざまな文章によって繰り返し訓練し、開発する。AIは、無数

の例題からデータの持つパターン（「型」）を獲得する過程で、いつしかパターンを汎化し、特定の概念や意味を捉えた「知識」を獲得していると考えられる。

　言語モデルのしくみは単純であるが、予測範囲の拡大により効果は増大する。単語から次の単語を予測する程度では、活用法は限定的で実用性は乏しい。しかし、単語が連なれば文となり、文と文から文章となる。文章と文章の関係が予測できるなら、「質問文」に対する「回答文」などの質問応答も可能であるし、入力文を予測の前提とできるなら、仮説に続く論理的な考察もできる。このように、言語モデルは予測範囲が広がることで、価値や活用法が急激に高まる技術である。

　ChatGPTのように主に文章を生成するAIはもとより、ステーブルディフュージョンのような画像生成なども、現在の生成AIのほとんどは、英語や日本語などの言語を学習している。生成AIは言語を獲得したことでプロンプトに入力されるコマンドや文章を理解し、ユーザーとの対話が可能となった。

トランスフォーマーネットワーク

　言語モデルの進化に多大な影響を与えたのが、「トランスフォーマー」と呼ばれるニューラルネットワークである。トランスフォーマーは、グーグルの研究者らによって、2017年6月に考案された。トランスフォーマーの登場以前、言語モデルには、「リカレントニューラルネットワーク」と呼ばれるモデルが活用されていた。リカレント＝再帰という名が示すように、このネットワークは、一度出力したデータを、次の入力として再び取りこむ構造を持つ。人が文章を先頭から読み進めていくように、AIも、予測を繰り返せば優れた言語モデルができるのではないかという仮説に基づいていた。しかし、リカレントニューラルネットワークは、改良が続けられたものの、再帰構造を持つことがボトルネックとなり学習に時間がかかり、画像認識のような画期的な成果には結びつかなかった。この状況を一変させたのが、トランスフォーマーである。

トランスフォーマーは、アテンション機構と呼ばれる部品を何層にも接続した構造を持つ。人が単語と単語の関係や文と文との関係から文章を理解するように、アテンション機構は学習を繰り返すことで、文章の中に埋もれた「関係」を抽出できるようになる。この関係は、文章の持つ「意味」を示し、抽出された「意味」を介して、翻訳や要約、プログラミングなど、さまざまな言葉に関するタスクを解く。

トランスフォーマーは、入力データから特徴を抽出する「エンコーダー」と目的のデータをつくり出す「デコーダー」の2つからなる。この構成は、リカレントニューラルネットワークの一種である「Seq2Seq」と同じである。ここで、日本語から英語への翻訳を例に学習時のイメージを図表2-1-5に示した。両者の基本構造は似ているが、トランスフォーマーは、水平方向の逐次処理がなく並列処理可能な構造を持ち、リカレントニューラルネットワークと比べ効率的に学習できる。

トランスフォーマーは、単純な構造であるため大規模化が容易で、並列処理によって膨大なデータを学習できる。トランスフォーマーの登場により、言語モデルはパラメータ数が増え大型化が進み、以前のモデルと区別するために「大規模言語モデル」と呼ばれるようになった。

図表2-1-5 リカレントニューラルネットワークとトランスフォーマーネットワークの比較

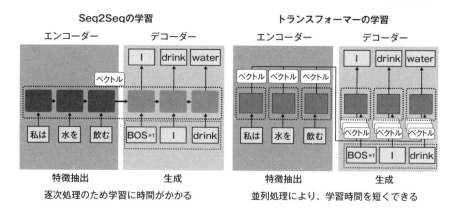

*1　Begin of Sentence

大規模言語モデルで成功を収めたのがオープンAI（OpenAI）である。オープンAIは、2020年1月に「Scaling Laws for Neural Language Models」という論文を公開し、言語モデルの性能は、モデルのサイズ、データセットのサイズ、学習回数の3つの要素を増やせば増やすほど、性能が向上することを発見した。この法則は、「スケーリング則」と呼ばれ、2020年6月には、1750億のパラメータからなる大規模言語モデルGPT-3の誕生につながった。そして、GPT-3を発展、改良したものが、2022年11月に登場したChatGPTである。

 ## 事例

ぐるなび「ぐるなびFineOrder」AIチャットボット

飲食店の情報サイトの運営などを行うぐるなびは、2023年6月から、自社サービス「ぐるなびFineOrder」にChatGPTを活用し、生成AI型のチャットボットを組みこむ実証実験をした。ぐるなびFineOrderは、顧客のスマートフォンから入店した飲食店の専用サイトにアクセスし、メニューを注文するモバイルオーダーシステムである。顧客はいつでも気兼ねなく注文できるようになるなど利便性は向上するが、モバイルオーダーシステムでは顧客の希望を自ら聞き出すようなことはできず、接客の観点から改善の余地があった。ぐるなびは、ChatGPTを活用したAIチャットボットを開発し、店舗のメニューを読みこみ、顧客の要望に応じてメニューを提案可能とした。たとえば、顧客が「夏バテ気味なので、あっさり系のメニューはありませんか？」などと入力すれば、おすすめのメニューを考え、提案する。

これまでにも、チャットボットは顧客からの問い合わせの解決に一定の成果を上げてきた。たとえば、金融機関ではチャットボットを導入し、ATMの場所をわかりやすく説明したり、課題に合わせて適切な問い合わせ先に案内したりしてきた。これら従来型チャットボットは、顧客の求める「答え」が事前に用意したどの「シナリオ」に該当するか分類しているにすぎなかった。顧客の会話文を理解する能力も限定的で、チャットボットの会話のバラ

エティも準備したパターンに依存し、解答例にないものに応対することは困難であった。しかし、ChatGPTなどを活用した生成AI型チャットボットは、会話文の内容を理解し、顧客に合わせた回答をその場で生み出すことができる。活用する生成AIのモデルにより差異はあろうが、大規模言語モデルによって、接客の基本的な作法、飲食店での注文など、多くの知識を獲得している。生成AIの持つ知識を接客に生かせれば、相手の意図や気持ちに寄り添う、これまでにないチャットボットが開発できる。

2023年11月、オープンAIは、独自に対話型AIサービスを開発できる「GPTs」を発表した。GPTsは、「GPT Builder」というツールを活用し、システムと自然文で会話しながら独自の生成AIのサービスを開発できる。生成AI型のチャットボットの開発にも応用でき、開発したチャットボットを公開できる。

今後、生成AIは、従来型チャットボットを置き替え、顧客に合わせた商品提案のようなより高度な接客に活用されるようになると思われる。

デュオリンゴ・マックス（Duolingo Max）

デュオリンゴ（Duolingo）は、2011年に米国のピッツバーグに設立されたオンライン語学学習サービスを提供するスタートアップ企業である。英語やスペイン語、中国語、日本語などの複数の言語に対応し、スマートフォンのアプリケーション「Duolingo」として有名である。米国モバイルアプリ調査会社のSensor Towerによると2022年には、日本国内で最もダウンロードされた教育向けアプリケーションとなった。

デュオリンゴはユーザーの進捗に合わせて、一度学習した内容を忘れそうなタイミングをみつけ復習用の問題を出すなどして学習の定着を図る「バードブレイン（Birdbrain）」と呼ばれるAIを開発している。また、習熟度に合わせ少しだけ難しい問題を出すよう調整したり、ユーザーの受講履歴に合わせて学習を促すメッセージを送信したりするなど、学習を効果的に進めるためにAIを積極的に活用してきた。

デュオリンゴが2023年3月に発表した新サービスが「Duolingo Max」で

（出所）https://blog.duolingo.com/duolingo-max/

ある（図表2-1-6）。オープンAIと提携し、GPT-4を活用して学習を支援する「Explain My Answer」と「Roleplay」という機能が含まれる。Explain My Answerは、ユーザーが間違えた際に、なぜ間違えたのかを推測し、その理由を説明する。語学学習で一般的な一問一答形式の問題では、答えと、一般的な解説が添えられているだけで、ユーザーの間違いを理解しているわけではない。Explain My Answerでは、生成AIが、ユーザーの引き起こした間違いを理解した上で説明するため、まるで個人レッスンを受けているような学習を体験できる。

　一方、Roleplayは飲食店での注文など、利用シーンを設定しAIと音声による対話を通じて学ぶ。ユーザーの会話を生成AIが理解し、やりとりするため、模範解答との類似性による「正解」「不正解」にとどまらない実践的な学習ができる。Explain My Answerと同様にユーザーの解答に合わせた説明が得られるため、復習にも役立つ。

　生成AIの特徴である言語を理解できる点は、これまで困難とされてきた、教育分野におけるAI活用を前進させるきっかけとなっていくだろう。

スティッチフィックス（Stitch Fix）

　スティッチフィックス（Stitch Fix）は、2011年、サンフランシスコに設立された、衣類やアクセサリーのオンライン販売を行うスタートアップ企業である。好みに関するアンケート結果と、利用目的や購入期限、費用などの条件から、スティッチフィックスがコーディネートした商品が自宅に届くサービスである。気に入った商品があればその場で購入し、気に入らなければ返品する。スティッチフィックスは、ユーザーに関する十分なデータが蓄積されておらず、適切なレコメンデーション（推奨方法）が困難とされる「コールドスタート問題」を、人とAIとを組み合わせ解決した先進企業として有名である。具体的には、AIがデータ分析をもとに作成したコーディネート結果をスタイリスト（人）が必要に応じて見直すしくみになっている。初期登録ユーザーは、AIが推論に活用できるデータが限られるため、好みに関するアンケートや利用目的などからのスタイリストの見直しが有効である。ユーザーが何度か利用すれば、購入された商品と返品される商品の特徴をAIは学習し、コーディネートの精度を高め、スタイリストが調整する必要性はなくなる。

　スティッチフィックスは、AIによるレコメンデーションをさらに高度化するため、ユーザーが利用目的を伝える際の文章や、購入後のフィードバックに目をつけた。ユーザーが綴った過去の文章をまとめてオープンAIのGPT-3に取りこみ、これを前提条件として、新たな注文が来たならば、どのようなコーディネートが求められているか推論させた。GPT-3は、推論した結果を画像生成AIであるDALL・E2に入力可能なプロンプトとして出力する。DALL・E2によって可視化されたコーディネートは、画像検索にかけられ、似たかたちや色の衣類やアクセサリーが検索される。データ分析AIが過去の購買履歴などから、検索によって得られたコーディネート候補に絞りこみをかけ、最終案を作成する（図表2-1-7）。

　生成AIは、文章のような非構造データから、ユーザーの嗜好や意図を抽出するために活用されている。スティッチフィックスのように、生成AIを活用して、数値のような構造データに続き、文章のような非構造データを取

図表2-1-7　スティッチフィックスの生成AI活用のイメージ

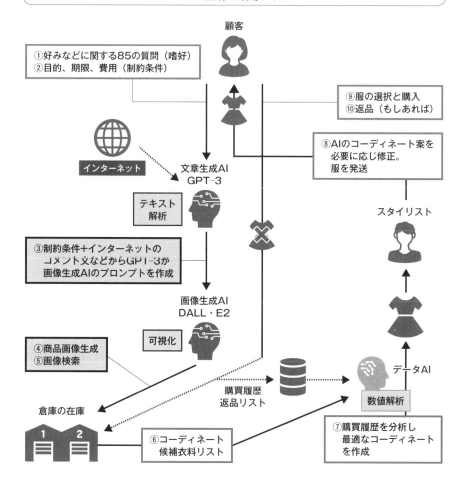

①好みなどに関する85の質問（嗜好）
②目的、期限、費用（制約条件）

顧客

⑨服の選択と購入
⑩返品（もしあれば）

⑧AIのコーディネート案を
必要に応じ修正。
服を発送

インターネット

文章生成AI
GPT-3

テキスト
解析

③制約条件＋インターネットの
コメント文などからGPT-3が
画像生成AIのプロンプトを作成

スタイリスト

画像生成AI
DALL・E2

可視化

④商品画像生成
⑤画像検索

データAI

数値解析

倉庫の在庫

購買履歴
返品リスト

⑥コーディネート
候補衣料リスト

⑦購買履歴を分析し
最適なコーディネート
を作成

りこみ、レコメンデーションを高度化する企業が、今後増加すると考えられる。

② 関連技術の紹介

AIスーパーコンピュータ

AIスーパーコンピュータとは、ニューラルネットワークを用いて構築さ

れたAIのモデルを効率的に学習するスーパーコンピュータである。従来型のスーパーコンピュータは、高速なCPU（Central Processing Unit）を内蔵した大量のコンピュータを超高速ネットワークで接続した「クラスター」と呼ばれるシステムであった。一方、AIスーパーコンピュータもクラスターの形式を取るが、AIの学習に必要な特殊な行列計算を高速に処理できるGPU（Graphics Processing Unit）を持つコンピュータが活用される。

ChatGPTの前身ともいえるオープンAIのGPT-3の開発には、出資者であるマイクロソフトが提供したAIスーパーコンピュータが多大な貢献をした。2020年5月、マイクロソフトは、「Build」と呼ばれる開発者向けのカンファレンスの中で、オープンAIの開発を支援するため、マイクロソフトのクラウドサービス「Microsoft Azure」のデータセンター内に、専用の区画を設け、当時のスーパーコンピュータランキングでトップ5位に入る高性能システムを構築し、提供したことを発表している。

GPUに関しては、2020年ごろから仮想通貨のマイニングブームが起き、一時、コンシューマー向けGPUが不足し、価格が高騰するなどしていたが、2022年ごろには落ち着いていた。2023年に入り、生成AIブームが始まり、GPU不足が再び起きている。しかし、今回のGPU不足では、大量のメモリーを内蔵し、より大規模な並列計算が可能なエンタープライズ用のGPUに強い引き合いがある。また、生成AIの開発には、AI向けライブラリの充実度からGPUにはエヌビディア（NVIDIA）の高性能製品に人気が集中している。世界的にGPUのニーズを満たせない状況が起きており、代替品の調達をはじめ、メガクラウドベンダーを中心にAI専用半導体を開発する動きが活発化している。

❸ ITロードマップ

図表2-1-8に、生成AIの普及に向けたロードマップを示す。

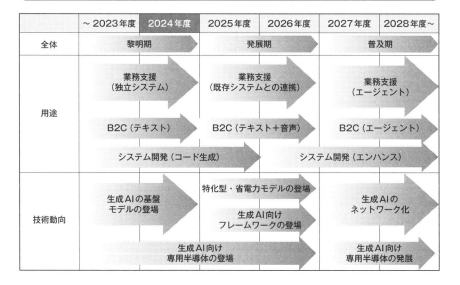

図表2-1-8　生成AIの普及に向けたロードマップ

	〜2023年度	2024年度	2025年度	2026年度	2027年度	2028年度〜
全体	黎明期		発展期		普及期	
用途	業務支援 （独立システム）		業務支援 （既存システムとの連携）		業務支援 （エージェント）	
	B2C（テキスト）		B2C（テキスト＋音声）		B2C（エージェント）	
	システム開発（コード生成）			システム開発（エンハンス）		
技術動向	生成AIの基盤 モデルの登場		特化型・省電力モデルの登場		生成AIの ネットワーク化	
			生成AI向け フレームワークの登場			
		生成AI向け 専用半導体の登場			生成AI向け 専用半導体の発展	

〜2024年度：黎明期。生成AIサービスを活用した実証実験が始まる

　オープンAIをはじめとした生成AIを開発する企業から、基盤モデル（ファウンデーションモデル）が登場する。基盤モデルとは、主にインターネット上で収集された膨大な文章や画像などを学習したモデルである。オープンAIのGPT-4や、フェイスブックを運営するメタ・プラットフォームズの「Llama 2」などがある。ファインチューニングによって、プログラミングなど特定のタスクを精度高く解けるようになる。このため基盤モデルは、AIの「原材料」といえる。

　基盤モデルを開発するスタートアップ企業は、エンジニアのリソースに限りがあるため、アマゾン・ドット・コムやグーグルなどのメガクラウドベンダーと協力し、基盤モデルや関連するサービスを提供する。基盤モデルのファインチューニングやシステムへのインテグレーションは、メガクラウドベンダーのエンジニアがノウハウを提供するなどして支援する。スタートアップ企業は自社のモデルの拡販につながり、メガクラウドベンダーはクラウドリソースの拡販につながるなど、両社は共生関係にある。

生成AI向けの専用半導体も登場し始める。生成AIのモデルの多くは、トランスフォーマーの構造からなり、ほかのAIモデルと同じく高速な行列計算が求められる。また、モデルが大きくなればなるほど、必要なメモリー量も増える。たとえば、SambaNova Systemsは、2017年に米国のパロアルトに設立された、AIやデータ分析向けの専用半導体を開発するスタートアップ企業である。「データフローコンピューティング」という技術を保有する。従来型のプロセッサは、出荷後に回路を変更できないが、SambaNova Systemsのプロセッサは、ソフトウェアによって処理手順を変更できる。この特徴は、ニューラルネットワークの構造に応じてプロセッサの処理を変更できるため、AI開発にも有利である。また、SambaNova Systemsは、2023年9月、「SN40L」と呼ばれるAI向けプロセッサを発表した。SN40Lは64GBのメモリーを持ち、1.5TBまで拡張できるなど、大量のメモリーが必要となる生成AIの開発にも柔軟に対応できる。

　生成AIのブームによって、世界的にGPU不足が起き、資金力のあるメガクラウドベンダーを中心に、AI向けの専用半導体を開発する取り組みが始まっている。マイクロソフトは、2023年11月、独自に開発したAI専用半導体「マイア100（Maia 100）」を発表した。ハードウェアリソースの安定的な確保と、省電力による運用コスト削減を狙っている。アマゾンやグーグルもAI専用半導体を開発しており、今後、生成AIをターゲットにした、より大容量のメモリーを搭載した製品が登場すると思われる。

　先進企業を中心に、対話型AIサービスの提供が始まる。「ChatGPT Plus」のようなコンシューマー向けサービスは、個人事業主や中小企業を中心に、技術に関心の高いユーザーによって活用される。Web上のUIを介して、プロンプトを入力し、書類を要約させたり、翻訳させたりするなど、簡易な作業を支援するツールとして利用される。行政機関や大企業は、マイクロソフトが提供する「Azure OpenAI Service」などのクラウド型の生成AIサービスを利用し始める。自社専用のChatGPT環境をMicrosoft Azure上に構築し、活用法が探索される。また、マイクロソフトは、「Microsoft Copilot」というブランドで、生成AIを自社製品に組みこみ始める。「Windows」の

「ヘルプ」に代わり、「Copilot in Windows」がOSの設定に関する問題解決をサポートしたり、「Copilot for Microsoft 365」では、未読メールをわかりやすくまとめたりするなど、知らず知らずのうちに生成AIは「便利機能」として浸透する。

　ぐるなびのように、生成AI型のチャットボットを開発し、顧客向けに実験的にサービスを始める企業も登場する。しかし、チャットボットが顧客とのやりとりを直接行うと誤った回答を返し得るなど、リスクが考えられるため利用は限定的である。一方で、コールセンターなどの問い合わせ対応の支援ツールとして生成AI型のチャットボットは導入される。チャットボットの回答をオペレーターが確認し、参考情報として利用したり、確認したりした上で返信する。

　画像生成AIは、漫画などの創作やデザインなどで利用され始める。アドビ（Adobe）は、2023年3月、画像生成AIサービス「Adobe Firefly」を始めた。Adobe Fireflyは、デザインで懸念される著作権に配慮したサービスで、学習データには商用利用が認められたものだけが活用されている。今後も機能が拡充され、「Adobe Photoshop」や「Adobe Illustrator」などと並びクリエイターを支える製品となる。

　システム開発においては、コード生成が活用され始める。2023年11月、ソフトウェア開発プラットフォームを手がける米国のGitHubは、「Copilot Workspace」を発表した。Copilot Workspaceは、AIが自然言語で記述された変更依頼を受け取ると、どのようなコードを作成すべきか仕様を検討し、その後、コードを作成する。コードをビルドした際にエラーが発生すれば、コードを修正し、エラーの解消とビルドを繰り返す。発表時点でテストの自動化には言及していないが、将来的にテスト自動化も含まれるようになるだろう。同様の機能はほかのベンダーやオープンソース・ソフトウェアからも登場する可能性があり、コード生成ツールやサービスは、大規模なシステムを維持管理する企業やシステム開発企業で導入され始めるだろう。

2025年度〜2026年度：発展期。
生成AIを組みこんだサービスが登場する

　言語モデルはこれまで、大規模化の道を進んできたが、このころになると、日本語に特化したモデルや業界に特化したモデルなど、特化型モデルが市場に登場し始める。2023年10月、産業技術総合研究所や東京工業大学などからなる研究開発グループ「LLM-jp」は、日本語に特化した大規模言語モデルの開発を発表した。産業技術総合研究所が所有するAIスーパーコンピュータ「AI橋渡しクラウド（ABCI：AI Bridging Cloud Infrastructure）」が学習に活用される。かねてから、GPT-4をはじめ、海外のベンダーの開発する大規模言語モデルは、日本語など非英語圏のやりとりが英語と比べ劣っていたり、日本特有の知識が不足したりしている点が指摘されていた。大規模言語モデルは、今後、社会や産業の基盤になると考えられるため、言語モデルの優劣は、国力にも影響しかねない。そこで、国などの研究機関が自ら大規模言語モデルを開発し始めている。用途を特化し学習データを抑えつつ、言葉の巧みさのような大規模言語モデルの利点を維持した、「大きすぎないモデル」が登場する。モデルを小型化できれば、省電力にもつながる。

　生成AIを効果的に使うためのフレームワークも数多く登場するだろう。たとえば、2022年10月に公開された「LangChain」である。サンフランシスコの機械学習スタートアップ企業 Robust Intelligence に勤務していた Harrison Chase によって、オープンソースプロジェクトとしてスタートし、2023年4月には、同名（LangChain）の企業として法人化した。

　LangChainは、大規模言語モデルに足りない機能を補う。「Memory」と呼ばれる機能は、言語モデルとのやりとりを記憶する。大規模言語モデルは、入力に応じてその先を予測するが、次の入力が来ると、その前の入力を忘れてしまう。そこで、LangChainでは、やりとりを保存し、次の会話の際に、その前のやりとりの全文やサマリを読みこむなどする。最新の研究成果が実装され続けており、大規模言語モデルを用いた単純な要約以外にも、キーとなる単語を抽出し、単語に関連する情報をまとめた知識として保持し

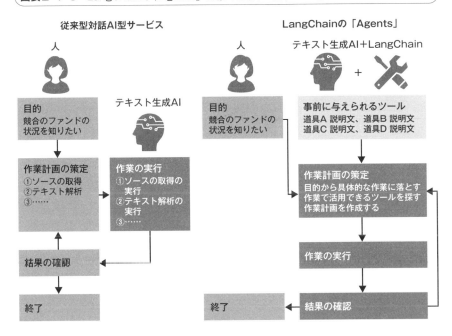

図表2-1-9　LangChainの「Agents」を用いた動作と従来型の対話型AIサービスとの違い

ておくなど、さまざまな手法が実装されている。このほか、「Agents」と呼ばれる機能は、入力文から、何をすべきかの行動計画を自ら策定し、事前に自然文で定義されたAPIを選択、実行できる（図表2-1-9）。大規模言語モデルを取り扱う研究論文の中で、新しいフレームワークが数多く考案されており、今後もモデルの「内」なる進化と共に、モデルを活用する「外」の機能も発展していくだろう。

　フレームワークの進化によって、対話型AIサービスは、ほかの業務システムと連携し始める。定期的にデータを取得して確認するような簡易な作業から、条件に応じて複数のシステムからデータを取得してまとめる高度な作業も生成AIが担い始める。

　B2C向けには、音声合成と文章生成を組み合わせたサービスが、オンラインや店舗で利用されるようになる。特化型モデルの登場により生成物の信頼性も高まり、用途は拡大する。画像生成AIや、音声合成、文章生成を組み

合わせた、パーソナライズ広告も生まれる。テレビCMを制作するような大手企業の商品を除き、オンライン広告の一部は、生成AIが担うようになる。

　システム開発においては、テスト支援が可能となる。GPT-4は文章以外にも、すでに画像を入力できる。人がマニュアルから操作を理解するように、生成AIもマニュアルを読みこみ、業務システムをテストできるようになる。生成AIはコードを生成しビルドした後、テストを実行し、動作確認するなど、エンハンスに必要な一連の作業が可能となる。実現すれば、セールスフォース・ドットコム（Salesforce.com）やSAPなどのパッケージベンダーのソフトウェアの維持管理の手間は大幅に削減されるだろう。

2027年度〜：普及期。
生成AIがエージェントに進化し、サービスの窓口になる

　普及期を迎え、さまざまな生成AIのモデルがビジネスや日常生活を支えるようになる。生成AIはネットワーク化され、互いに必要な情報をやりとりし、連携する。これまで、システムとシステムの連携には、通信方式やデータフォーマットに関する規約（プロトコル）を併せる必要がある機械的なシステムであった。しかし、生成AIは、習熟度に差はあるものの、言語を獲得している。生成AI同士のやりとりは、おそらく、言葉を用いた人間的なシステムとなるだろう。ただし、新たな課題として、すでに人と生成AIとの間で、プロンプトによる意思疎通がうまくいかないことがあるように、生成AIの間でも、意思疎通がうまくいかない場合が起こり得る。生成AIが自律的に行動し互いにやりとりを始めたとき、どこで誤りが発生したのかをトレースしたり、コミュニケーションミスを早期に検知してユーザーに伝えたりするなど、新たな監視システムが必要になる。

　生成AI向け専用半導体も、メガクラウドベンダーが本格的に活用し始め、GPUのリソース不足は解消し、生成AIに最適化されたより省電力なプロセッサが社会を支えるようになる。

　生成AIは、1人ひとりに寄り添うエージェントとなり業務を支援する。エージェントにタスクを登録すると、関連するメールやドキュメントを検索

し、わかりやすくまとめる。ユーザーとのやりとりを繰り返し学習すれば、タスクに応じて、どのような作業が必要かアドバイスするなど、先読みした行動も可能となるだろう。スケジュールの調整も、エージェント同士がやりとりし、過去の行動履歴などから最適と思われる日時や場所を提案する。経費精算やタイムシートの入力など、これまで人が行ってきた作業は、エージェントが代行するようになり、ユーザーが業務システムを直接操作する機会は減っていくだろう。

　日常生活においても、生成AIのモデルの小型化が一段と進めば、スマートフォンに内蔵され、オフラインでも動作するプライバシーに配慮した生成AIのエージェントが登場するだろう。ユーザーとエージェントとのやりとりが、スマートフォンから外部にもれることはない。気になる商品の価格をエージェントがユーザーに代わりインターネットで調べたり、飲食店の予約をしたりすることも可能となるだろう。

④ 5年後の利用イメージ

　生成AIは、普及期で述べたように、エージェントとなり、社会の隅々にまで溶けこんでいるだろう。現在のスマートフォンのように日常生活に欠かせないツールになる。オンラインショッピングでは、価格はもとより、居住地や嗜好、色形に至るまで、ユーザーの条件に合った商品を探したり、週末の予定の提案もしたりするようになる。従来型のレコメンデーションと異なり、ユーザーの好みとズレていれば、生成AIは、よりよい答えを探す相談相手ともなる。会話によって答えを即座に調整できる柔軟性は、これまでのAIの硬直的なイメージとは異なる。レコメンデーションは、売り手の意図に偏ったものから、ユーザーの意図に寄り添う有意義なものへと変わっていく。

　ビジネスの面でも、業務を支援するエージェントとして生成AIは普及する。この結果、業務システムは人が使うものから、次第に、エージェントが使うものへと変化する。将来的には、業務システムの中には、維持管理の観

点から一般ユーザー向けの画面を縮小し、エージェント向けのAPIに寄せる動きも始まる。パッケージベンダーによっては、承認やシステム管理などの特別な画面を除き、一般ユーザー向けの画面を廃止するかもしれない。アドオン扱いとなった画面には、開発費用が発生する。生成AIによるエージェントがインターフェースとなる新たな業務システムの時代を迎えるだろう。

⑤ 普及に向けた課題

　画像生成AI、文章生成AIなど用途によらず、生成AIに共通する課題は、開発や運用に必要なインフラリソースである。生成AIはモデルのサイズが大きく、学習には膨大な演算を要する。大規模なモデルは、AIスーパーコンピュータのような特別な設備なしには、開発は困難である。GPUの調達が難しいがゆえに、資金があったとしても設備が整わず、開発を断念するケースも考えられる。また、モデルが大きいため、AIの推論にもGPUが必要となるなど、従来の認識系AIと異なり、推論時にも利用する規模に応じたリソースを要する。

　生成AIは、著作権の問題も避けて通ることができない。AIと著作権をめぐる状況は、日本、米国などで異なっている。米国では、「著作権法107条（通称『フェアユース規定』）」により、ニュース報道や教育、研究・調査を目的とする場合は著作物を再利用できる。ただし、営利目的のAIによる学習のどこまでが再利用として認められるかなど、議論が分かれており、すでに生成AIを開発する企業を相手取り、多数の訴訟が起こされている。日本では、2019年1月に施行された「著作権法30条の4」により、営利・非営利を問わずAIによる著作物への学習をデータ解析として認めている。このため、インターネットで収集された新聞社の記事などが集められ学習データとされたり、書籍を電子化したりしてテキストを抜き出し学習させたとしても、学習行為は処罰の対象とならない。しかしながら、生成物が、著作権者の利益を不当に害する場合は、著作権法違反になるとされている。このため、生成AIを活用する企業は、生成物に著作権侵害のおそれがないかどう

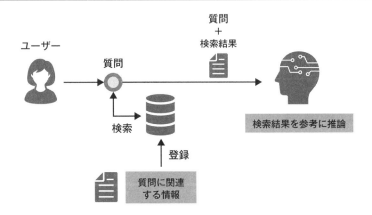

図表2-1-10　検索拡張生成のイメージ

ユーザー

質問

質問
＋
検索結果

検索

登録

質問に関連
する情報

検索結果を参考に推論

かを確認する義務がある。また、生成AIを活用した際の入力文と生成物を証跡として残しておき、著者の権利を侵害する意図がなかったことを証明する手立てとすることも、訴訟対策としては有効と思われる。

　将来的に、学習データとして取りこまれた著作物がきっかけとなって生成AIサービスが突如として利用停止に追いこまれる可能性もゼロではなく、生成AIを開発するベンダーの学習データに関する透明性が問われている。

　文章生成AIの課題は、「ハルシネーション（幻覚）」と呼ばれる現象である。ハルシネーションとは、事実に反することを、もっともらしく生成する現象である。学習データそのものの誤り、学習データの偏り、学習不足など複数の原因が考えられる。また、現在の生成AIは、「わからないこと」をうまく認識できない。ハルシネーションに対しては、学習データの整備という手法も考えられるが、膨大なデータの精査には時間を要する。このため、特に正確性が求められる分野では、解答を生成する際に関連する情報を与える「検索拡張生成」が利用されている（図表2-1-10）。検索される情報次第で、推論結果が左右されるため、データベースに登録される情報の質や検索の精度が重要になる。ただし、検索拡張生成を利用したとしても、ハルシネーションを100%防げるとはいえないため注意を要する。

2.2 スペーステック

··

新たなビジネスプラットフォームとなる宇宙

エグゼクティブサマリ

●サマリ

・スペーステックとは、宇宙を意味するスペースとテクノロジーを組み合わせた造語である。ロケットや人工衛星、月面着陸機や探査機、宇宙からの電波を受信する地上局などからなる。

・スペーステックが対象にする領域は、地球周回軌道領域と月面探査を行う「アルテミス計画」に代表される宇宙探査領域に大別できる。特に前者は、低軌道衛星の活用に注目が集まっている。

・ロケット打ち上げの低コスト化は宇宙産業に取り組む企業を後押しし、衛星コンステレーションによるデータ通信や地球観測データの活用を加速する。将来、宇宙空間でネットワークやデータセンターを構築する宇宙コンピューティングの時代が到来する。

●ロードマップ

・〜2023年度：観測データ分析におけるAI活用。

・2024年度〜2026年度：低軌道衛星によるITプラットフォームの構築。

・2027年度以降：宇宙コンピューティングの始動。

●課題

・宇宙ビジネスにかかわる人材育成、官・民連携の強化。

宇宙開発はニュー・スペース時代へ

　宇宙開発は「ニュー・スペース」時代に突入したといわれて久しい。ニュー・スペースとは、宇宙開発が官主導から民間企業主導へと変化する状

調査企業・組織	予測年	2020	2030	2040	2050
United Launch Alliance CisLunar-1000	2016年	0.5	0.9		2.7
UBS	2019年	0.34		0.93	
U.S. Chamber of Commerce	2018年	0.385		1.5	
モルガン・スタンレー	2020年	0.378	0.599	1.05	
Bank of America	2020年	0.424		1.4	
Citi	2022年	0.37		1.01	

況を示す言葉であり、日本では2016年ごろから広く用いられるようになった。イーロン・マスク氏率いるスペースXやアマゾンＷ・ドット・コム（以下、アマゾン）創業者のジェフ・ベゾス氏が設立したブルーオリジンはその代表例である。それ以外にもさまざまな企業が参入しており、日本では2023年4月に民間企業としては世界初の月面着陸に挑戦して大きな話題を集めたアイスペースの取り組みが記憶に新しい。

　モルガン・スタンレーの予測によると、宇宙ビジネスの市場規模は、2020年の3783億ドルから2040年までに1兆528億ドルにまで拡大するという。ほかの市場予測も含め、2040年の市場規模は全世界で1兆ドル程度になる見込みである（図表2-2-1）。

スペーステックとは

　ニュー・スペース時代に突入し、宇宙ビジネスを支える技術群、すなわちスペーステックを取り巻く環境も著しく変化している。スペーステックとは、宇宙を意味するスペースとテクノロジーを組み合わせた造語であり、ロ

ケットや人工衛星、月面着陸機や探査機、宇宙からの電波を受信する地上局
などからなる。

　スペーステックが対象にする領域は主に2つ、地球を周回する人工衛星の
軌道（以下、地球周回軌道）と、月や火星探査に代表される宇宙探査に大別
できる。このうち地球周回軌道は、さらに高度3万6000kmの対地同期軌道
（Geostationary Earth Orbit：GEO。静止軌道とも言う）、高度2000km以下
の低軌道（Low Earth Orbit：LEO）、静止軌道と低軌道の中間に位置する
中軌道（Medium Earth Orbit：MEO）に分類できる。

　この中でも低軌道（LEO）は、2018年ごろから複数の民間企業が人工衛
星を投入するなど、高い関心を集めている。低軌道のうち、スターリンクを
はじめとする人工衛星サービスの多くは500km前後の低高度を利用する。
高度3万6000kmを周回する静止衛星と比べて圧倒的に低高度のため、地上
との通信に要する電力を減らし、かつ大型の撮影機材を利用しなくとも高解
像度の撮影ができる。地表と近くなることから観測可能なエリアが狭くなる
デメリットは、多数の低軌道衛星を配備した衛星コンステレーション（英語
で「星座」の意味）で解消する。また、通信機材や撮影機材を小型化できる
ため、衛星本体も小型化でき、1回のロケット打ち上げで多くの衛星を運搬
できる。

　人工衛星を用いたデータ通信（以下、衛星データ通信）と地球観測データ
の活用は、低軌道衛星の代表的なユースケースである。衛星データ通信のう
ち、KDDIやソフトバンクはスターリンクと組んで法人向けにサービスを提
供している。今後、スターリンクは、2027年までに1万2000基の小型衛星を
軌道上に打ち上げ、衛星コンステレーションを整備し、宇宙から全世界を網
羅する衛星インターネット網を構築する。また、アマゾンも2024年中に衛
星データ通信サービス「Project Kuiper（プロジェクト・カイパー）」を開始
する予定である。同社は2026年までに3226機の衛星を打ち上げ、下り通信
で最大400メガbps（法人サービスの場合は1ギガbps）の高速インターネッ
トサービスを提供する計画を明らかにしている。

　地球観測データを用いた分析サービスを提供する民間企業も登場してお

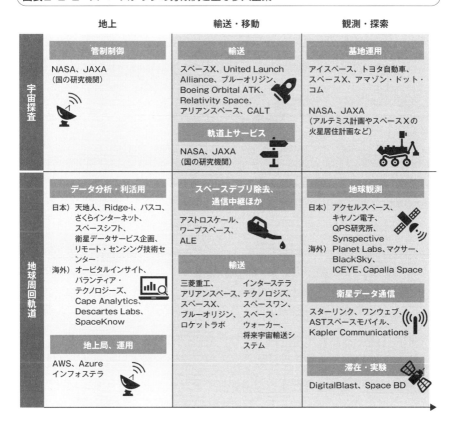

	地上	輸送・移動	観測・探索
宇宙探査	**管制制御** NASA、JAXA （国の研究機関）	**輸送** スペースX、United Launch Alliance、ブルーオリジン、Boeing Orbital ATK、Relativity Space、アリアンスペース、CALT **軌道上サービス** NASA、JAXA （国の研究機関）	**基地運用** アイスペース、トヨタ自動車、スペースX、アマゾン・ドット・コム NASA、JAXA （アルテミス計画やスペースXの火星居住計画など）
地球周回軌道	**データ分析・利活用** 日本）天地人、Ridge-i、パスコ、さくらインターネット、スペースシフト、衛星データサービス企画、リモート・センシング技術センター 海外）オービタルインサイト、パランティア・テクノロジーズ、Cape Analytics、Descartes Labs、SpaceKnow **地上局、運用** AWS、Azure インフォステラ	**スペースデブリ除去、通信中継ほか** アストロスケール、ワープスペース、ALE **輸送** 三菱重工、アリアンスペース、スペースX、ブルーオリジン、ロケットラボ　インターステラテクノロジズ、スペースワン、スペース・ウォーカー、将来宇宙輸送システム	**地球観測** 日本）アクセルスペース、キヤノン電子、QPS研究所、Synspective 海外）Planet Labs、マクサー、BlackSky、ICEYE、Capalla Space **衛星データ通信** スターリンク、ワンウェブ、ASTスペースモバイル、Kapler Communications **滞在・実験** DigitalBlast、Space BD

り、低軌道を軸とした地球周回軌道領域は、ビジネスプラットフォームとしての様相を呈し始めている（図表2-2-2）。

❶ 事例

網商銀行：衛星観測データとAIを与信審査に活用

　中国アリババ集団系列の網商銀行（浙江網商銀行、MYBank）は、中国政府に認可された最初の民営銀行5行[注1]の1行として、2015年6月に開業した。実店舗を持たず、インターネット上での取引を中心とするネット専業銀行で

The model for fine-grained crops recognition using both remote sensing images and camera pictures under the "Tomtit" system

（出所）網商銀行『2022年ESGレポート』

　ある。同行は、インターネットやデータ分析などを積極活用し、資金調達で困難に直面する中小企業や、これまで金融サービスが行き届かなかった農村に対し融資（ローン）を提供している。

　2020年9月、網商銀行は「農村向けの融資サービスに人工衛星の観測データを利用する」と発表した。農地や農作物の育成状況を調査する場合、調査員による現地訪問やカメラを搭載したドローンによる撮影も可能である。だが、都市部から離れた農村部への調査員やドローン操縦者の派遣には費用がかかる。ところが人工衛星であれば、調査員の確保に苦労することなく、かつ定点観測も実施しやすい。同行の場合、約2年間の衛星観測データに加え、天候や位置情報、産業活動データと数十パターンのリスクモデルを使って、与信や融資に必要な農作物の生産量と生産額を予測する（図表2-2-3）。2022年末には、収益性の高い果樹や作物、農業施設など7種類の対象を識別することに成功し、信用リスクの評価精度を高度化させた。将来的には60種類以上の作物を95％以上の精度で認識させるという[注2]。

注1　深圳前海微衆銀行（テンセント系列）、上海華瑞銀行、温州民商銀行、天津金城銀行、浙江網商銀行（アリババ系列）の5行
注2　網商銀行『2022年ESGレポート』
　　　https://render.mybank.cn/p/c/18mgesuqrvnk/information.html

ウクライナ：安全保障に人工衛星を活用

　国家の防衛戦略やグローバル・サプライチェーンなどの地政学上のリスクが絡む課題では、国境が存在しない宇宙空間からの観測データが威力を発揮する。ウクライナ戦争では、衛星画像と地上で取得された情報、ソーシャルメディアでの投稿内容などの複数の情報を米国パランティア・テクノロジーズのAIプラットフォームを使って分析し、侵攻の阻止に役立てている。

　英国の作家トールキンの小説『指輪物語』に登場する「遠くから世界を見ることができる魔法の石」にちなんで命名されたパランティア・テクノロジーズは、米国ペイパルの共同創業者で投資家としても知られるピーター・ティール氏らによって設立された。パランティアはマクサーをはじめとした10社程度の商業衛星が地球上空を周回して得られる観測データを利用し、3.3mの範囲で焦点を合わせて戦地の状況を確認できる[注3]。

　また、戦争によって地上の通信インフラが断絶された状況下においては、衛星データ通信も重要な役割を担っている。2022年2月にロシアがウクライナへの全面侵攻を開始して間もなくしてスターリンクはウクライナに数千台の衛星データ受信アンテナを提供した。マスク氏は米国ジャーナリストのウォルター・アイザックソン氏のインタビューに対して「ドローンなどの長距離無人攻撃機での利用は許可しない」と宣言しつつも、「スターリンクがウクライナの前線までの地域における接続の支柱になっている」と述べている[注4]。

❷ 関連技術の紹介

　以下では、スペーステックのうち、今後5年間で大きな進展が予想されるニュー・スペース時代を代表するロケット開発、地球観測データの高度活用、宇宙交通管理について紹介する。

注3　"How the algorithm tipped the balance in Ukraine"、ワシントンポスト（2022年11月19日）
　　　https://www.washingtonpost.com/opinions/2022/12/19/palantir-algorithm-data-ukraine-war/
注4　『マスク氏、ウクライナの衛星通信の利用要請に応じず「重大な戦争行為」への加担回避と』BBC
　　　ニュースジャパン（2023年9月9日）、https://www.bbc.com/japanese/66749672

開発競争が激化するロケット開発

　ロケットは、人工衛星や宇宙開拓に必要な物資の搬送、宇宙飛行士の移送手段であり、宇宙ビジネスにおけるバリューチェーン構築の要である。近年、このロケット打ち上げに低コスト化の波が押し寄せている。打ち上げコストが安価になれば、積み荷である衛星の輸送費も減る。「ファルコン9ロケット」の第1段目を再利用するスペースXは、打ち上げ費用を従来の約半額の約60億円にまで低減することに成功し、ロケット打ち上げのプライスリーダーとして君臨している。同社の衛星のライドシェアサービスを利用すれば、50kgの小型衛星を27万5000ドル（1ドル＝145円換算で3988万円）で低軌道に投入できる。

　2023年時点で、ファルコン9ロケットと同等の輸送能力を有する日本のロケットは「H2A」である。2001年に初号機を打ち上げたH2Aは、打ち上げ能力を強化した「H2B」も含めると、55回の打ち上げで失敗は1回だけという優れた実績がある。しかし、1回の打ち上げ費用が約100億円（H2Bは約140億円から150億円）で、スペースXや欧州のアリアンスペースらとの価格競争で不利だった。そこで、H2Aの後継の「H3」では部品数をH2Aの3分の1に減らし、電子部品の9割に自動車用を転用することで、約50億円での打上げを目指す。

　そのほか、米国のロケットラボや日本のインターステラテクノロジズも衛星を安価に打ち上げられるロケットの開発を進めている（図表2-2-4）。たとえば、ロケットラボは低軌道衛星の打ち上げに特化し、5億円から6億円で打ち上げ可能なロケットの開発を目指している。

　さらに、国を挙げて宇宙ビジネスに取り組み、2023年にはほぼ毎週のようにロケットを打ち上げている中国の動向も見逃せない。また、ウクライナ侵攻によって西欧諸国がロシアのソユーズロケットの利用を停止せざるを得ない中で、インド宇宙研究機関（Indian Space Research Organisation: ISRO）が台頭している事実も注目に値する。

	ロケット名	製造企業	製造国	全長	再利用	打上げコスト 目標値含む	打上げ回数 （成功／全体）
大型	SLS（スペース・ローンチ・システム）	Boeing Orbital ATK	米国	111m	×	5608億円	1/1
	スーパーヘビー	スペースX	米国	118m	すべて	1350億円	0/0
	ニューグレン	ブルーオリジン	米国	95m	1段	―	0/0
	長征9号	CALT（中国運載火箭技術研究院）	中国	不明	不明		0/0
	デルタ4ヘビー	United Launch Alliance	米国	71m	×	494億円	14/15
	アトラス5	United Launch Alliance	米国	60〜70m	×	248億円	91/92
	ファルコンヘビー	スペースX	米国	70m	1段	110億円	9/9
	ファルコン9	スペースX	米国	70m	1段	60億円	278/280
	TerranR	Relativity Space	米国	66m	1段	―	0/0
	アリアン5	アリアンスペース	欧州	59m	×	200億円	112/117
	ヴァルカン	United Launch Alliance	米国	58〜68m	1段	―	1/1
	アリアン6	アリアンスペース	欧州	63m	×		0/0
	H3	JAXA、三菱重工	日本	61m	×	50億円	0/1
	ニュートロン	ロケットラボ	米国・豪州	42.8m	×or1段	―	0/0
	Firefly Alpha	Firefly Aerospace	米国	29m	×		1/4
	イプシロン	JAXA、IHIエアロスペース	日本	26m	×	53億円	5/6
	ZERO	インターステラテクノロジズ	日本	24m	×	5億円	0/0
	セレス1号	Galactic Energy	中国	19m	×	―	5/5
	エレクトロン	ロケットラボ	米国・豪州	18m	×	5.5億円	37/41
小型	カイロス	スペースワン	日本	18m	×	非公開	0/0

地球観測データの高度活用

　地球観測は「リモートセンシング」とも呼ばれ、20世紀後半から地球観測や気象観測、偵察活動で観測データが活用されている。当初は可視光や赤外線を捉えるカメラを人工衛星に搭載したものが主流であったが、近年はマイクロ波センサー（合成開口レーダー、Synthetic Apeture Radar：SAR）やLiDAR（Light Detection And Ranging）注5も搭載されるなど、計測手法が

	ICEYE	Capella Space	Xpress SAR	Umbra Lab	QPS研究所	Synspective
国	フィンランド	米国	米国	米国	日本	日本
分解能	観測幅優先：3m 分解能優先：25cm	超高分解能：50cm 高分解能：1m	＜1m	0.15cm以上	＜1m	1m～3m
衛星重量	100kg	50kg	―	70kg	100kg	100kg
観測頻度	数時間ごと	3～6時間	―	―	―（コンステレーション完成時は10分に1回）	―
基数（2023年12月時点）	18基	5基	0	6基	3基	1基
初号基打ち上げ	2018年1月	2020年	2024年	2021年	2019年	2021年
コンステレーション目標基数	40基	36基	4基	24基	2025年以降計36基	2020年代後半までに計30基
累積調達金額	$313.3M	$239M		$34M以上	92億円	15億円＋50億円（シンジケート方式の融資）

多様化している。晴天時しか撮影できない可視光カメラと異なり、SARであれば雨や曇りなどの天候に影響されず撮影できる。また、照射したマイクロ波の反射波を受信することによって、地表の起伏や凹凸、傾斜などの観測も可能である。

　SARを搭載した低軌道衛星による開発に世界のスタートアップ企業が参入している。九州大学発のスタートアップ企業QPS研究所が開発を進める小型SAR衛星「QPS-SAR」の重さは100kg。一般的なSAR衛星よりも20分の1と軽量である。すでに3基の実験衛星を打ち上げ済みだが、2025年以降に36基の衛星コンステレーションを構築し、約10分間隔の定点観測を目

注5　レーザー光の放射と反射の位相差により、対象物との距離や3次元の形状を求められるレーダー

指す。日本のシンスペクティブ（Synspective）も、2024年以降に6基、2020年代後半には30基の小型SAR衛星コンステレーション構築を目指す（図表2-2-5）。

　光学衛星やSAR衛星などが取得したデータの活用環境も整備されつつある。特に近年は、衛星が取得したデータと地上のセンサーなどの複数のデータをAIで分析して予測の精度を高める。たとえばNECとともにスマートアグリ事業を展開するカゴメは、センサーや衛星写真を使ってトマトの生育状況や土壌の状態などを可視化し、営農アドバイスを行うサービスを2020年4月から欧州で提供している。営農アドバイスでは、データをAIなどで分析し、熟練栽培者のノウハウを形式知に変え水や肥料の最適な量と投入時期を示す。実証試験では、一般平均量より20％少ない窒素肥料の投入量で、ポルトガルの全農家の平均収穫量の1.3倍のトマトを収穫できたという[注6]。

図表2-2-6　「天地人コンパス 宇宙水道局」（サンプル）

（出所）天地人[注7]

注6　カゴメ『AIを活用した加工用トマトの営農支援事業を開始』2020年3月1日
　　　https://www.kagome.co.jp/library/company/news/2020/img/200331002.pdf
注7　天地人『JAXAベンチャー天地人が提供する漏水リスク管理業務システム「天地人コンパス 宇宙水道局」。前橋市水道局様が国内四番目の自治体として採用』
　　　https://tenchijin.co.jp/pressrelease/1910/?hl=ja

JAXA（宇宙航空研究開発機構）の認定ベンチャー企業の1社である天地人も、地球観測データを用いて高度な分析を行う企業である。同社は、気象情報・地形情報などのリモートセンシングデータや農業分野のさまざまなデータを活用した土地評価サービスを提供する。この「天地人コンパス」サービスでは、地表面温度の変化を可視化し、「農作物の高温障害リスクや病害虫リスクを調べる」、昼夜温度差・平均地表面温度差から「農作物が美味しく育つ場所を探す」といった分析を行える。また、「天地人コンパス　宇宙水道局」では、地球観測衛星が観測したデータと水道事業者が保有する水道管路情報や漏水履歴、オープンデータなどのさまざまな情報を組み合わせ、それらをAIで解析することで、約100m四方ごとに漏水リスクを評価できる（図表2-2-6）。

宇宙交通管理

　宇宙交通管理（Space Traffic Management：STM）とは、スペースデブリ（宇宙ゴミ）や軌道上のほかの人工衛星や宇宙船との物理的な衝突や電波障害を受けることなく宇宙空間に安全にアクセスし、地上へ帰還するための技術や制度を示す。低軌道コンステレーションの構築に取り組む企業が増えるほど、打ち上げで分離したロケットの部品や役目を終えた人工衛星の残骸が宇宙空間に滞留するリスクが高まる。NASA（米国航空宇宙局）の調査によると、2023年時点で低軌道には10cm以上のスペースデブリが2万6000個以上浮遊しており、今後も増加の傾向にある（図表2-2-7）。

　スペースデブリは軌道上にある人工衛星やロケット、宇宙ステーションなどと衝突する危険性が高い。スペースデブリは地球の周りを秒速4マイルから5マイル（7kmから8km）で周回する。しかし、ほかの物体と衝突するときの相対速度は秒速6マイル（約10km）になるという[注8]。

　スペースデブリの発生を低減させるには、一般的に「発生の抑制」「衝突回避・防御」「積極的デブリ除去」の3つの手段があるといわれる。積極的

注8　文部科学省『米国衛星「UARS」の落下に関する情報について』
　　　https://www.mext.go.jp/a_menu/kaihatu/satellite/detail/1311417.htm

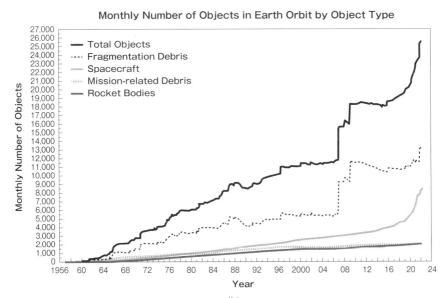

Monthly Number of Objects in Earth Orbit by Object Type

（出所）NASA ORBITAL DEBRIS PROGRAM OFFICE 注9

　デブリ除去の場合、ロボットアームや網で捕まえる、廃棄軌道と呼ばれる2000km以上の高度に移動させるか反対に大気圏に突入させる、レーザーを用いて融解させるなどさまざまな方法が検討されている。海外ではオービットガーディアンズ（米国）、クリアスペース（スイス）、シェア・マイ・スペース（フランス）、オブリュータ（米国）、日本ではスカパーJSATやアストロスケールなどの民間企業が各国の宇宙機関のスペースデブリ除去ミッションに参加しながら、技術開発と検証を進めている。

　一方、スペースデブリ除去の成功には、宇宙上の浮遊物体の発見と監視、すなわち宇宙状況監視（Space Situational Awareness：SSA）が必要だが、現時点では各国の監視、情報連携体制が確立していない。この背景を踏まえ、2023年6月発表の「宇宙基本計画」では、「我が国が宇宙交通管理及び

注9　https://orbitaldebris.jsc.nasa.gov/modeling/legend.html

スペースデブリ対策に関する国際的な規範・ルール作りに積極的に参画する」と明記された。技術検証に加え、政策や国際協調に関する今後の取り組みに注目である。

❸ ITロードマップ

図表2-2-8にスペーステックのITロードマップを示す。スペーステックは広範にわたるため、IT関連を中心に紹介する。したがって、宇宙旅行やサブオービタル（高度100km）を利用した有人移送や宇宙ステーション（International Space Station：ISS）に関する取り組みは除外した。

～2023年度：衛星データ分析の高度化

2023年6月に閣議決定された日本の「宇宙基本計画」では、宇宙産業を成長産業とするための今後10年の基本方針が示された。宇宙産業を将来の成長産業にするためのプランと2030年代の早期に国内市場規模を現在の2倍となる8兆円にすることが明記された。同計画では先のウクライナ戦争や中国やインドなどの動向を踏まえ、「宇宙安全保障の確保」が強調されているが、同時にイノベーション実現のための取り組みとして、5G（第5世代移動通信システム）の次世代版である「Beyond 5G」向けの通信ネットワークとして利用するための技術開発や地球観測データの利活用拡大などが提唱された。

地球観測データの利活用に向けては、宇宙空間から取得できる情報ならではのユースケースの探索とメリットの訴求が必要である。先のカゴメの取り組みは、労働人口の減少や高齢化に直面し、かつ生産性向上の課題を抱える農家の課題に応える地球観測データ活用の一例と言える。また、JAXA認定ベンチャーの天地人は、埋設された水道管の老朽化による漏水リスクの把握に衛星データの活用を提案する。このほかにも、野村證券金融経済研究所やブルームバーグは、経済活動評価のファクトデータとして、衛星で計測した二酸化炭素排出量や夜間の光量の活用にもチャレンジした（図表2-2-9）。

図表2-2-8 スペーステックのITロードマップ

分類		~2022年度	2023年度	2024年度	2025年度	2026年度	2027年度~
全体		観測データ分析におけるAI活用		（低軌道衛星によるITプラットフォームの構築）			宇宙コンピューティングの始動
衛星データ活用		▲天地人バス	スマート農業や土壌評価		リスク評価、ESG対応への活用		エッジコンピューティング
			▲KDDI・ソフトバンク＋スターリンク	衛星データ通信		スマートフォンによる衛星データ直接受信	
地球周回軌道	人工衛星	▲QPS-SAR	観測手法の多様化（光学・SAR）	△VLEO衛星		観測衛星のLEOコンステレーション　△ワープスペース、光中継サービス開始　△スペースデブリ除去実証実験	
		▲アクセルスペース 光学衛星　▲スターリンク		通信衛星コンステレーション	△スペースモバイル　△アマゾン「プロジェクト・カイパー」		
	ロケット	▲ロケットラボ　▲スペースX	スペースXによる衛星打ち上げ独占	△H3	△イプシロンS　△インターステラ・テクノロジズ、ZERO　△アリアン6　低軌道衛星向けロケット	中・大型ロケットの選択肢増	
宇宙探査				▲JAXA「SLIM」日本初の月面探査機		月面探索ミッション　△アルテミス計画(2) 月周回有人輸送ミッション	△アルテミス計画(3) 有人月面着陸ミッション

図表2-2-9　衛星データを用いた経済活動評価の例

研究機関	衛星データ	研究内容
シカゴ大学ハリススクール（2017年、2022年）	光量データ（米空軍の防衛気象衛星計画）	人工衛星で観測した光量の変化をもとに、独裁国家が提示するGDPが経済活動の伸びと一致しないことを確認
ナウキャスト、東京大学（2017年）	光量データ（米国の海洋大気庁の気象衛星「スオミNPP」）	GDP予測値の算出システムを世界で初めて開発
野村證券金融経済研究所 データ・サイエンス部、東京大学（2022年）	CO_2排出量（GOSAT、温室効果ガス観測衛星いぶき）	CO_2データを消費の推計モデルの特徴量として利用
ブルームバーグ、SpaceNow（2022年）	中国小売駐車場指数と中国セメント貯蔵指数	コロナ禍における中国の消費の不振を予測

2024年度〜2026年度：低軌道衛星プラットフォーム構築

　この時期には、スターリンクに加えアマゾンのカイパーを用いた衛星データ通信サービスの国内提供が始まる。前述のようにKDDIとソフトバンクはすでに法人向けにスターリンクのサービスを提供中である。ソフトバンクは、衛星通信事業者のワンウェブ（OneWeb）への出資と日本でのサービス提供も予定している。

　スターリンクによる一般消費者向けの衛星データ通信サービスの提供を予定しているKDDIは、「2024年内に据え置きアンテナではなくスマートフォンでも受信できるようにする」と発表した[注10]。この「Direct to Device（端末への直接受信）」という受信方式は、スターリンクだけでなく楽天が出資するASTスペースモバイルも検討している。衛星データ通信のこれまでの主な用途は、山岳地や海上、あるいは携帯電話の圏外エリアの補完であり、しかも専用アンテナが必要であったため、ビジネスとしての収益性に苦戦してきた歴史がある。スマートフォンで利用できるようになると、「いつでもどこでも、自分のスマートフォンで」ネットワークに接続できるシーンがよ

注10 KDDI『KDDIとスペースX、衛星とスマホの直接通信サービスを提供』2023年8月30日
　　https://news.kddi.com/kddi/corporate/newsrelease/2023/08/30/6935.html

り広がり、新たなユースケースが生まれる可能性が高まる。

　地球観測にも新たな動きがみられる。NTTデータは、米国のアース・オブザーバント（Earth Observant：EOI）が提供する「解像度15cm」という高精細画像を2024年12月から国内提供する[注11]。2023年時点で人工衛星は開発段階であるが、実現すれば低軌道よりもさらに低い「超低軌道」で衛星コンステレーションが構築できるため、世界最高レベルの解像度で光学撮影が可能になる。自然災害時の被災状況の把握などに加え、緊張が高まる安全保障分野などでの利用が予想される。

2027年度以降：宇宙コンピューティングの始動

　「宇宙コンピューティング」という言葉は、2022年に設立されたNTTとスカパーJSATの合弁会社であるスペース・コンパスが事業コンセプトに用いたという背景もあって注目を集めている。

　スペース・コンパスは、高度20km上を浮遊する無人飛行機（High Altitude Platform Station：HAPS）を用いたデータ通信の実現に加え、中継衛星を使って低軌道衛星と中軌道衛星や静止衛星をつなぎ、広域な通信ネットワークを構築する。観測データは人工衛星に搭載したコンピュータとAIで解析され、必要な結果を地上にリアルタイムで送信する。実はこの宇宙コンピューティングは夢物語ではない。たとえばヒューレット・パッカード・エンタープライズ（HPE）は、市販のコンピュータをもとに開発したSpaceborne Computerを国際宇宙ステーションに設置し、地上のクラウド環境とつなぎAIによるデータ解析などの実験を行っている。また、米国のスタートアップ企業であるローンスターは月面にデータセンターを構築することを宣言している。すでにISS上で検証実験を重ね、2026年には50ペタバイト（1ペタバイトは1000テラバイト）のデータを格納できるサーバーを月に打ち上げる計画である。

注11　NTTデータ『15cm解像度の衛星画像の国内独占販売権を米国Earth Observant, Inc.より取得』
　　　2022年11月25日
　　　https://www.nttdata.com/global/ja/news/services_info/2022/112500/

❹ 5年後の利用イメージ

　米国が主導し、日本も参加する「アルテミス計画」では、月面に人類を送り、その後の「ゲートウェイ（月周回有人拠点）計画」などを通じて、月に物資を運び、月面拠点を建設、月での人類の持続的な活動を目指す。スペース・ローンチ・システム（SLS）の大型ロケットが月周回軌道に宇宙飛行士を送り込むのは2025年9月、月面着陸は2026年9月以降を予定している。人類の新たなフロンティアとしての宇宙に対して、いっそうの関心を集めそうである。

　この時期には、月軌道上の中継基地となるゲートウェイの投入も予定されている。アルテミス計画では、月面探査で利用するロボットやローバー（月面探査車）の開発、月面基地と地球の間で補給支援を行うゲートウェイなどの開発に民間企業の参画を進めている。

　一方、地球周回軌道では、宇宙コンピューティングの実現に必要なITインフラの整備が進む。人工衛星でエッジコンピューティングを実現し、高解像度で取得した地球観測データをリアルタイムで分析・転送し、災害時のリスク分析や安全保障にかかわる意思決定を迅速化できる可能性が高まる。一部で利用が始まっているスマート農場や金融のリスク評価、ESG（環境・社会・企業統治）分野における環境保全活動で生まれるカーボンクレジットの信頼性向上に向けた衛星観測データの活用がこれまで以上に当たり前になると共に、物流やスマートシティなどの分野で新たなユースケースの提案が始まるものと期待される。

❺ 実現に向けた課題

　宇宙ビジネスは、民需によるニュー・スペース時代が到来したとはいえ、現在は実証実験段階が多く、ビジネスとしての持続化、宇宙単独での収益確保は難しい。たとえば、日本でも画像データの取り扱いがあるワールド

ビューは、ジオ・アイとの合併後、カナダの企業に買収されてマクサーと改名したが、2023年にはプライベートエクイティファンドに買収されて非公開企業となった。また、2020年ごろに米国で株式上場したプラネット・ラボやスパイア・グローバルなどの人工衛星ベンダーの株価は軒並み低迷している。例外はウクライナ戦争で一躍有名となったパランティア・テクノロジーズで、同社は衛星ベンチャー企業のサテロジック（Satellogic）社と共同で人工衛星の開発にも着手しているものの本業はデータ分析であり、ビジネスを宇宙に限定していない。

　前述した日本の宇宙基本計画では、これまでNASAが米国の宇宙スタートアップ企業を支援してきた実績にならい、JAXAの役割を強化。JAXAを「技術開発・実証、人材開発、技術情報の連携などの結節点とする」と宣言した。日本における宇宙開発のオープンイノベーションを推進するJAXAは、2021年4月の法改正で研究開発法人による事業会社への出資が可能になり、それを踏まえ、2022年12月に前述の天地人、2023年4月には有翼式再使用型ロケット（スペースプレーン）の設計開発と部品の開発・製造を行うスペース・ウォーカーに出資した。

　日本における宇宙開発に携わる人材は、約1万人とされる。宇宙が1つの独立した産業として成り立つには、宇宙開発人材の育成とビジネス機会の探索が不可欠である。スペースXは、NASAの強力なバックアップのもと、ファルコン9ロケットの開発を進め、ロケット打ち上げとスターリンクによる衛星データ通信でその地位を獲得した。現在はアルテミス計画の宇宙船「スターシップ」の開発に向けて、NASAなどから開発費29億ドルを含む数十億ドルの契約を受注した。加えて、宇宙空間での画像データ取得や物流を支援する企業、ブロックチェーンや仮想通貨企業、消費財メーカーなどと提携しさらなる成長を目指す。

　宇宙を「人類の夢からビジネスプラットフォームへと身近なもの」にしていくため、スペースXの取り組みは、官と民との関係強化の次のステージとして、業種の異なる民間企業同士での連携関係を築き上げる努力が必要なことを示唆している。

プログラマブル・アイデンティティ

信頼のデジタル化を加速するアイデンティティ技術

エグゼクティブサマリ

●サマリ

- デジタル化の進展と共に、プラットフォーマーが多くのアイデンティティ情報を抱えることによるリスク（大規模な情報漏えいやプライバシー侵害など）が高まっている。

- 中央集権型になりがちなデジタルアイデンティティの課題を解決するしくみが「自己主権型アイデンティティ（SSI：Self-Sovereign Identity）」である。そのしくみを実現するコンポーネントとして、「DID（Decentralized Identifiers：分散型識別子）」と「VC（Verified Credentials：検証可能な資格証明）」があり、2022年ごろから標準化が進み利用が始まっている。

- 検証可能なアイデンティティを共有することにより、人手ではなく、プログラムを介してサービス連携が自動的に可能になる「プログラマブル・アイデンティティ」が実現される。

●ロードマップ

- 2024年度〜2025年度：W3C（World Wide Web Consortium）、OpenIDファウンデーションなどによる標準化に基づいた自己主権型アイデンティティの実装が進み、萌芽的なサービスが徐々に登場する。アイデンティティ・ウォレットが活用に向けた準備段階に入る。

- 2026年度〜2027年度：アイデンティティを軸としたビジネス連携が始まる。パブリックブロックチェーン上で運用される「SBT（Soulbound Tokens）」など、よりオープンで柔軟性の高いサービスも登場する。生活者用だけではなく、産業データの連携（デー

タ主権）用にも自己主権型アイデンティティが利用されるようになる。

・2028年度以降：生活者向けの自己主権型アイデンティティ管理サービスが広がり、IDを軸としたサービス間の柔軟な連携が実現する。

●課題

・デジタルアイデンティティ・ウォレットの使いにくさによって、高齢者や貧困層などに「アイデンティティ難民」が生まれないように配慮する必要がある。

・プログラマブル・アイデンティティがつくるエコシステムに参加する証明書発行主体をどのように信頼するか。特定の格づけ機関などに頼らずに、信頼の輪に参加する主体の評判をどう蓄積し、サービス間連携に生かすのかが新たな課題となる。

デジタル化の進展と共に高まるアイデンティティのリスク

　デジタル化の進展と共に、われわれはインターネットを通じてさまざまなサービスを利用できるようになった。多様なサービスを組み合わせて利用する際、サービスを提供する事業者にとっても利用者にとっても重要になるのが、デジタルアイデンティティの証明である。

　異なる事業者の複数のサービスを切り替えたり組み合わせたりする場合、生活者にとってデジタルアイデンティティの証明は面倒である。個々のサービスに対していちいちユーザー登録し、IDとパスワードを都度入力する必要が生じるからである。この手間を省くために、多くの人々がGAFAM（グーグル、アマゾン・ドット・コム、メタ・プラットフォームズ［旧フェイスブック］、アップル、マイクロソフト）のような巨大プラットフォーマーが提供するID認証のしくみ（「グーグルでサインイン」や「フェイスブックでログイン」など）を利用し、普段よく使うID・パスワードでさまざまなサービスを連携させている。

しかし、「IDフェデレーション」と呼ばれるこの方式では、IDを提供する事業者（IdP：IDプロバイダー）にユーザーの情報が集中することによるリスクが生じる。たとえば、大量のアイデンティティ情報を抱える事業者からの個人情報の漏えいリスクである（2021年に起きたフェイスブック、LinkedInからの大量の個人情報漏えいなど）。また、プラットフォーマーが利用者の行動履歴を知りすぎることで、利用者が意図しないところでプライバシー情報が流用されるおそれもある。

デジタルアイデンティティのこのような中央集権型の課題を解決するしくみが「自己主権型アイデンティティ」である（図表2-3-1）。

自己主権型アイデンティティの実装が始まる

自己主権型アイデンティティでは、まず、ユーザー自らが第三者に、アイデンティティ情報の「DID（Decentralized Identifiers：分散型識別子）」の発行を依頼する。そして、そのDIDに紐づく個人情報（氏名、所属、学歴、職歴など）は、「VC（Verified Credentials：検証可能な資格証明）」として、ユーザー自身が保管する。VCの保管は個人が持つ「アイデンティティ・ウォレット」によって行われ、自分のプライバシー情報のうち、だれに何をみせるのかは個人の管理下にある。個人が自己のIDとプライバシーを制御する権限を握ることから、「自己主権（Self-sovereign）」と呼ばれる（図表2-3-2）。

VCを検証しようとする事業者は、ユーザーのウォレットから受け取ったVCに含まれる発行者のDIDを読み取り、ブロックチェーンなどの共通のレジストリーに登録された検証可能な証明情報と突き合わせて検証する。

分散型アイデンティティの枠組みでは、アイデンティティ証明を発行する事業者と検証する事業者が異なっていても検証できるため、特定の事業者にアイデンティティ管理を依存することがない。これにより、アイデンティティ情報の保有者・発行者・検証者が分離しつつも、コンピュータプログラムを介して本人確認やデータの共有が可能になる。

図表2-3-1　分散型アイデンティティ管理による自己主権型アイデンティティ

個別企業・サービスが
アイデンティティを管理

大手プラットフォーマーの
ソーシャルログインを利用

分散型アイデンティティ管理

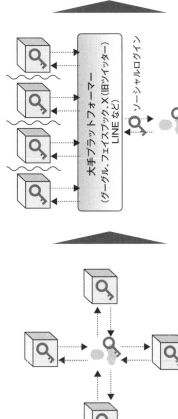

大手プラットフォーマー
（グーグル、フェイスブック、
LINEなど）

ソーシャルログイン

- アイデンティティ情報は各社の
サービスで個別に管理されている
→アイデンティティ情報に変更が
あった場合、ユーザーが個別に
アップデートしなければならな
い

- 各サービスの間での連携は基本的
にない

- アイデンティティ情報は大手プ
ラットフォーマーが握る
→ユーザーのプライバシー情報が
本人の意思とは関係なく蓄積さ
れる

- サービス間連携はプラットフォー
マーと個々のサービス間に限られ
る

- ユーザーが一度発行したVC（Verified
Credentials：検証可能な資格証明）は
共有され、許可を得たプレイヤーがアク
セスして検証できる

アイデンティティの証明がサイロ化せず、
マルチステークホルダー間で
データ・サービス連携がスムーズになる

プログラマブル・
アイデンティティへ

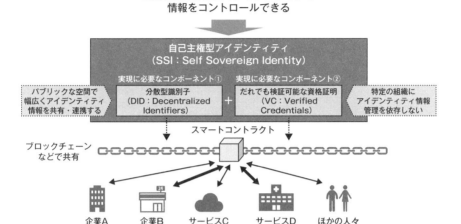

生活者自身が自己のアイデンティティ
情報をコントロールできる

自己主権型アイデンティティ
(SSI：Self Sovereign Identity)

実現に必要なコンポーネント①　　実現に必要なコンポーネント②

パブリックな空間で
幅広くアイデンティティ
情報を共有・連携する

分散型識別子
(DID：Decentralized
Identifiers)

＋

だれでも検証可能な資格証明
(VC：Verified
Credentials)

特定の組織に
アイデンティティ情報
管理を依存しない

スマートコントラクト

ブロックチェーン
などで共有

企業A　　企業B　　サービスC　　サービスD　　ほかの人々

❶ 事例

カナダ金融機関で電子本人確認として利用される「Interac Verification Service」

カナダの大手金融機関7社（モントリオール銀行、カナダ帝国商業銀行、デジャルダン・グループ、カナダロイヤル銀行、スコシアバンク、TDバンク、カナダ・ナショナル銀行）は、2019年に業界コンソーシアムを設立し、SecureKey Technologiesが開発した「Verified.Me」というデジタルアイデンティティ・サービスを共同で開始した。

SecureKey Technologiesは現在セキュリティ企業大手のアバストに買収されているが、サービスとしてはカナダ国内でInteracが「Interac Verification Service」として引き続き提供している。

Interac Verification Serviceは、生活者が自身のアイデンティティ情報のデジタル証明書の発行を金融機関に依頼し、その証明書を生活者自身がほかの企業に提示することを可能にするサービスである。

（出所）https://www.interac.ca/en/consumers/products/interac-verification-solutions/verification-service/
https://www.youtube.com/watch?v=xvfuFi7IrMs

　生活者が金融機関で新たなサービスを利用しようとする場合、本人確認や年齢などの属性確認、預金残高の証明などが必要になる。これらの証明書として、金融機関が発行するVCをデジタル・ウォレットに保存しておき、別のサービス提供者にはスマートフォンアプリを通じて共有できる。これにより銀行ごとに異なる証明書の申請・発行プロセスや、紙の書類を受け取って、それを別のサービス提供者に送付するといった手続きが不要になる。

　図表2-3-3の例では、Interac Verification Serviceの利用者が、オンラインバンキング口座を持つカナダロイヤル銀行にログインし、銀行が確認している利用者の基本プロフィールから氏名、住所、生年月日を、信用スコア機関Equifaxと共有することを許可している。銀行が発行した証明を受け取るEquifaxは、銀行のKYC（Know Your Customer：本人確認）プロセスで確認されている利用者の情報を再利用することで、Equifax自身が本人確認手続きをあらためてせずにサービス提供を開始できる。

　この証明書は、コンソーシアム参加企業が連用するブロックチェーン（Hyperledger Fabric）上に保管されており、利用者は、自分の証明書がだれに共有されているかの把握が可能で、共有を止めることもできる。つまり、利用者が自身のプライバシー情報に対してコントロールする権限を握っ

ているのである。また、証明書を受け取るサービス提供者は、利用者の許可のもと、共有のブロックチェーンにアクセスするだけでよい。7社の金融機関とデータ共有をするためのAPIを個別に開発する必要がなく、利用者にとっても、サービス提供者にとってもメリットがある。

　金融機関によるコンソーシアムが核となり、生活者の本人確認や属性情報の共有ができるこのしくみは、ほかにも保険加入時の申請や不動産購入時などのローン申請、就職時の信用確認などへの利用が想定されている。

DB Schenker：物流工程を支えるパートナー企業の労働者のID管理に分散型アイデンティティを活用する構想

　DB Schenkerは、ドイツに本社を置くグローバル物流企業大手である。同社では、自社の社員9万3000人だけでなく、11万2000人もの外部の企業所属の労働者（サプライヤーや運送業者、ドライバーなど）が物流プロセスにかかわっていると言う。

　これだけの膨大な人員が参加する物流のプロセスとなると、さまざまなシーンで本人確認が求められる。たとえば、重要な資材の運送の際には戸籍などの身元の確認が必要である。特殊な運送機器を利用する場合には適切なライセンスを持つ人をアサインする必要がある。

　こうした確認をすべての物流プロセスで行うと、身元確認やライセンス保有状況の確認などを発注元のDB Schenkerの社員と請負側の企業の担当者がすることになり、ビジネスパートナーが増えれば増えるほど負荷は大きくなっていく。また、運送業者やドライバーは自社の社員ではないので、社内のID管理システムで管理するわけにもいかない。

　このような課題に対し、DB Schenkerは物流プロセスにかかわるワーカーのためのデジタルアイデンティティ・ウォレットの開発を計画していると言う。DB Schenkerや契約企業が発行する証明書（社員証・入館許可証など）、公的機関が発行する証明書（運転免許証・ワクチン接種証明書など）をアイデンティティ・ウォレットに登録し、必要なときにワーカーが自ら共有することで必要な本人確認・認証を目指す。

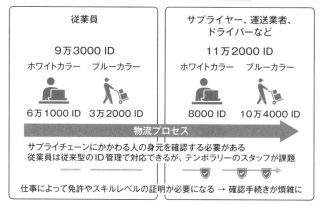

DB Schenkerの従業員、パートナーの数

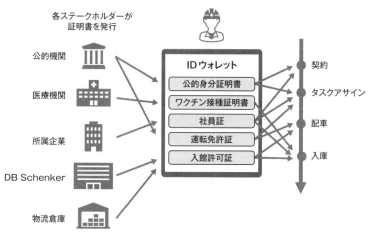

（出所）EIC2023 "Solving a Logistical Nightmare: Imagining a Decentralized Identity Future at DB Schenker" をもとに作成

　証明書の発行主体は信用できるステークホルダーであることがわかっているため、受け取った証明書によってその作業を担当できるかどうかはプログラムによって判定できる。特定の企業（発注元のDB Schenker）が事前にすべての書類を集めて確認する手間が省けるため、柔軟かつ安全な物流プロセス構築が期待できると言う。

② 関連技術の紹介

分散型アイデンティティ関連の標準化動向

自己主権型アイデンティティを実現するための主流の方式は、前述のDID
とVCである。図表2-3-5には、アイデンティティ保持者がVCの発行を依
頼し、それをアイデンティティ・ウォレットに保管・管理し、アイデンティ
ティ情報を要求するサービス提供者に開示する一連の流れを示している。

DIDとVCはWeb技術の標準化団体W3C（World Wide Web Consortium）
で標準化されている。DIDは2022年7月にバージョン1.0が発表された。VC
はDIDよりも早く、2019年にはバージョン1.0が登場し、2022年には1.1に
改定されている。また、特定のサービスに依存しないID連携のための標準
化団体であるOpen IDファウンデーションでも、DIDとVCに対応した仕様
拡張のためのワーキンググループが2023年から設置されている。

自己主権型アイデンティティや分散型アイデンティティの概念の実現にお
いて、W3Cが提唱するDIDとVCがほぼデファクトスタンダード化しつつあ

図表2-3-5 DID、VCによる分散型アイデンティティ

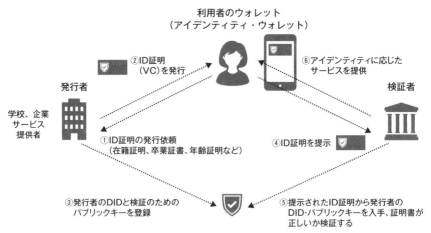

		2019年～ カナダ「Verified.Me」	2023年～ EUデジタルIDウォレット	2023年～ リナックス・ファウンデーション オープンウォレットプロジェクト
	アイデンティティ・ ウォレット	Verified.Me　カナダ国内の7社 の金融機関が対応	2024年から加盟国 に提供を義務づけ	OpenWallet FOUNDATION
自己主権型ID の中核	検証可能な属性証明 (VC：Verified Credentials)	2019年 VC1　2022年 VC1.1　2023年 Digital Credential Protocols WG設置 W3C　W3C　OpenID		※自己主権型アイデンティティの 中核となるDID、VCのコンセプ トはほぼデファクトスタンダー ド化
	分散型識別子 (DID：Decentralized Identifiers)	2022年 DID Core規格標準化 W3C		
	アイデンティティ・ レジストリー (クレデンシャルストア)	2022年 Decentralized Web Node (Decentralized Identity Foundation) DIF		

（出所）ロゴは各社・各団体より引用

り、2022年ごろから本格的な活用の素地が整った（図表2-3-6）。

　一方、中核以外の技術（アイデンティティ・レジストリー）やアイデンティティ・ウォレットに関しては標準化や参考実装などはあるものの、まだ本格的には実現方式が固まっていない。分散型IDを登録するレジストリーについては、「ブロックチェーンなどにより共有・公開される」という説明が多いが、必ずしも特定のブロックチェーンが想定されているわけではない。W3Cとは別の標準化団体DIF（Decentralized Identity Foundation）で「Decentralized Web Node」という仕様も発表されており、ツイッター（現X）創業者のジャック・ドーシーが提唱する「Web5」に採用されている例もあるが、普及には遠い。

　また、アイデンティティ・ウォレットについても、業界の成功事例が集積され始めている段階である。

アイデンティティ・ウォレットの動向

　自己主権型アイデンティティにおいて、発行された証明書を保管するアイデンティティ・ウォレットは、「自分の個人情報の何をだれにみせるのか」をセルフコントロールする重要な要素である。現実世界のアナロジーで言え

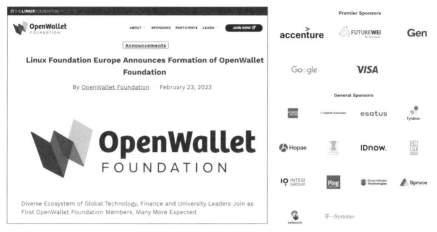

(出所) https://openwallet.foundation/2023/02/23/linux-foundation-europe-announces-formation-of-openwallet
-foundation/
https://openwallet.foundation/sponsors/

ば、多くの人が財布の中に身分証明書や会員証を入れておいて、必要なとき
に必要なものを選ぶ行動をデジタルに置き替えたものである。

　アイデンティティ・ウォレットは、暗号資産の保管のためのいわゆるウォ
レット（デジタル・ウォレット）と比較すると、生活者にとってはまだなじ
みが薄いアプリケーションである。しかし、今後政府レベルによるアイデン
ティティ・ウォレットの後押しもあって、広く普及していく可能性がある。

　EUは2021年6月に、欧州デジタルID規則（eIDAS）の改正案を発表した。
その骨子は、「法案成立後1年の猶予期間を経て、EU加盟国がデジタルアイ
デンティティ・ウォレットをEU域内の全市民に提供することを義務づける」
という内容となっている。

　もともとEU域内では、eIDAS1.0が2016年に施行されたときに各国政府
が提供する「eID（電子本人認証）」が提供されてきた。しかし、加盟国間
の相互運用の難しさなどから市民への普及率は59％にとどまっていた。
eIDAS2.0で規定されているEUデジタルIDウォレットは、分散型アイデン
ティティのしくみを前提とし、利用者が個人情報を自身で管理できるように

すること、域内であれば国をまたいで利用できるようにすること——この2つを規定し、普及の拡大を狙っている。今のところ、2024年までにEU加盟国での施行を目指しており、最終的には2030年に域内の市民80％に普及させることが目標となっている。EUデジタルIDウォレットのような政府主導による取り組みは、アイデンティティ・ウォレットの認知度向上と普及につながると予測される。

　また、民間セクターにおいてもアイデンティティ・ウォレットの普及・啓発を目指す取り組みが始まっている。オープンソースコミュニティのリナックス・ファウンデーション傘下で、オープンソースのアイデンティティ・ウォレットの開発と相互運用性の確保を目指すOpenWallet Foundationが2023年2月に設立され、主要なテクノロジー企業やセキュリティ・サービスプロバイダーが参画して活動を開始している（図表2-3-7）。

SBT：Web3トークンによるアイデンティティ表現

　DIDやVC以外に、最近登場した分散型アイデンティティの方式に、ブロックチェーンで実装されるNFT（Non-Fungible Token）を活用した「SBT（Soulbound Token）」がある。これは、譲渡不可能かつ世界に固有のNFTを発行し、それを1人しか所持できないようにすることでアイデンティティの証明としようという概念である。

　デジタルアートなどの売買に利用されることで知られるNFTは、ブロックチェーンを介して移転が可能なトークン（暗号資産）の一種である。NFTはデジタル・ウォレットに保管されて取引されるが、一度発行されたらその利用者のウォレットから移動できないようにしたのがSoulbound Token、つまり「個人に紐づいたトークン」である。個人の属性を証明する情報を含む移動不可のトークンが利用者のウォレットに常にあることで、トークンのIDとその中身を検証すれば保持者のアイデンティティを確認できる。

　SBTは、イーサリアムの共同創設者のヴィタリック・ブテリン氏らが2022年5月に発表した論文で提唱されたのが発端となり、イーサリアムブロックチェーンの技術標準仕様「ERC-5192（ERCはEthereum Request for

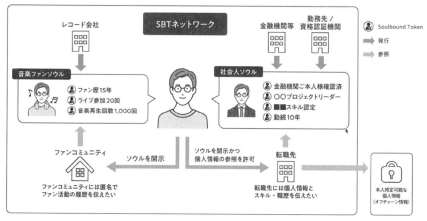

図表2-3-8　HashPortとSMBCグループのSBTの実証実験

（出所）HashPort
　　　　https://hashport.io/news/20221208

Commentsの略）」として仕様が策定されている。

　SBTはデジタル・ウォレットを利用している人であればトークンをそのまま保存するだけですむため、比較的容易にアイデンティティを表現する手段として利用でき、ブロックチェーンを活用したWeb3アプリケーションとの親和性が高い。

　また、同一人物でも異なるアイデンティティを持てることから、複数のSBTを使い分けることができる。たとえば、勤務する企業や保有スキルを証明するビジネスパーソンとしてのSBTと、オフの時間に楽しんでいる趣味に関するアイデンティティを表すトークンとをそれぞれ持つ、という使い分けである。政府の発行するアイデンティティ・ウォレットのように本人確認に用いるというよりも、その人の過去の行動や履歴を検証可能なかたちでブロックチェーン上に残し、信用の裏づけとするような利用シーンに向いている。

　図表2-3-8は、ブロックチェーン開発企業のHashPortとSMBCグループが2022年12月に発表した、SBT活用の実証実験のイメージである。2023年3月からSMBCグループがSBTを発行し、実証実験を行うと言う。公開され

ているイメージでは音楽ファンとしての活動を表すSBTが示されているが、たとえばファンコミュニティを形成する際にSBTを活用して活動歴を共有したり、履歴に応じたマーケティングを展開したり、という活用方法が考えられる。

❸ ITロードマップ

図表2-3-9にプログラマブル・アイデンティティのITロードマップを示す。

2024年度〜2025年度：分散型アイデンティティ標準化・実装の始まり

自己主権型アイデンティティの実装の主流であるW3CのDID・VCの標準化はすでに完了しており、関連するOpenIDファウンデーションとの連携やアイデンティティ・レジストリー（クレデンシャルストア）が標準化される。標準に沿ったソフトウェア実装を各社が試している段階であり、萌芽的なサービスが徐々に登場する。

アイデンティティ・ウォレットも、活用に向けた準備段階に入る。欧州のEUデジタルIDウォレットは当初2024年の施行が見込まれていたが、2025年ごろまでずれこむ可能性があり、しばらくは準備段階であろう。日本でも2023年10月に、三菱UFJ信託銀行、NTTデータ、日立製作所、富士通など8社による「DID/VC共創コンソーシアム」が設立されている。これらの取り組みの成果が出始めるのがこの時期である。

2026年度〜2027年度：プログラマブル・アイデンティティによるエコシステム構築開始

アイデンティティを軸としたビジネス連携が始まる時期である。クレデンシャルストアに関する標準化はしばらく時間がかかることから、当初は信頼できる参加企業のサービス間連携に限定された例にとどまり、Interac Verification Serviceの事例でみたようなクローズドなコンソーシアムで運用

図表2-3-9 プログラマブル・アイデンティティのITロードマップ

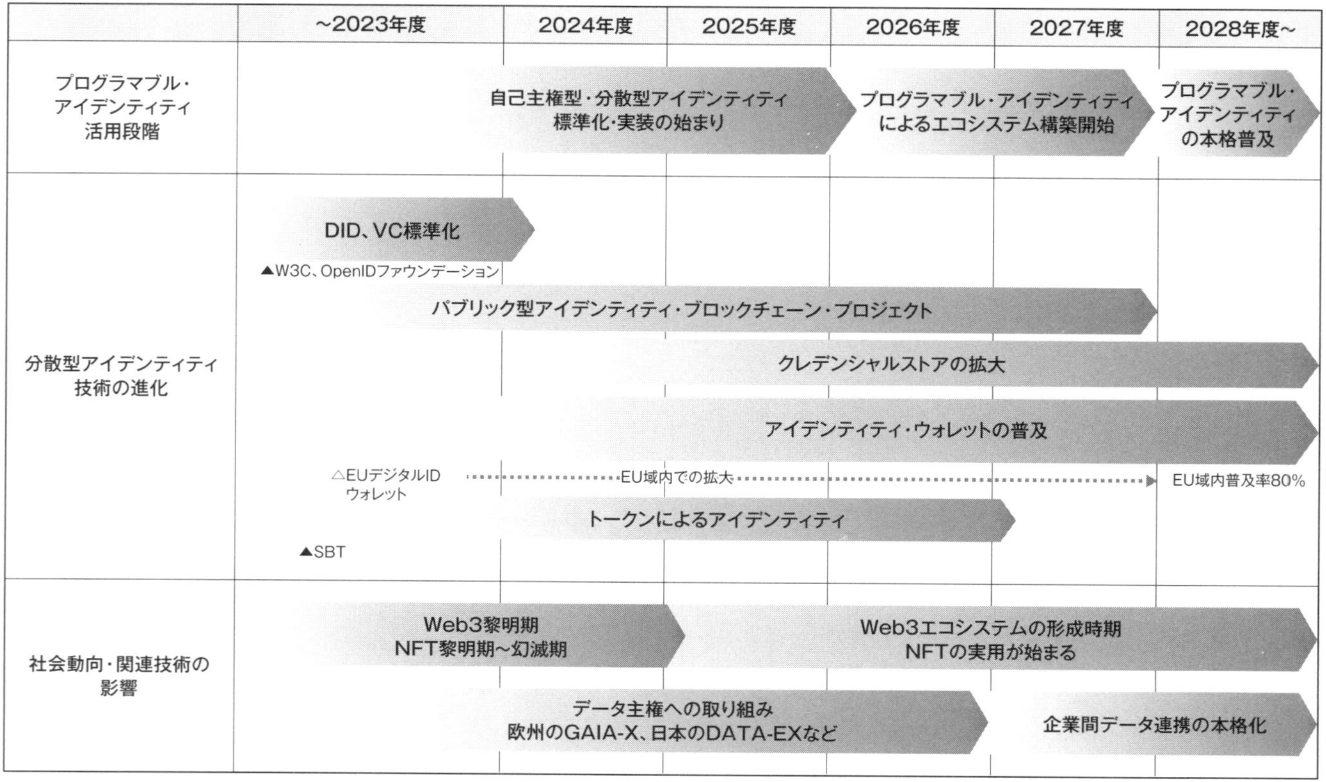

	~2023年度	2024年度	2025年度	2026年度	2027年度	2028年度~
プログラマブル・アイデンティティ活用段階		自己主権型・分散型アイデンティティ標準化・実装化の始まり		プログラマブル・アイデンティティによるエコシステム構築開始		プログラマブル・アイデンティティの本格普及
分散型アイデンティティ技術の進化	DID、VC標準化 ▲W3C、OpenIDファウンデーション パブリック型アイデンティティ・ブロックチェーン・プロジェクト クレデンシャルストアの拡大 アイデンティティ・ウォレットの普及 △EUデジタルIDウォレット ……EU域内での拡大………→ EU域内普及率80% トークンによるアイデンティティ ▲SBT					
社会動向・関連技術の影響	Web3黎明期 NFT黎明期~幻滅期 データ主権への取り組み 欧州のGAIA-X、日本のDATA-EXなど		Web3エコシステムの形成時期 NFTの実用時期が始まる 企業間データ連携の本格化			

74

されるアイデンティティ連携が中心になる。

　その後、Web3の進展と共に、パブリック型ブロックチェーンにおける分散型アイデンティティ・プロジェクトが軌道に乗るのが2026年度〜2027年度と予測される。NFTをベースにしたSBTもNFTの普及に伴って利用事例が増えてくる。

　生活者向けのサービスに加え、法人間でのデータ流通にも自己主権型アイデンティティが利用されるようになる。欧州で進展している産業データ流通の枠組み（産業全般のデータ共有を推進する「GAIA-X」や自動車業界に特化した「Catena-X」など）が2020年ごろから形成されているが、これらの枠組みの中でも自己主権型アイデンティティが利用されることが予定されている。企業間でデータを共有する際、「どのデータをどの企業と共有してよいか」をコントロールするしくみとして、特定の中央の管理者に依存せず参加企業自らが管理できるようにすることが狙いである。2023年の段階では実装に向けた検討が始まっており、2026年ごろには実利用が始まることが期待される。

2028年度以降：プログラマブル・アイデンティティ活用の本格化

　生活者向けの自己主権型アイデンティティ管理サービスが広がり、IDを軸としたサービス間の柔軟な連携が本格化する。この時期には、アイデンティティ・ウォレットを介して自身のプライバシーを生活者自らがコントロールする状態が広がる。また、企業間連携の促進においても自己主権型アイデンティティが貢献し、企業間をまたいだデータ活用が広がる。

❹ 5年後の利用イメージ

　自己主権型アイデンティティの実装が進み、アイデンティティの証明と共有が特定の組織やしくみに依存しないことで、将来的にはIDを軸としたサービスの組み合わせが迅速かつ柔軟になる。従来のように、本人確認手続きに時間を要したり、紙の公的証明書の提出のような、連携を阻害したりす

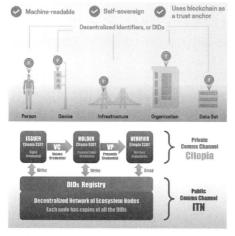

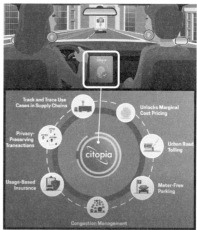

（出所）https://www.youtube.com/watch?v=OnBy3nskY6g
　　　　https://www.youtube.com/watch?v=lcNDWc2jNu8

るプロセスがなくなることで、生活者は、異なる企業のサービスを必要なときに組み合わせて享受できるようになる。

　将来構想の1つとして、自動車業界のブロックチェーン活用を推進するコンソーシアムMOBI（Mobility Open Blockchain Initiative）がある。MOBIでは、MaaS（モビリティ・アズ・ア・サービス）領域でのアイデンティティ共有とサービス間連携のしくみとして自己主権型アイデンティティを実現する「ITN（Integrated Trust Network）」と、ID連携に基づいてアプリケーションを連携させるための「Citopia」の標準化を進めている（図表2-3-10）。車のドライバーのアイデンティティを一度認証すれば、移動に関連するさまざまなサービス（高速道路や駐車場の料金の支払い、カーシェアリングの利用、走行量に応じた保険の契約など）が自動的に組み合わされて提供される世界を目指している。このように、検証可能なアイデンティティを共有することによって、サービス連携がよりプログラマブルになることが、プログラマブル・アイデンティティによって可能になる世界である。

実現に向けた課題

EUのEUデジタルIDウォレットへの取り組みでも懸念されているが、プログラマブル・アイデンティティの実現で恩恵を受ける人がいる一方、使い方の難易度が上がることによって「アイデンティティ難民」が生まれないように配慮する必要がある。分散型アイデンティティ・ウォレットは、主にスマートフォンアプリとして実装される「自己主権」という特性から、利用者自らがどのようなアイデンティティ情報をだれと共有するのか、ということを理解しなければならないという前提がある。そのため、高齢者や貧困層などのスマートフォン利用に制限がある人々へのユニバーサルアクセスを考慮する必要があろう。

特にブロックチェーンを前提とした分散型のウォレットは、利用者自らが暗号鍵を管理しなければならず、技術的な理解が難しい。このような課題に対し、敷居の高いWeb3ウォレットへのアクセスを容易にする1つの取り組み例として、マイナンバーカードとデジタル・ウォレットを連携させる「マイナウォレット」がある。

日本のa42xが開発しているマイナウォレットは、「アカウントアブストラクション（抽象化）」という新しい技術が使われており、イーサリアム財団の研究開発助成プログラムでもある。今後、使いやすいアイデンティティ・ウォレットをいかに実現できるかが普及へのカギとなるだろう。

また、DIDとVCによる分散型アイデンティティ管理とは別に、運用上の課題もある。VCによってほかの主体が発行した証明書をプログラム的に検証することは可能であるが、そもそも証明書の発行主体が信用に足るのか、という問題である。事例で取り上げた金融サービスの連携においてVC発行とレジストリーがコンソーシアム型で運用されているのは、厳格な本人確認が求められるからである。

プログラマブル・アイデンティティがつくるエコシステムがよりオープンになっていく過程で、参加する証明書発行主体の信頼度を特定の格づけ機関などに頼らず高める必要が生じてくる。信頼の輪に参加する主体の評判をどう蓄積し、サービス間連携に生かすのかが新たな課題として浮上している。

2.4 次世代クラウド
コンテナ化で加速、新たなクラウド利活用モデル

エグゼクティブサマリ

●サマリ

・クラウドコンピューティングの活用は「クラウドファースト」時代から、コンテナやAPIなどを率先してシステム開発に適用する「クラウドネイティブ」時代に突入しようとしている。

・近年は特定の業種向けの「インダストリークラウド」や、国や地域が制定するデータ活用の規則に基づいて運用される「ソブリンクラウド」が登場している。

・クラウドネイティブの進展と新たなクラウドサービスの登場によって、「スーパークラウド」という新しいコンセプトが注目を集めている。スーパークラウドは、パブリッククラウドとオンプレミスの違いを意識させない、最適化されたインフラ活用を提案する。

●ロードマップ

・〜2023年度：インダストリークラウドの拡大と進化。

・2024年度〜2026年度：日本におけるデータ主権への取り組み。

・2027年度以降：次世代マルチクラウド（クラウドの抽象化）の実現。

●課題

・クラウドネイティブ人材育成。

クラウドファーストからクラウドネイティブへ

　企業システムの開発の合言葉として「クラウドファースト」が浸透して久しい。総務省の『令和5年版　情報通信白書』によると、「クラウドサービス

を利用している企業」は7割を超えた。「AWS（Amazon Web Services）」や「GCP（Google Cloud Platform）」「Microsoft Azure」などの大手ITベンダーが手がけるパブリッククラウドサービスを利用すれば、最新のクラウド技術を選択できると同時に、システムの柔軟な拡張と初期投資コストを必要最小限に抑えることができる。こうしたサービスが拡大しているのは、多くの企業の期待の表れと言える。

一方、クラウドファーストの浸透と共に課題もみえてきた。クラウドファーストを代表する移行手段である「リフト・アンド・シフト」[注1]を提唱する企業は多いが、実はオンプレミスで構築したITシステムをできる限りそのままの状態でクラウドに上げたものの、次のフェーズになかなか移行できずにとどまってしまうケースが登場している。拡張性や可用性の向上など、クラウドが提供する本質的な価値を見失っていないか。そのような背景の中で登場した概念が「クラウドネイティブ」である。

クラウドネイティブを推進する「CNCF（Cloud Native Computing Foundation）」は、クラウドネイティブを「パブリッククラウド、プライベートクラウド、ハイブリッドクラウドなどの近代的でダイナミックな環境において、スケーラブルなアプリケーションを構築および実行するための能力を組織にもたらします。このアプローチの代表例に、コンテナ、サービスメッシュ、マイクロサービス、イミューダブルインフラストラクチャ、および宣言型APIがあります。これらの手法により、回復性、管理力、および可観測性のある疎結合システムが実現します。これらを堅牢な自動化と組み合わせることで、エンジニアはインパクトのある変更を最小限の労力で頻繁かつ予測通りに行うことができます」[注2]と定義する。

中でも「コンテナ」は、アプリケーション開発の手間を減らしてコストを削減する手法として注目を集めている。コンテナは、アプリケーションとミドルウェア、ライブラリやファイルシステムなどのOS（オペレーティング

注1 「自社で開発、運用してきたITシステムをクラウド上にできる限りそのままの状態で移行（リフト）させ、その後新たにシステムを開発（シフト）する」ことを示す言葉
注2 CNCF "CNCF Cloud Native Definition v1.0"
https://github.com/cncf/toc/blob/master/DEFINITION.md

サーバー仮想化

アプリケーション	アプリケーション	アプリケーション
ミドルウェア	ミドルウェア	ミドルウェア
ゲストOS	ゲストOS	ゲストOS
仮想 サーバー	仮想 サーバー	仮想 サーバー

ハイパーバイザー

ハードウェア

ハードウェアに搭載されているプロセッサやメモリーの使用時間を細かく分割。それぞれをひとまとめにし、複数の個別独立したサーバーのように機能させる

コンテナ

アプリケーション	アプリケーション	アプリケーション
ミドルウェア	ミドルウェア	ミドルウェア
ライブラリ	ライブラリ	ライブラリ
コンテナ	コンテナ	コンテナ

コンテナ管理

OS

ハードウェア

1台の物理サーバー上で動作する複数のコンテナをそれぞれ独立したサーバー環境のように利用する

システム）の一部をパッケージ化した「箱」である（図表2-4-1）。この結果、コンテナを搭載するハードウェアのOSから分離されるためにアプリケーションの可搬性が高まり、本番環境への展開をスピードアップできる。顧客サービスの頻繁な更新に迫られるWebサイトを支える基盤としてだけでなく、定期的なモデルの検討や見直しが必要なビッグデータ処理や機械学習などにも効力を発揮する。日本でもDX（デジタルトランスフォーメーション）先進企業がコンテナを採用するケースが増えており、クラウドネイティブを支える基盤技術としてコンテナが果たす役割は大きい。

インダストリークラウドの浸透

インダストリークラウドは、金融や流通など個別の業界に特化したクラウドソリューションである。たとえば金融業務であれば保有する複数の口座情報や顧客情報の管理に加えて、金融取引に関する規制や要件に準拠しながら業務を行わねばならない。医療業務であれば、患者のカルテや来院履歴に加えて医療に関する法律に従うといった具合である。AWSやGCPなどのパブリッククラウドサービスは汎用的である反面、一般企業のシステム構築の要

	提供サービス	プラットフォーム	パートナー
AWS	Amazon HealthLake、 Amazon HealthLake Imaging、 Amazon Transcribe Medical、 Amazon Comprehend Medical、 FHIR Works on AWS 、 Amazon Omics	AWS	
グーグル	Healthcare Data Engine、 Cloud Healthcare API	GCP	Amwell、League
マイクロソフト	Microsoft Cloud for Healthcare	Microsoft Azure	Epic
セールスフォース・ドットコム	Salesforce Health Cloud	Salesforce Platform	
フィリップス	Philips Health Suite	AWS	
NTTデータ	Healthcare Industry Cloud Platform	AWS、GCP、 Microsoft Azure	

件に基づくつくりこみが必要であるため、手間と時間を要する。インダストリークラウドは、これら業務に必要な機能と業界ならではの規制要件、データ管理要件に応えるサービスとして登場した。

インダストリークラウドの歴史は古い。たとえば、CRM（顧客関係管理）基盤をSaaSで提供するセールスフォース・ドットコムは、2016年から金融機関向けの「Salesforce Financial Service Cloud」を提供している。インダストリークラウドの転機は新型コロナウイルス感染症拡大である。これまでデジタル化が遅れていた医療・ヘルスケア分野に多数のクラウド事業者が参入している（図表2-4-2）。

インダストリークラウドは、さまざまな業種へと拡大している。セールスフォースは、同社のSaaSに業界特有のUIやロジック、データ定義を標準機能として実装するかたちで「Industry360」を提供する。金融や製造、教育、メディア、医療に加えて、2022年には企業の環境データを収集・分析・報告して温室効果ガスの排出量削減に貢献する「Salesforce Net Zero Cloud」を追加した。

SaaSを中心に業界向けの機能をアドオンするセールスフォースに対し、IaaSベースのインダストリークラウドを提供するのが、マイクロソフトである。ヘルスケア向けの「Microsoft Cloud for Healthcare」や小売業向けの「Microsoft Cloud for Retail」、金融向けの「Microsoft Cloud for Financial Services」、製造業向けの「Microsoft Cloud for Manufacturing」、非営利団体向けの「Microsoft Cloud for Nonprofit」を提供する。

脱グローバル化（Deglobalization）の進展とソブリンクラウドの提案

グローバル化するビジネスにおいてAWSやGCP、Microsoft Azureなど米国発のパブリッククラウドの利用が当たり前になる中、経済安全保障に関する議論の波がクラウドにも押し寄せている。諸外国では、プライバシーの保護や自国の産業育成を目的として国境を越えるデータ流通を規制する法制度を制定し始めた。欧州では2020年6月に「自律分散型の企業間データ連携のしくみ」として「GAIA-X（ガイア-X）」が正式に発足した。GAIA-Xはデータ流通に関する全体の枠組みを示したもので、その中で自動車産業を対象とした「Catena-X（カテナ-X）」プロジェクトが始まっている。

ソブリンクラウドとは、一般的に単一の地域内で提供され、各国の政府や業界団体などがそれぞれ定めるセキュリティ基準やコンプライアンス（法令遵守）に関する要件を担保するクラウドサービスを指す（図表2-4-3）。

欧州ではすでにソブリンクラウドサービスの提供が始まっている。欧州の取り組みは、米国主導の大手クラウドベンダーへの対抗が遠因であるものの、彼らの技術力を無視するのは現実的ではない。そこで、ドイツではT-Systems（Tシステムズ）、フランスではThales（タレス）、スペインではMinsait（ミンザット）などのITベンダーがグーグルから暗号化やID管理などの技術提供を受け、ソブリンクラウドサービスを提供している。フランスではCapgemini（キャップジェミニ）と通信事業者のOrange（オレンジ）が新会社を設立し、Microsoft Azureを通じてフランス政府や重要インフラ向けのクラウドを提供している。

米国のオラクルは、「EUソブリンクラウド」の提供を2023年6月に開始し

図表2-4-3　ソブリンクラウドとは

主権	ユーザーの権利	具体例
データ主権	データの管理権限を有する	• 権限のない第三者は顧客のデータにアクセスできない • ユーザーは自分の情報を暗号化できる
運用主権	自国内でクラウドを運用管理できる	• ベンダーの運用管理について、決定権や拒否権を有する • データの保存方法やアクセス状況を把握できる
ソフトウェア主権	単一のプロバイダーに縛られることなく、ワークロードを実行できる	• アプリケーションやサービスを別のITインフラに移行できる • ベンダーロックインを排除できる

た。このサービスは同社の商用パブリッククラウドと物理的に分離されているが、100以上のサービスが利用可能で、かつEU域内の居住者がオペレーションやカスタマーサポートを担当するなどの特徴を有する。2023年10月にはAWSが「AWS European Sovereign Cloud」を立ち上げると宣言した。いずれのサービスも、個人情報の域外への転送を制限するEUのGDPR（一般データ保護規則）やEU諸国の法令を遵守している。

 事例

フォルクスワーゲングループ：インダストリアルクラウドを構築、自社App Store経由でアプリケーションを提供

フォルクスワーゲンはポルシェやアウディなど複数の自動車ブランドを展開するグローバルな自動車メーカーである。フォルクスワーゲンは、グループ全体で100を超える生産拠点と4万以上のサプライヤーを擁する。2020年4月、同社は工場を「フォルクスワーゲン・インダストリアルクラウド（Volkswagen Industrial Cloud）」に統合する作業を進めていることを発表した。

その発表では、「2019年に最初の3つの工場のシステムをAWS上に構築し

INDUSTRIAL CLOUD
Wachsendes Angebot an Software-Anwendungen von Partnerunternehmen

（出所）フォルクスワーゲン "Volkswagen and Amazon Web Services bring additional partners to the Industrial Cloud"
https://www.volkswagen-newsroom.com/en/images/detail/volkswagen-brings-additional-partners-to-industrial-cloud-33976

たクラウドで統合済みであること、シーメンスがクラウド構築のパートナーであること、2020年に15の工場をクラウドに統合させること」が示された。同社は、ロボット、機械、物流システムなど、世界中の製造工場をAWS上に構築したVolkswagen Industrial Cloudに接続させ、グローバルサプライヤーネットワークを統合する。これにより機械の予測メンテナンスや車両生産における追加作業の削減を期待しており、2025年末までに約2億ユーロのコスト削減を見込んでいる。

　Volkswagen Industrial Cloudでは、アップルのアプリケーションストア「App Store」を介して約30のアプリケーションが提供されている（図表2-4-4）。アプリケーションは予防保守やAIによる手戻りの削減などが重点分野として定められ、フォルクスワーゲンのパートナー企業も独自のアプリケーションを提供できる。たとえば、ある会社はAIを使用した無人輸送システムの使用を最適化するアルゴリズムを開発している。別の会社は、機械

のメンテナンス間隔をシミュレーションするために使用できるアプリケーションを提供している。

　長期的には、Volkswagen Industrial Cloudを通じて、30%の生産性向上、30%のコスト削減、サプライチェーンで10億ユーロを節約することを目指す。

ウォルマート：「トリプレット」クラウドでコスト削減

　世界でスーパーマーケットを展開するウォルマートは、Microsoft AzureとGCP、オンプレミス型プライベートクラウドによるハイブリッドクラウドを全社的に利用している。このハイブリッドクラウドの中核をなすのが「WCNP（Walmart Cloud Native Platform：ウォルマート・クラウドネイティブプラットフォーム）」である。

　WCNPの特徴は、3つのクラウドでアプリケーションのワークロードを適切に運用できる「トリプレットモデル」を採用していることである。コンテナは、「クーバネティス（Kubernetes）」を介してMicrosoft AzureとGCP、

図表2-4-5　ウォルマートのトリプレットモデル

（出所）ウォルマート "Walmart Modern Cloud Platform", Blazing a trail in cloud computing: how Walmart built one of the largest hybrid clouds in existence
https://www.youtube.com/watch?v=CHzlrKLoMyg

そしてプライベートクラウドで運用、管理される。3つのクラウドは米国全土（西部、南部、東部）の3ヵ所に設置され、各店舗や顧客は近い拠点に接続する（図表2-4-5）。3つのクラウドの適切な場所にワークロードを配置することで、全体的なアプリケーションのパフォーマンスの向上と低遅延を実現する。トリプレットモデルはホリデーシーズンやお買い得商品の販売時期など需要がピークになる瞬間に効果を発揮する。この結果、クラウドのコストを10～18%削減することに成功した。

❷ 関連技術の紹介

以下では次世代クラウドの推進要素となる技術の動向について紹介する。

コンテナ運用におけるクーバネティスコスト最適化

コンテナはビジネスのアジリティ（迅速性）を高めてくれるものの、運用時の負荷分散やコンテナイメージのアップデート、使わなくなったコンテナは1つひとつ削除しなければならないなど、手間がかかる。これらの課題を解決する手段として開発されたのが「コンテナオーケストレーション」である。中でもグーグルが社内のコンテナ管理のために開発し、後にオープンソースソフトウェアとして公開したクーバネティスは、コンテナオーケストレーションのデファクトスタンダードになっている。

クーバネティスを利用すれば、負荷分散によってトラフィックを振り分けることができるため、コンテナのデプロイ（展開）を安定させることができる。また、ストレージを自動でマウントすることや、障害発生時にもとの状態に変更する自動ロールバックが可能である。

クーバネティスはコンテナ運用の柔軟性を高める多彩な機能を持つ反面、適切な設定を怠るとパブリッククラウドのコスト増の原因となってしまう。そこで、クーバネティスリソースの使用量ごとのコストを可視化し、クラウドの利用コストを最適化するクーバネティスコスト最適化（Kubernetes Cost Optimization）の取り組みとツールの提供が始まっている。

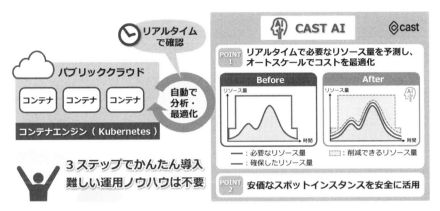

（出所）日立ソリューションズ「クラウド環境の利用コストをAIで自動最適化する『CAST AI』の販売契約を締結し提供開始」2022年8月29日
https://www.hitachi-solutions.co.jp/company/press/news/2022/0829.html

　たとえば、2022年から日本での提供が始まった「CAST AI」は、AIを使用してクーバネティスで利用しているパブリッククラウドを24時間監視し、インフラリソースをリアルタイムで最適化してクラウド利用量の最適化を図る（図表2-4-6）。欧米では利用コストを平均で63％削減した実績があると言う。

　パブリッククラウドの投資効果を最大化するためのフレームワークとして「FinOps（フィンオプス）」が話題になる中、クーバネティスコスト最適化はクラウドネイティブの効果を最大化する手法として今後日本でも注目を集めるだろう。

IaCを用いたクラウドのインフラ構築に生成AIが進出

　IaCとはインフラストラクチャ・アズ・コード（Infrastructure as Code）の略で、クラウドを利用する際のCPU、メモリーといったサーバーの構成を、コード[注3]を用いて自動的に行うことである。オープンソースソフトウェ

注3　コンピュータが理解できる命令を書き込んだテキストファイル

アの「アンシブル（Ansible）」「パペット（Puppet）」などに加え、最近では「AWS CloudFormation」「Azure Resource Manager」などのクラウド専用ツールも登場している。

　IaCを利用すれば、複数のソフトウェアのインストールを自動化でき、人為的なミスの削減や作業時間の短縮に貢献できる。さらに構築するシステムを小さな単位でモジュール化すれば、ほかのシステムでも利用でき、システム開発を迅速化すると同時に構築の柔軟性を高めてくれる。以上がメリットで、デメリットは、ツールごとのルールや記載方法などのキャッチアップが必要であるなど、IaCの実践には学習コストがかかりやすいことである。また、手作業で変更を加えてしまった場合はコードとの差分が発生するため、エラーが発生する可能性が高まるなどの注意点もある。

　生成AIの世界的な関心の高まりは、IaCの実践にも影響を及ぼしつつある。2023年4月、IaCツールを提供するPulumiは、大規模言語モデルの「GPT-4」などを利用してAWSやMicrosoft Azure、「クラウドフレア（Cloudflare）」「クーバネティス」「データドッグ（Datadog）」など、130を超えるさまざまなパブリッククラウド、ホスティングサービス、CDN（コンテンツ配信ネットワーク）、サービス、ツールの構成コードを自然言語から自動的に生成してくれる「Pulumi AI」を発表した。Pulumi AIは、「ChatGPT大規模言語モデル（LLM）」を使用して、「Python」や「TypeScript」などのプログラミング言語でAWSなどのパブリッククラウドのITインフラの構築に必要なコードを自動で生成する。また、2023年5月にグーグルが発表した「Duet AI in Google Cloud」も同様の機能を提供してくれる。たとえば、Duet AI in Google Cloudのチャット機能を使ってアプリケーションの可用性を向上させる方法を質問した場合、アプリケーションサーバーが複数のリージョンやゾーンで稼働するシステム構成をAIが提案し、さらにコードもAIが生成してくれる。

　では、生成AIがIaCのコードを自動で記述してくれるようになったかというと、そうではない。生成されたコードをそのまま実行するとエラーになってしまう、生成されたコードの再現性がない、などの課題があり、生成

AIの結果を信じて手放しで運用することは現実的ではない。しかし、あまり予備知識のないクラウドであってもインフラのコードを簡単に生成できたり、既存のクラウドの構成を別のクラウドやサービスに対応するかたちで書き換えられたりするなど、クラウドインフラ構築における生成AI活用の魅力は多い。

2023年10月にはIBMが「watsonx Code Assistant」を発表した。同社が持つメインフレーム用アプリケーションの「モダナイゼーション」での活用を狙う。会社を挙げて生成AIへの取り組みを加速するマイクロソフトやアマゾンの今後の動向にも注目である。

次世代のマルチクラウドとなる「スーパークラウド」

企業システムにおいて複数のパブリッククラウドを利用するマルチクラウドの進展とコンテナ活用の普及によって、海外では「スーパークラウド」というキーワードが注目を集めている。スーパークラウドは、2016年に米国のコーネル大学の研究チームによって提唱された。AWSやGCP、Microsoft Azureがパブリッククラウド市場を席巻する中、これらクラウドサービスの存在を意識することなく、自社のアプリケーションやワークロードを実行してくるクラウドをスーパークラウドと呼ぶ。スーパークラウドと同義の言葉として、「メタクラウド」や「スカイコンピューティング」がある。

スーパークラウドに取り組むベンダーの1社がVMware（ヴイエムウェア）である（図表2-4-7）。VMwareは長きにわたって、クラウド環境構築の基盤となるハイパーバイザーと各種プラットフォームを構築してきた。VMwareは「VMware Cross-Cloud Services（ヴイエムウェア・クロスクラウドサービス）」の提供を通じてマルチクラウド運用の簡素化を図り、クラウド利用の最適化を意味する「クラウドスマート」の実現を目指す。

このほかにも、マルチクラウドのクラウドデータベースサービスを提供するスノーフレーク（Snowflake）やハイパーコンバージドインフラをマルチクラウドで構築可能なニュータニックス（Nutanix）、オンプレミスとクラウドの間でデータやアプリケーションの双方向移動を行う「マルチクラウドア

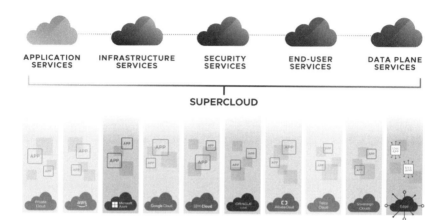

（出所）ヴイエムウェアCTOブログ注4

プライアンス」のコンセプトを提唱するデル・テクノロジーズなどもスーパークラウドの要素を持つ企業である。

　これまで企業は自社のシステムをハイブリッドクラウド上に構築することで、ビジネスの迅速性を確保してきた。しかし、AWSやGCP、Microsoft Azureなど複数のクラウドを利用するようになると、彼らの戦略に沿ったシステム開発が求められがちになり、今度はクラウドプロバイダーごとにシステムが「サイロ化」されるなどの課題に直面した。先のウォルマートのウォルマート・クラウドネイティブプラットフォームの取り組みは、コンテナを利用してユーザー主導でスーパークラウドを実現した事例とも言える。

　近年、クラウドコストの最適化としてFinOpsや可観測性（オブザーバビリティ）が注目される背景には、クラウド事業者に依存してシステム構築・運用を実施してきたツケが回ってきたことがあるとも言えよう。スーパークラウドはいまだバズワードの域を出ないが、クラウドの複雑性を解消して相互運用性が標準となった次世代のマルチクラウドとしての可能性を秘めている。

注4　"The Multi-Cloud Journey: Skipping Over the Chaos to Arrive at 'Cloud Smart'"
　　　https://octo.vmware.com/skipping-cloud-chaos/

❸ ITロードマップ

図表2-4-8に次世代クラウドのITロードマップを示す。

〜2023年度：インダストリークラウドの拡大と進化

米国ではゴールドマンサックスがAWS上に「Goldman Sachs Financial Cloud」を構築し、2021年から金融機関向けにデータ分析ソリューション「GS Financial Cloud for Data」の提供を開始した。同年にはスノーフレークが「Financial Services Data Cloud」サービスを提供している。スノーフレークのサービスでは、S＆Pグローバルやエンタープライズ向けデータ管理・分析事業を手掛けるアクシオムなどが提供するデータを利用できる。ESG投資のポートフォリオ構築や保険引き受けにおけるリスクの評価などのデータドリブンの意思決定支援、潜在的不正行為の検出などが可能である。さらに、スノーフレークは2023年6月に「Snowpark Container Services」を発表し、ユーザーがコンテナアプリを開発し、同社のマーケットプレイスで配布できるようになった。

インダストリークラウドは世界的に関心が高いテーマである。米国調査会社のガートナーは、インダストリークラウドを2023年と2024年の「戦略的テクノロジーのトップ・トレンド」を示すキーワードの1つとして選定した。インダストリークラウドの台頭は、ベンダー戦略の見直しをユーザーに迫ることにもなるだろう。AWSやMicrosoft Azure、GCP上でのシステム構築の実績や提供される個々の技術ではなく、自社の業務との接点や提供サービスの内容でクラウドを選定できるようになるからである。

2024年度〜2026年度：日本におけるデータ主権への取り組み

この時期は日本におけるソブリンクラウドである「ガバメントクラウド」への取り組みが拡大する。ガバメントクラウドは高いセキュリティ要求に基づいて構築され、データは日本国内に保管される。また、日本法に準拠し国

図表 2-4-8 次世代クラウドのITロードマップ

クラウドモデル		~2022年度	2023年度	2024年度	2025年度	2026年度	2027年度~
	全体	インダストリークラウドの拡大と進化		日本におけるデータ主権への取り組み			次世代マルチクラウド（クラウドの抽象化）の実現
	スーパークラウド	★「VMware Cross-Cloud Services」ヴイエムウェア		ハイブリッドクラウドからマルチクラウドへ		マルチクラウドでのコンテナの可搬性（コンテナコンポーザビリティ）強化	
		★「CAST AI」国内提供		Kubernetes Cost Optimization		クラウドコスト最適化	
				★FinOps FoundationによるFOCUS発表			
	ソブリンクラウド		★「ガートナーX接続支援ソフトウェア」NTTコミュニケーションズ、NTTデータ	欧州データ主権への対応	☆欧州バッテリー規制	国内データ流通基盤の整備	
		★AWS、GCP、Microsoft Azure、OCI ガバメントクラウドに選定	★さくらインターネット ガバメントクラウドに選定	ガバメントクラウドへの移行期	☆20業務 移行完了（目標）	ガバメントクラウドでのモダンアプリケーション開発	
			★「Snowpark Container Services」スノーフレーク		★「Snowpark Container Services」スノーフレーク		
	インダストリークラウド	★「Net Zero Cloud」セールスフォース・ドットコム ★「Goldman Sachs Financial Cloud」ゴールドマンサックス ★「Financial Services「Data Cloud」スノーフレーク	各種インダストリークラウド		インダストリークラウド活用の高度化		

92

際裁判管轄は東京地方裁判所にするなど、政府が定めた日本独自のデータ主権の要件に従わねばならない。ガバメントクラウドへの移行に当たり、デジタル庁はIaCやコンテナなどを活用したモダンアプリケーション開発[注5]を推奨[注6]している。これによって運用コストを移行前の3割削減できると言う。だが多くの地方公共団体にとって、モダンアプリケーションの開発と運用は未知の領域であるため、企業の多くは既存のシステムをクラウド上にリフトして対応することになるだろう。

またこの時期は欧州ではCatena-Xの取り組みがスタートしており、日本の自動車メーカーや部品メーカーの一部が対応を始めると予想される。現時点においてCatena-Xの取り組みが成功するかどうかは未知数ではある。しかし、リサイクルやトレーサビリティに対するニーズに応え、生産プロセスやリードタイムの短縮につなげることができるとして期待されている。さらに、日本におけるデータ流通基盤の取り組みである「DATA-EX」の今後の展開や新たなソブリンクラウドの誕生を後押しする可能性もあり、動向に注目すべきであろう。

2027年度以降：次世代マルチクラウド（クラウドの抽象化）の実現

クラウド利用コスト管理と最適化の規範を検討する非営利組織のFinOps Foundation（フィンオプス・ファウンデーション）は、2023年6月に「FOCUS」を発表した。FOCUSとは「FinOps Open Cost and Usage Specification」の略語で、クラウドの費用、使用量、課金データの標準化されたオープン仕様である。具体的には分割項目（リソースIDやサービス、カテゴリーなど）、指標（費用の額や使用量など）、属性（更新頻度や提供方法）、メタデータ（スキーマ、リファレンス、データカタログなど）の標準化と正規化を行い、マルチクラウド活用時のコスト管理の適正化を目指す。クーバネティスコス

注5　品質を確保しながら迅速なソフトウェア開発を可能とするリリースプロセス、変化への柔軟な対応を実現するソフトウェアアーキテクチャなど、ソフトウェア開発の現代的課題を解決する手法や考え方。コンテナ、オーケストレーション、CI/CD、APIなどがモダン開発の代表的な技術

注6　デジタル社会推進会議幹事会決定「政府情報システムにおけるクラウドサービスの適切な利用に係る基本方針」2022年12月28日

ト管理ツールへのFOCUSのサポートが拡大すれば、マルチクラウドでのコンテナの可搬性（コンポーザビリティ）が容易になり、スーパークラウドの実現に向けて大きく前進すると期待される。

④ ５年後の利用イメージ

　インダストリークラウドの普及や次世代マルチクラウドとしてのスーパークラウドの進展により、企業はGCPやAWS、Microsoft Azureといったクラウドの違いを気にすることなく、クラウドサービスを利用できるようになる。ウォルマートの事例のようにパブリッククラウドか、オンプレミスのプライベートクラウドかの違いを意識することなく、ワークロードとコストに応じて最適なクラウドインフラを利用できるようになる。

⑤ 実現に向けた課題

　クラウドネイティブの技術領域は広範である。システム開発は組織構造に影響を受けやすい。クラウドネイティブコンピューティングファウンデーションが公開する「CNCF：Cloud Native Interactive Landscape」では、1000以上のオープンソースソフトウェアや提供ベンダーが紹介され、対象もデータベースやネットワーク、セキュリティ、コンテナのランタイム、APIゲートウェイなど多岐にわたる。すべての技術を学ぶことは現実的ではないが、学ぶべき技術体系の整理と学習の機会を組織的に提供することは必要である。一方、クラウドネイティブ技術の進化は速い。詳細に学んだ技術がアップデートされたり、新しいトレンドに置き換わったりすることも当たり前である。時間をかけて深く掘り下げることも大事だが、広く全体像を理解する視点がクラウドネイティブの実践においてより有効であろう。

コラム

日本のソブリンクラウド

■ ガバメントクラウドへの期待と不安

　政府や地方自治体が利用する新たな情報システムとして、「ガバメントクラウド」が話題を集めている。ガバメントクラウドは、2021年5月に経済産業省が発表した「デジタル産業に関する現状と課題」で提唱した「クオリティクラウド」に端を発する。2023年9月時点でデジタル庁が採択しているクラウドサービスは、「AWS（Amazon Web Services）」「Microsoft Azure」「GCP（Google Cloud Platform）」「OCI（Oracle Cloud Infrastructure）」の4つ、いずれも外資系である。採用の条件は「政府情報システムのためのセキュリティ評価制度（ISMAP）」に登録されたクラウドサービスであることや、デジタル庁が定める基本事項や約300の技術要件すべてを1社のクラウドサービスで満たすことであった。日本のクラウドサービス事業者にとってこの条件は大きな障壁であり、国内のIT産業育成の観点からも注目を集めていた。

　デジタル庁が実施した「ガバメントクラウドの技術要件に係る市場調査」（2023年8月4日公表）では、「データの重要度等、運用ポリシー等に応じて、国内事業者が国内で運用するクラウドも併用することで、利用者の選択肢が広がり、更に発展できるのではないか」などの意見があった。これらの意見を踏まえ、デジタル庁は、2023年秋のガバメントクラウドの調達から複数の事業者のサービスを組み合わせることの要件を満たせば調達に応募できることを認め、2023年11月28日には、さくらインターネットの「さくらのクラウド」が新たなガバメントクラウドとして採択された。2025年度末までに技術要件をすべて満たすことを前提とした条件つきではあるが、国内事業者のサービスが採択されるのは初である。

　ガバメントクラウドは、2022年度から地方公共団体の基幹業務システムの統一・標準化の先行事業や、マイナンバーカード制度の広報、農林水産省

システムなどで利用が始まっている。デジタル庁の報告では、「デジタル庁年次報告書（2022年9月–2023年8月）」によると、ガバメントクラウドへの移行数は2022年度の44から2023年度は130に増加した[注1]。今後、各府省庁の情報システムのガバメントクラウドへの移行を進めるほか、全国1741の地方公共団体の基幹業務システムのうちの20業務のシステムは、2025年度までにガバメントクラウドを活用した標準準拠システムへの移行を努力目標にしている。

　日本のガバメントクラウドはデータ活用の「安心・安全」に加えて、「低コスト・最新技術の活用」をメリットに掲げる[注2]。このメリットは、デジタル庁の大口調達によるイニシャルコストの削減、標準化によるベンダーロックインの回避で実現することが掲げられている。地方公共団体にとっては魅力ある言葉であるが、はたして期待通りに事が進むのであろうか。たとえば、グローバルでみた場合のクラウド事業者の売り上げシェアはアマゾン・ドット・コムが32〜34%。マイクロソフトとグーグルが近年猛追しているが、それぞれ22%、11%である[注3]。日本でのシェアに関する情報はないが、企業利用実績が豊富なAWSの割合が高いことに変わりないだろう。また、「ガバメントクラウドの認定取得で先行したAWSの本番アカウント数がほとんどを占める」などの報道[注4]もある。

注1　デジタル庁「デジタル庁 年次報告書　安全・安心で強靭なデジタル基盤の実現」2023年10月
　　　https://www.digital.go.jp/policies/report-202209-202308/digital-infrastructure#government-cloud
注2　デジタル庁「ガバメントクラウド」2023年9月
　　　http://www.rilg.or.jp/htdocs/uploads/protect/R5_dx/r5_dx_hyoujunka_dejitaruchou_gabakura.pdf
注3　Synergy Research Group "Quarterly Cloud Market Once Again Grows by $10 Billion from 2022; Meanwhile, Little Change at the Top", August 3, 2023
　　　https://www.srgresearch.com/articles/quarterly-cloud-market-once-again-grows-by-10-billion-from-2022-meanwhile-little-change-at-the-top
注4　日経クロステック「ガバメントクラウドに国産採用も利用進まない懸念、ロックイン回避が課題に」2023年11月28日
　　　https://xtech.nikkei.com/atcl/nxt/column/18/00001/08663/

ガバメントクラウドへの移行に際しては、モダンアプリケーションの開発に長けたエンジニアやシステムインテグレーターの確保が必要であり、彼ら彼女らの数はクラウド事業者の市場シェアにも左右されやすい。後発の参入事業者にとっては、エンジニアの獲得や技術コミュニティの整備も必要であり、結局先行する大手クラウド事業者にロックインされてしまう可能性は残る。

　さらに、ガバメントクラウド利用のランニングコスト削減は自治体にとって気になる問題であろう。ランニングコストはシステムの構成や契約内容によって大きく変わる。2023年6月の政府の閣議決定では、「ガバメントクラウドテンプレートや各府省庁向け利用ガイド等の整備、クラウド移行支援体制の整備等を実施する」という目標を掲げる。テンプレートはシステム構築における成功事例であり、システム構築の標準化に貢献できる。コスト削減を推し進めるためにも、今後システム構築手法の標準化は不可欠であり、テンプレートの整備に期待したい。

■ 日本における新たなソブリンクラウド登場の可能性

　ガバメントクラウド以外のソブリンクラウドは、日本で登場するのだろうか。ソブリンクラウドに関する明確な定義はなく、一般的には「各国あるいは地域のデジタル主権の考えをクラウドに適用したもの」とされる。セキュリティやガバナンスに関する規程や調達基準が存在する各国のガバメントクラウドに限らず、ビジネスにおいてデジタル主権の担保が求められるシーンがあるはずである。特に、EUでは、個人情報の域外流通に厳しい罰則を設けるGDPR（一般データ保護規制）が存在する。さらに、アマゾンやグーグル、マイクロソフトなど米国に拠点を持つクラウドプロバイダーに対する警戒など経済安全保障の観点からデータ主権の議論が活発化し、ソブリンクラウドが提唱された。そのような背景もあり、ヨーロッパで提供されるソブリンクラウドのほとんどは、各国や地域の通信事業者やITベンダーが顧客接点

	提供（オペレータ）	技術プロバイダー
フランス	Bleu（キャップジェミニとオレンジの合弁会社）	マイクロソフト
	タレス	グーグル
	OVHcloud	Atos
	Atos OneCloud	Atos
ドイツ	T-Systems	グーグル
	Arvato Systems	SAP、グーグル
	オラクル	オラクル
イタリア	イタリアクラウドハブ（Telecom Italia、Leonardo、Sogei）	
スペイン	ミンザット	グーグル
	テレフォニカ	マイクロソフト
	オラクル	オラクル

図表1 EU諸国のソブリンクラウド

とクラウドの運用を行い、米国の大手クラウドプロバイダーは一部技術提供
の立場で彼らの黒子に徹している（図表1）。2023年にオラクルとアマゾン
がEU向けにソブリンクラウドの提供を発表したが、この新サービスでは提
供中のパブリッククラウドとは物理的に分離された専用リージョンが準備さ
れ、設置国に籍を持つオペレーターが運用する。

　EUにおけるソブリンクラウドと関連した代表的な取り組みが、「GAIA-X」
である。GAIA-Xは、信頼できる環境でデータが共有され、利用できるエコ
システムを確立することを目標に掲げる。GAIA-Xはクラウドをつくること
を目的にしていないが、GAIA-Xにおいてサービスプロバイダーとユーザー
をつなぐフェデレーションを実現するためのIT基盤は必要である。そこで、
GAIA-Xを支えるクラウドアーキテクチャとして「ソブリンクラウドスタッ
ク（Sovereign Cloud Stack）」がドイツのオープンソースソフトウェア推

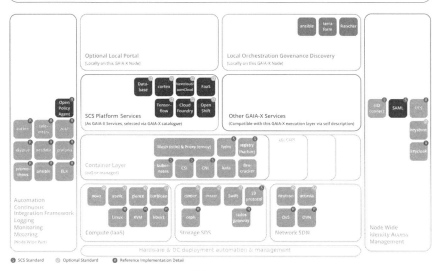

図表2　ソブリンクラウドスタック

（出所）ソブリンクラウドスタックのホームページ注5

進団体であるオープンビジネス・アライアンスから提案されている。ソブリンクラウドスタックでは、GAIA-Xの取り組みをサポートするべく、「Kubernetes」で構成されるコンテナレイヤーとID管理を核として、IaaSやストレージ、ネットワーク、各種監視ツールからなるアーキテクチャが検討されている（図表2）。すでにソブリンクラウドスタックに基づいて構築されたクラウドサービスがドイツで提供され、ドイツテレコムやOVHcloudなどヨーロッパのクラウド関連ベンダーがオープンビジネスアライアンスの活動を支持している。

　日本版GAIA-Xと称される取り組みの代表例が「DATA-EX」である。DATA-EXは、「連邦型の分野を超えたデータ連携」を目指し、GAIA-Xなどの国際的なデータ連携基盤との相互運用を見据えながら海外の主要団体と議

注5　Sovereign Cloud Stack, https://scs.community/about/

論を重ねている。データガバナンスの機能を備えたデータ連携基盤である点において、DATA-EXはGAIA-Xと同様の取り組みと言える。違いは、DATA-EXを推進するデータ社会推進協議会が、前身であるデータ流通推進協議会を通じて情報銀行などパーソナルデータの取り扱いとデータ取引市場の実現に特化した活動をしてきた点である。

　GAIA-Xはヨーロッパの経済安全保障問題に絡んだデジタル主権の実現を背景に持ち、各産業分野を横断的に連結する最も包括的なデータ連携のしくみを構築する目標を掲げる。DATA-EXのホームページで紹介されるユースケースは、防災や医療、ものづくりにおける在庫ロスの削減や配送時間の短縮によるCO_2削減などである。DATA-EXの接続相手として金融や流通、スマートシティやGAIA-Xなどが掲げられているが、ビジネスユースケースの検討はこれからで、GAIA-Xのフレームワークを自動車業界に適用した「Catena-X」のように、別の場で行うものとの印象はぬぐえない。

　今後、日本とロシア、中国など諸外国との関係が混迷を極める中、経済安全保障問題がより顕在化していくと予想される。日本における新たなソブリンクラウドの登場は、これから実現するデータ流通ビジネスにおいてデジタル主権をどのように担保すべきか、主権の要件をどう定義するかにかかっているとも言える。

2.5 インダストリアル・メタバース
産業用途のための実世界指向メタバース

エグゼクティブサマリ

●サマリ

・普及が停滞しているコンシューマー向けメタバースを尻目に、産業分野でのメタバース技術の活用「インダストリアル・メタバース」が注目を集めている。

・その背景にあるのは、①コンシューマー向けメタバースの登場、②イマーシブ（没入型）ヘッドセットの発展、③低価格化・成熟化したゲームエンジンによって大規模かつ多人数での3D空間の描画・共有が容易になったこと——である。

・これまでCADなどの産業アプリケーションごとにばらばらに利用されていた3Dモデルが、「インダストリアル・メタバース」によって多数のユーザーでの共有が可能になり、設計・製造プロセスのスマート化（効率化）や業界横断でのデータ活用、ビジネス連携が加速する。

●ロードマップ

・2024年度〜2025年度：インダストリアル・メタバース登場初期には、企業がゲームエンジンを活用して工場や建設現場などの3Dモデルをつくる動きがみられる。しかし、クラウドレンダリングや3Dオブジェクトの相互運用性の標準化はまだ始まったばかりで、限定的な範囲での構築となる。

・2026年度〜2027年度：リアルタイムマッピング技術や都市の3Dデータの整備によって、特定の建物内だけでなく都市全体のデジタルツインが可能となる。その結果、サプライチェーン最適化や部品・工程をまたいだコラボレーションが始まる。

・2028年度以降：インダストリアル・メタバースが、多様な企業間のコラボレーションの場として利用されるようになる。また、スマートシティ化において、企業・行政・市民がデータを交換してビジネスを進めるようになる。

●課題

・インダストリアル・メタバースを介した企業間コラボレーションにおいては、データの所有権やアクセス権の適切な管理が必要となる。ビジネスパートナーとは柔軟なコラボレーションを展開しつつも、データ共有は自社のコントロール下に置きたい、というニーズを満たすには、インダストリアル・メタバースの運用にも、欧州を中心に始まっている「データ主権」の考え方が求められる。

日本でのメタバース（3D仮想空間）への取り組みは、通信事業者による大型のメタバース（NTTドコモの「XR World」「MetaMe」や、KDDIのメタバース・Web3サービス「αU」など）の登場により、2022年〜2023年前半にかけて大きく進展した。また、メタバース実現の重要な要素となるイマーシブ（没入型）ヘッドセットについても、MR（Mixed Reality：複合現実）への対応を果たしたメタ・プラットフォームズ（旧フェイスブック）の「Meta Quest 3」の販売が開始されたり、「空間コンピュータ」を標榜するアップルのMRヘッドセット「Apple Vision Pro」が発表されたりするなど、仮想と現実がミックスされる新たな技術が着々と進んでいる。

しかし、事業の有望性という点からは、2023年以降、コンシューマー向けメタバースは厳しい状況に直面している。メタやマイクロソフトはこれまで膨大な投資を続けてきたにもかかわらず十分な収益を得られていないことから、追加投資の凍結や人員削減が相次いだ。現実には、一般の生活者が日常的にメタバースにアクセスしてサービスを享受するという段階には至っていない。その大きな要因として、「3Dならではの体験を提供できる『キラーアプリケーション』が確立していないこと」が挙げられる。

これに対して、現在、急速に注目を集めているのが、メタバース技術を産

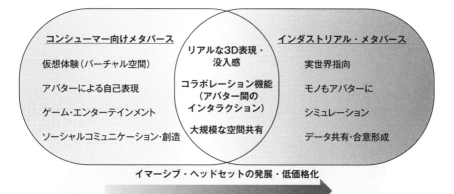

図表2-5-1　コンシューマー向けメタバースからインダストリアル・メタバースへの展開

コンシューマー向けメタバース	リアルな3D表現・没入感	インダストリアル・メタバース
仮想体験（バーチャル空間）	コラボレーション機能（アバター間のインタラクション）	実世界指向
アバターによる自己表現	大規模な空間共有	モノもアバターに
ゲーム・エンターテインメント		シミュレーション
ソーシャルコミュニケーション・創造		データ共有・合意形成

イマーシブ・ヘッドセットの発展・低価格化

ゲームエンジン（メタバースプラットフォーム）の進化

業界に応用する「インダストリアル・メタバース」である。製造業や建設業、スマートシティ運営などでは、以前からCADなどによってモノの3次元化が進んできていた。この産業は、もともと業務プロセスにおいてリアルなモノの形状や振る舞いをモデル化し、共有する強いニーズが潜在的にあった。実世界のモノとその対となるデジタルデータが連動する「デジタルツイン」を構築し、リアルな可視化やシミュレーションを実現することが課題になっていた。

上述のようにコンシューマー向けメタバースの登場、イマーシブヘッドセットの発展、低価格化は、産業界の3Dデータの活用を大きく進展させることになった。実世界に近いリアルな3D表現、および複数ユーザーがその3D空間を同時に共有・体験可能になったことで、ユーザーの合意形成が得られやすくなった。

インダストリアル・メタバースは、モノが中心のメタバースと捉えることができる。

図表2-5-1に、コンシューマー向けメタバースから、インダストリアル・メタバースへの進化を示した。

工場をまるごとメタバース化した事例：コカ・コーラ

コカ・コーラは、工場の生産工程の稼働状況を可視化するインダストリアル・メタバースを構築した。同社のヨーロッパの製造・流通拠点、コカ・コーラHBC（Coca-Cola Hellenic Bottling Company）は、マイクロソフトと協力して工場のデジタルツインを構築し、生産工程のデータをインダストリアル・メタバース上にリアルタイムに反映させた。

工場全体はメタバース空間上にリアルなデジタルツインとして再現され、マイクロソフトのMRヘッドセット「HoloLens 2」でリアルな3D空間としてみることができる。工場のオペレーション担当者は、この工場を再現したデジタルツインの集合体であるインダストリアル・メタバースの中を歩き回ることができる。

コカ・コーラHBCの仮想工場には、83ステップのすべての生産工程が再現されているだけでなく、各プロセスの稼働状況のデータがリアルタイムに反映されている。そのため、単なるリアルな工場の3Dモデルを体験できるだけではなく、実際の今の工場全体の状態を遠隔地からでも把握できる。

さらにデジタル化されたデータを活用し、プロセスのどこに問題があるのかを表示させたり、工程の改善案をAIに提案させたりすることができる。図表2-5-2は、AIアバターがメタバース空間内で工場管理者にアドバイスをしている様子を示している。

コカ・コーラHBCとマイクロソフトは、8週間で工場内にIoTネットワークを張りめぐらせ、実世界のモノの動きやセンサーデータをインダストリアル・メタバースに集約させることで、「電力消費量をすぐに9％削減できた」と言う。インダストリアル・メタバースが、オペレーションをより効率化すると共に迅速な意思決定につながることを示す好例である。

工場のリアルタイムの稼働状況を反映した デジタルツイン	AIアバターがアラートのある場所を示したり、 運用の改善提案を行ったりする

（出所）Microsoft Build 2022 "The Industrial Metaverse"
　　　　https://www.youtube.com/watch?v=oo16phgcALQ

サプライチェーン全体の可視化を実現するインダストリアル・メタバース：ルノー

　フランスの自動車メーカーのルノーは、2022年11月にルノーグループでインダストリアル・メタバースを展開していくことを発表した。インダストリアル・メタバースの活用によって、2025年までに3億2000万ユーロのコスト削減や自動車の納入期間の60％の短縮、二酸化炭素排出量の50％削減を目標として掲げている。

　同社のインダストリアル・メタバースのユースケースには32の活用方法が想定されているが、その中の1つにモノの移動をメタバース空間上で可視化する「サプライチェーン・コントロールタワー」がある（図表2-5-3）。

　ルノーでは、製造パーツの90％の配送状況や現在地の情報をトラッキングしている。これらのデータに加え、配送ルートの空間情報（地図情報）や気象情報をインダストリアル・メタバース上に可視化するのがサプライチェーン・コントロールタワーである。製造パーツの所在地を把握するだけでなく、配送トラックの渋滞情報や天候などの実世界の状況をインダストリアル・メタバース上に反映し、到着時刻の正確な予測やトラブル時の代替案を迅速に立案できるようになると言う。

　ルノーグループのインダストリアル・メタバースの土台となっているの

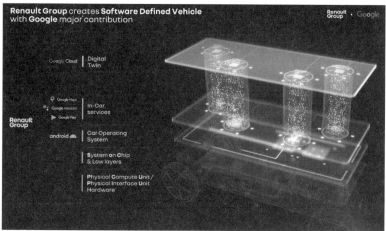

（出所）Shippeo社プレスリリース
https://www.shippeo.com/press-releases/shippeo-unveils-transportation-process-automation-the-future-of-transportation-visibility-to-boost-supply-chain-resilience
ルノーグループプレスリリース
https://media.renaultgroup.com/renault-group-and-google-accelerate-partnership-to-develop-the-vehicle-of-tomorrow-and-strengthen-renault-groups-digital-transformation/

が、ほぼ同時期に発表されたグーグルとのパートナーシップである。両社は「Software Defined Vehicle」で車のデジタル化を推進し、ルノー（自動車側）は「Android Automotive OS」を通して制御・データ収集を進め、グーグルは同社のクラウド「GCP（Google Cloud Platform）」上にデジタルツインを

構築することが謳われている。このデジタルツインの集合が同社のインダストリアル・メタバースの実現の重要な要素となっている。

都市空間のメタバース化：香港Tung Chung New Town

　香港国際空港の南側に位置する東涌地区（Tung Chung New Town）は、2021年から埋め立てと新都市の開発が始まった。この地区の開発においては、AI・IoTを含むさまざまな先端技術が活用されたスマート・コンストラクションが展開されている（図表2-5-4）。

　地区全体の地形が3D空間として再現され、実世界の環境データや建機の稼働状況が反映されたデジタルツインとなっている。たとえば、埋立地の地盤沈下の状況の監視には衛星からの測位データが使われ、それをもとに精密な計測とモニタリングが行われている。また、埋立作業に従事する船舶の航行状況はデジタルツイン上にリアルタイムで反映される。

　工区全体の現在の状況は監視センターでインダストリアル・メタバースとして再現され、複数の監視員が3Dデジタル空間を通じて把握している。監

図表2-5-4　香港Tung Chung New Townのスマート・コンストラクション

（出所）https://initiatives.weforum.org/digital-twin-city/case-library

視ルームには建設作業範囲の映像も映し出されるが、建機の動きや掘削など現場の土地の状態がインダストリアル・メタバース上のデジタルオブジェクトとしても表示されるので、なにかあった場合の警告の発出がより的確に、また、進捗状況のより正確な分析が可能になる。たとえば、建設現場で危険な状態に置かれている作業員の把握（熱中症の危険や建機に近づきすぎているかどうかなど）と警告ができたり、埋め立てが予定より早く進んでいるのか遅れているのかを、地形の精密な変化から判断できたりする。

　Tung Chung New Townの建設プロジェクトでは、屋外の空間データと稼働機や人の場所・挙動などのデータを組み合わせた3D空間までも複数の監視員が共有している。空間まで拡張したインダストリアル・メタバースとみることができる。

 関連技術の紹介

インダストリアル・メタバースの構成要素

　インダストリアル・メタバースが従来のコンシューマー向けメタバースと異なる点は、「実世界指向である」という点に尽きる。それには、実世界のモノや空間の正確な3Dモデルの作成と、モノの状態をリアルタイムで仮想空間に反映させる必要がある。

　工場内にある部品・製品の3D化は、これまで「産業アプリケーション」と呼ばれる、CAD（Computer-Aided Design）やPLM（Product Lifecycle Management）、BIM（Building Information Modeling）、シミュレーションソフトウェアなどによって行われてきた。

　ただし、これらの多くは一般的に特定の目的の専用ソフトウェアであり、特定の専門家が用途に応じて使い分けてきた。そのため、産業分野におけるデータの統合や横断的なデータ共有・活用が難しかった。

　ところが、メタバースの実現に伴って成熟してきた「Unity」や「Unreal Engine」などのゲームエンジンによって、大規模かつ多人数での3D空間の描画・共有が容易になり、これまでアプリケーションごとにばらばらに作成

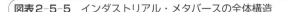

図表2-5-5　インダストリアル・メタバースの全体構造

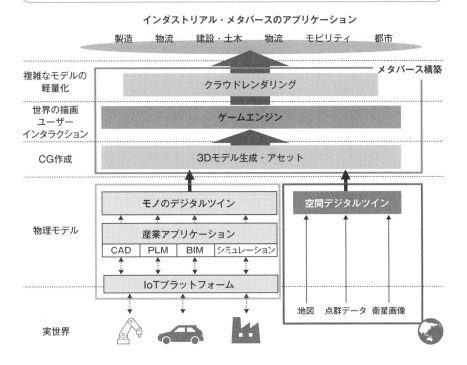

されていた3Dモデルが多数のユーザーによって共有され、コラボレーションに利用される素地が整った（図表2-5-5）。

　実際に、アプリケーションをまたいで3Dコンテンツの再利用性を高める取り組みも始まっている。3Dモデルを記述する共通の仕様として、ピクサー・アニメーション・スタジオが開発し2016年にオープンソース化した「USD（Universal Scene Description）」がある。3Dオブジェクトを表現するファイルの集合体をシーンとして扱うことができる記述方式と一連のプログラムであるが、このUSDを介して3Dモデルを産業用途に再利用する動きがみられる。

　2023年8月に、オートデスク、ピクサー、アドビ、アップル、エヌビディアの5社がUSDを3Dエコシステムの標準とすることを目指す「Alliance for OpenUSD」を結成した。USDは3D分野においてほぼデファクトスタンダー

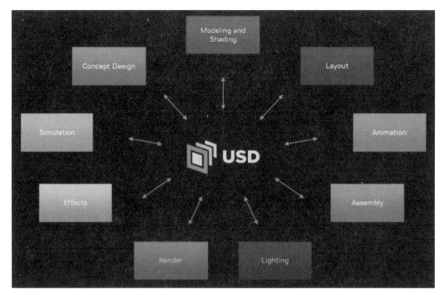

（出所）Alliance for OpenUSD
　　　https://aousd.org/

ド化しつつあるが、国際標準化機構（ISO）による標準化など本格的な共通技術仕様の策定を目指す取り組みである。3Dコンテンツの作成や相互運用性が今後高まれば、インダストリアル・メタバースを介したモデルの共有・産業界のコラボレーションが加速すると予測される（図表2-5-6）。

描画性能と描画の深さを制御するクラウドレンダリング技術

　インダストリアル・メタバースの実装と共に注目されている技術に、クラウドレンダリング技術がある。クラウドレンダリング技術は、メタバースに3Dオブジェクトを表示する際の描画処理をクラウド側で処理するしくみである（図表2-5-7）。

　一般に、機械部品やビルなどの実世界のモノを再現した3Dオブジェクトは複雑な部品から構成されている。部品の再現をより現実に近づければオブジェクトはよりリアルになるが、そのぶん描画処理にはより多くの計算能力

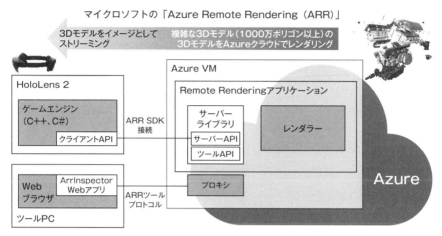

図表2-5-7　クラウドレンダリングのしくみ（マイクロソフトのAzure Remote Renderingの例）

マイクロソフトの「Azure Remote Rendering（ARR）」

3Dモデルをイメージとして
ストリーミング

複雑な3Dモデル（1000万ポリゴン以上）の
3DモデルをAzureクラウドでレンダリング

HoloLens 2

ゲームエンジン
（C++、C#）

クライアントAPI

ARR SDK
接続

Azure VM

Remote Renderingアプリケーション

サーバー
ライブラリ

サーバーAPI

ツールAPI

レンダラー

Web
ブラウザ

ArrInspector
Webアプリ

ツールPC

ARRツール
プロトコル

プロキシ

Azure

（出所）https://docs.microsoft.com/ja-jp/azure/remote-rendering/overview/aboutをもとに作成

が求められる。そのため、スマートフォンやイマーシブ・ヘッドセットでインダストリアル・メタバースにアクセスすると、3D空間の描画が極端に遅くなってしまう場合がある。

　そこで、複雑な3Dオブジェクトの部品群の描画をクラウド上のレンダリングエンジンに実行させ、描画されたオブジェクトの表面の画像だけを端末側に転送するしくみがクラウドレンダリング技術である。クラウド側で描画すれば強力なGPUを活用することもできる。インダストリアル・メタバースではなくコンシューマー向けメタバースの例ではあるが、KDDIが提供するメタバース「aU」には、グーグルのクラウドレンダリング技術「Immersive Stream for XR」が採用されている。

　インダストリアル・メタバースでクラウドレンダリング技術が注目されるもう1つの理由は、3Dオブジェクトの詳細度（LOD：Level of Detail）を制御できることである。たとえば、ある企業が自社の製品の3Dモデルをインダストリアル・メタバース上でサプライヤーや顧客などの取引先と共有しようとする際、そのままでは個々の部品の詳細な情報まですべてが共有対象となってしまう。目的によっては、そこまでしなくても、最終的な製品の振る

舞いだけを3Dで共有できれば十分な場合もある。そのような際に、あえてクラウドレンダリング技術を用いLODを下げることで安全なレベルでの共有とコラボレーションが実現できる。

空間デジタルツインへの拡張が始まる

　インダストリアル・メタバースが実世界をリアルに再現するためのもう1つの要素として、空間デジタルツインの領域がある。スマートシティ・アプリケーションやグローバルなサプライチェーンの再現においては、都市レベル、場合によっては国家規模の実世界の地形や人工物、気象状況などを再現しなければならない。

　地球上のありとあらゆる場所をデジタル化するのは困難だが、実世界をセンシングし、デジタル化するさまざまな取り組みが始まっている。図表2-5-8は、先進運転支援・自動運転車向けのLiDARを製造するLuminar Technologiesが2023年1月にラスベガスで開催されたCES（コンシューマー・エレクトロニクス・ショー）で発表したLiDARのセンシングデータを活用した3D自動生成マップのデモンストレーションである。

　先進運転支援機能を持つ自動車は、「LiDAR」と呼ばれるレーザー測距センサーを搭載している。LiDARが障害物の検知とその後の運転支援・自動運転のために自動車の周囲の空間を3Dスキャンしている。このスキャンデー

図表2-5-8 「LiDAR」からのリアルタイム3Dマップ生成（Luminar Technologies）

Luminar Technologiesの
LiDAR「Iris」

LiDARによるリアルタイムマップ生成の
デモンストレーション

（出所）https://www.luminartech.com/updates/luminar-achieves-new-wins-expands-roadmap-at-ces
　　　https://www.youtube.com/watch?v=bh3kmH3Bdng

（出所）https://www.youtube.com/watch?v=LJlAsSgk3Kg

タを取り込めば、車が走行する周辺の実世界を反映したリアルタイム3Dマップが作成できる。Luminar Technologiesは今後5年から10年で100万台のLiDAR搭載車のデータをもとに、リアルタイム3D地図を作製・提供する事業を開始するという計画を発表している。

　このようなライブマップは、都市を走り回る車や倉庫の中のAGV（Automatic Guided Vehicle：無人搬送車）などの周辺のリアルな世界のデジタル化を可能にする。将来的に、LiDAR搭載車の普及と共に空間デジタルツインデータが増大していくものと考えられる。

　空間デジタルツインを拡充するデータはLiDARからだけではない。ほかにも、衛星からの観測データや都市のデジタル地図などさまざまな種類の空間データが生成され始めている。日本では、国土交通省が作成した日本の主要都市の3Dマップ「プロジェクト PLATEAU」で公開されている3DモデルをゲームエンジンのUnity、Unreal Engineにインポートして実際の都市そっくりの3D空間を再現できるSDK（Software Development Kit：ソフトウェア開発キット）が公開されており、都市を舞台にしたメタバースを構築できるようになっている（図表2-5-9）。

❸ ITロードマップ

　図表2-5-10にインダストリアル・メタバースのITロードマップを示す。

図表2-5-10 インダストリアル・メタバースのITロードマップ

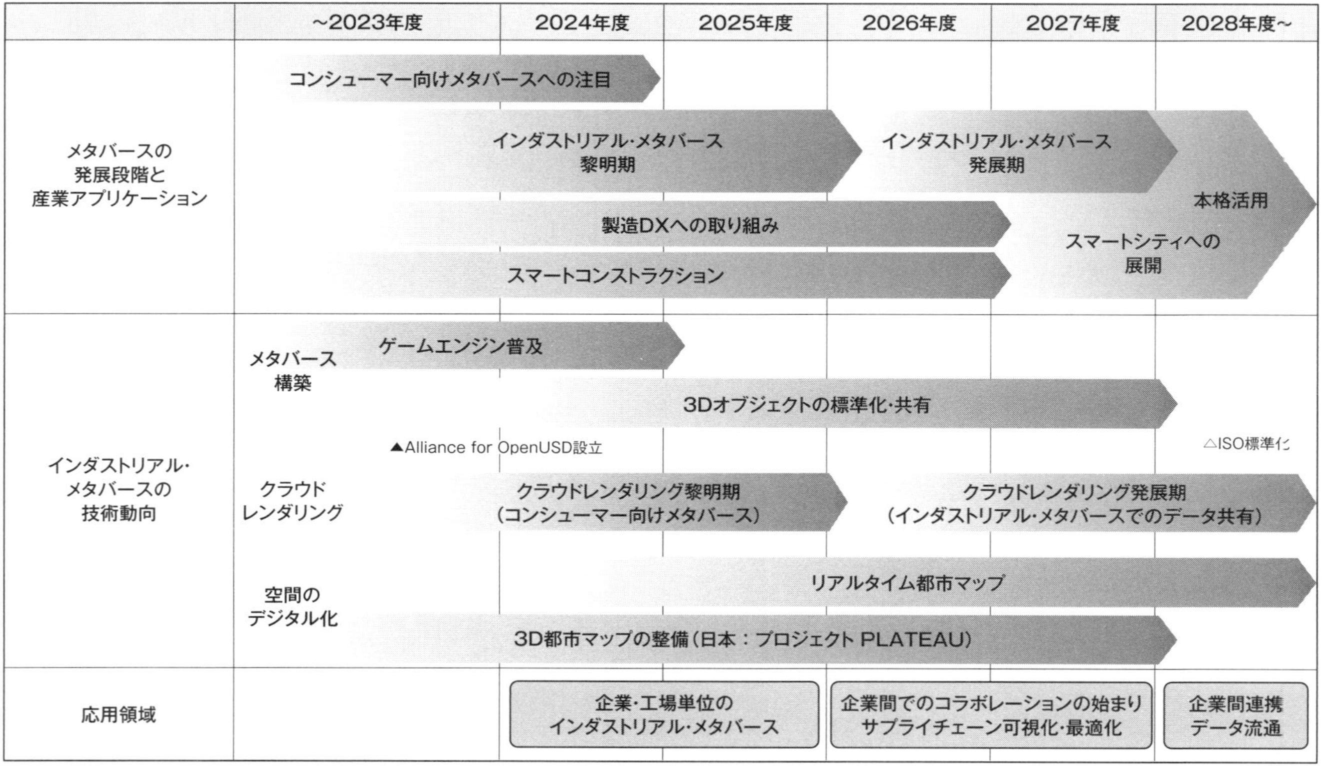

	~2023年度	2024年度	2025年度	2026年度	2027年度	2028年度～
メタバースの発展段階と産業アプリケーション	コンシューマー向けメタバースへの注目	インダストリアル・メタバース黎明期		インダストリアル・メタバース発展期		本格活用
			製造DXへの取り組み			
			スマートコンストラクション		スマートシティへの展開	
インダストリアル・メタバースの技術動向	メタバース構築	ゲームエンジン普及				
			3Dオブジェクトの標準化・共有			△ISO標準化
		▲Alliance for OpenUSD設立				
	クラウドレンダリング	クラウドレンダリング黎明期（コンシューマー向けメタバース）		クラウドレンダリング発展期（インダストリアル・メタバースでのデータ共有）		
	空間のデジタル化	3D都市マップの整備（日本：プロジェクトPLATEAU）		リアルタイム都市マップ		
応用領域		企業・工場単位のインダストリアル・メタバース		企業間のコラボレーションの始まりサプライチェーン可視化・最適化		企業間連携データ流通

2024年度～2025年度：黎明期・企業内でのインダストリアル・メタバースの構築開始

インダストリアル・メタバースの登場初期には、先進的な企業のデジタルツインへの取り組みとしてゲームエンジンを活用した産業用途のメタバース構築が始まる。Unity、Unreal Engineなどのゲームエンジンは、ゲーム用途だけではなく一般的な3Dプラットフォームとしても認知されてきており、プロプライエタリな産業アプリケーションではなく、ゲームエンジン上で工場や製造プロセス、建設サイトの3Dモデル構築をする企業が増加する。

一方、クラウドレンダリングの普及や3Dオブジェクトの相互運用性の標準化はまだ開始されたばかりであり、当面は特定の工場内や建設現場など限られた範囲での構築にとどまる。

2026年度～2027年度：発展期・企業間をまたいだコラボレーションに活用される

次の段階では、リアルタイムマッピングデータや3Dの都市データの整備の進展もあり、特定の建物内の3Dモデルにとどまらない空間デジタルツインの活用が徐々に本格化する。都市を再現した空間デジタルツインをつなぎ、サプライチェーンの最適化にインダストリアル・メタバースが利用されたり、企業間で部品や製造工程の3Dモデルを大規模に共有したりするケースも実現する。また、インダストリアル・メタバースの規模の拡大や企業間でのデータ共有に伴い、クラウドレンダリングの活用が現実味を帯びる。

インダストリアル・メタバースを利用するステークホルダーが増えるに伴い、メタバースの運用体制の成功事例が蓄積され始める。たとえば、複数の企業でインダストリアル・メタバースを構築する場合のメタバース運用体制やガバナンス、データ共有ポリシーのあり方などが模索される。

2028年度以降：インダストリアル・メタバースの本格活用に向かう

インダストリアル・メタバースが真のスケーラビリティを発揮し、多様な企業が3Dコラボレーションを行う場として活用されるようになる。スマー

トシティ・アプリケーションなどはその典型で、都市運営に関わるデータを持つ企業や行政、市民などさまざまな人がインダストリアル・メタバース上で柔軟にデータを交換し、ビジネスを進められるようになる。

❹ 5年後の利用イメージ

インダストリアル・メタバースは、部品や製品の3Dモデルをさまざまなステークホルダーとサプライチェーンや製造プロセスを柔軟に共有するビジネス・プラットフォームへと進化する。2023年末時点で実績はほとんどないが、部品メーカーと完成品メーカーの開発者が共同でインダストリアル・メタバースの中で3Dモデルを持ち寄って製品をデザインしたり、サプライチェーンに参加するサプライヤーが物流プロセスのデータをリアルタイムで共有できたりするようなコラボレーションが進められるようになる。

都市空間のインダストリアル・メタバースを介して、さまざまなスマートシティ・アプリケーションが実現可能になり、企業と行政、市民の間でデータ連携が行われるプラットフォームとしても活用される。

❺ 実現に向けた課題

インダストリアル・メタバースを介して企業間のコラボレーションが実現されれば、効率的な企業間連携やスマートシティの運営が実現する。しかし、その前提として、インダストリアル・メタバースを介して共有される3Dオブジェクトや、そこに含まれるデータの所有権・アクセス権が適切に管理されることが必要になる。

企業間やマシン・トゥー・マシンのコラボレーションであっても、コンシューマー向けのメタバースのように共通の場ですぐにコラボレーションを開始できる柔軟性があることが理想である。しかし、ビジネスコラボレーションの場合、自社が持つデータや知的財産をどこまで開示してよいかを共有相手ごとに決め、適切にコントロールすることが欠かせない。たとえば、

新たな部品サプライヤーを探す際、自社の設備に関する3Dモデルを必要以上に細かく開示することはリスクになる。また、コラボレーションを行っている間は自社のサプライチェーンのデジタルツインへのかなり細かいアクセスを許すとしても、取引終了後にはコラボレーション相手の企業内にデータを残すべきではない。

このように、ビジネスパートナーとの柔軟なコラボレーションを行いつつもデータ共有は自社のコントロール下で行いたい、というニーズを満たすために、欧州の「IDSA（International Data Spaces Association）」や「GAIA-X」などの「データ主権」に基づいたデータ流通の取り組みが始まっている。インダストリアル・メタバースを介したビジネス連携を図っていく上で、3Dモデルの共有においてもデータ主権の考え方が求められるだろう。

意思決定テクノロジー

　日本のインターネットは、1984年に東京大学、東京工業大学、慶應義塾大学の3大学を結んだ「JUNET（Japan University NETwork）」が起源とされている。2024年は、この革新的なネットワークが日本に導入されてから40周年の節目を迎える年である。インターネットの普及により、情報の量と伝達速度は劇的に変化した。新聞、テレビ、ラジオ、雑誌などの従来のマスメディアに加え、ソーシャルネットワークサービス（SNS）を通じた一般人による情報発信も加わることで、「情報オーバーロード」が起こっていると言われる。情報オーバーロードとは、人が受け取れる情報が膨大になることで、情報処理能力を超えてしまい精神的な負担や意思決定の質の低下を引き起こす状態を指す。本来、情報は適切な意思決定を実現するために重要な要因であったが、過剰な情報が逆に意思決定を妨げることになってしまった。この情報オーバーロード時代において、人の意思決定をサポートし、代替する技術への関心が高まりつつある。本稿では、そうした「意思決定テクノロジー」に焦点を当て、その概要を紹介する。

　「意思決定」とは、個人や集団がある目的を達成するために、複数の選択肢の中から最善と思われるものを選ぶ行為のことである。この分野での先駆的な業績には、1978年のノーベル経済学賞受賞者であり、計算機科学者かつ心理学者であるハーバート・サイモンの研究が挙げられる。サイモンは人の意思決定のプロセスを「情報活動」「設計活動」「選択活動」「再検討活動」の4つに分類した。

　　情報活動……問題の本質と状況を理解するため、必要な情報を収集する
　　　　　　　　活動
　　設計活動……目的達成のための解決策を生み出す活動

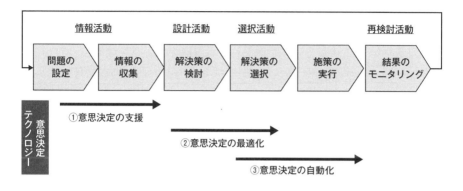

図表1 意思決定から問題解決までのプロセスと意思決定テクノロジー

選択活動……解決策を評価して、最善の施策を選択する活動

再検討活動……過去の選択を振り返り、改善点や新たなアプローチを考
　　　　　　　察する活動

　意思決定から問題解決までのプロセスをまとめると、図表1のようにな
る。これらのプロセスの中で、意思決定テクノロジーは①から③の領域で活
用される。

①意思決定の支援

　意思決定を支援するために多様な情報を提供するシステムは、古くから研
究・開発がされている。1960年代には、意思決定に必要な情報を定期的に
報告するMIS（Management Information System：経営情報システム）
が登場し、1970年代にはユーザーが自ら意思決定に必要な情報を獲得する
DSS（Decision Support System：意思決定支援システム）の概念が注目
されるようになった。時系列でデータ（入力値）を蓄積し参照するデータ
ウェアハウス技術の進化に伴いDSSの実装が進展。2000年代以降には大
量データを包括的に分析し、視覚的なレポートやダッシュボードで情報を提

供するBI（Business Intelligence）ツールへと発展することになった。

　BIツールは、サイモンの意思決定プロセスの「情報活動」をサポートするしくみである。このツールは、大量のデータから有用な情報を選別し、表やグラフを用いて価値ある洞察を提供し、意思決定の促進を図る。しかし、これにはいくつかの課題がある。適切なデータの選択と可視化にはBIツールの操作に関する知識が必要であり、また、表やグラフから洞察を得るためにはデータ分析スキルが求められる。これらの課題がBIツールの使用を限定的なものにしていたが、この状況に変化の兆しが表れている。その要因は、生成AIによる自然言語処理技術の進化である。

　マイクロソフトは、2023年5月、主催する年次開発者会議「Microsoft Build 2023」で、新しいデータ分析プラットフォーム「Microsoft Fabric」と、その構成機能の1つである「Copilot in Power BI[注1]」を発表した。Copilot in Power BIの特徴は、大規模言語モデルを活用した、ユーザーの言葉によるBIツールの操作である。

　ユーザーは、Power BIに表示されたCopilotウィンドウに、実現したい操作内容をテキストで入力するだけで、さまざまな表やグラフをつくることができる。たとえば、リゾートへの来訪客のデータがあるとき、ユーザーが次のような指示をテキストで入力するだけで、その意図を理解しグラフを生成してくれるのである（図表2）。

過去12ヵ月間にわれわれのリゾートを訪問した顧客のプロファイルをまとめて、次の内容を含めたレポートを作成してほしい。
- 新規顧客とリピーターの概要および人口統計
- 顧客がどこから訪れて、どれくらいの期間滞在したか
- 顧客のタイプと訪問理由

注1　2023年11月時点では、「Copilot for Power BI」に名称変更

（出所）マイクロソフト（https://go.microsoft.com/fwlink/?LinkId=2236053）

　Copilot in Power BIができることは、テキストの指示による表やグラフの生成だけではない。たとえば「リピート顧客の訪問を促進する主な要因は何ですか？」とCopilotウィンドウに入力すると、その要因を分析して答えてくれる。図表3の例では、スパへの訪問が特に影響力が高い要因であることを回答している。これは従来、分析スキルを持つ専門家が複数の表やグラフを解析し、統計学的な知識を用いて得た洞察に相当する。ある現象の背後にある「なぜ」を理解することは、意思決定において非常に重要な情報となる。

　生成AIによるBIツールの進化は、ツールの知識や分析スキルの有無にかかわらず、だれもがBIツールを活用し意思決定に必要となる情報を容易に入手できるようにする。結果として、この技術革新は意思決定のプロセスを効率的に支援し、強化することに貢献するだろう。同様の取り組みとして、

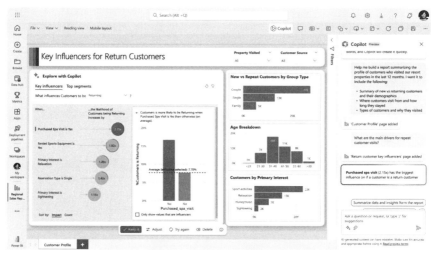

（出所）マイクロソフト（https://go.microsoft.com/fwlink/?LinkId=2236053）

セールスフォース・ドットコムが提供するBIツール「Tableau」は、2023年5月に「Tableau GPT」と「Tableau Pulse」を発表している。

②意思決定の最適化

意思決定を行うとき、人は必要な情報を集め、その情報に基づき問題の解決策を検討し、最も適切な手段を選ぶ。サイモンの意思決定プロセスの「設計活動」と「選択活動」に該当する。このプロセスを最適化するために、「数理最適化」「シミュレーション」「機械学習」の技術が活用されている。

1）数理最適化

数理最適化は、現実の問題を数式で表現（モデル化）し、与えられた制約条件のもとで特定の予測値（目的関数）の値を最小（最大）にするような解を求める技術である。たとえば、トラック1台と軽ワゴン車4台を所有する

配送業者が、「100個の荷物を1日でなるべく低コストで顧客に届けたい」という問題があったとする。このときの目的関数は「配送にかかるコスト」で、制約条件は「配送車の台数や積載容量」「1日で届けたい時間」などが該当する。数理最適化の技術を使うことで、配送に使うトラックと軽ワゴン車の台数、それぞれに載せる荷物の数や配送にかかる時間などを勘案し、どのようにすれば最も低コストで配送できるかを求めることができる。数理最適化は、現実の問題を最適化問題にモデル化し、その最適化問題を解くためのアルゴリズムを選択・適用し、最適解（最善の解決策）を求める。最適化問題には、線形計画、整数計画、制約つき最適化、割り当て問題、経路最適化、積載最適化、ネットワーク最適化、スケジューリング最適化などがある。

2）シミュレーション

シミュレーションは、実際のプロセスやシステムをコンピュータモデルで模擬し、その挙動を分析する手法である。これにより、物理的・経済的リスクを伴わずにシステムの設計や評価、分析をすることができる。数理最適化が数学的に「最良の解」を導き出すのに対し、シミュレーションは「さまざまな条件下で何が起こるか」を探る。シミュレーションの利用により、多様なシナリオを設定し、それぞれの結果を比較することで、最適な選択肢を特定することが可能になる。このアプローチは、特に複雑な問題や未知の状況において、リスクを抑えながら意思決定の質を高めるのに役立つ。

3）機械学習

機械学習は、データ（入力値）からその特徴やパターンを学習し、新しいデータに対する予測や分類を行う手法である。特定の条件に該当するデータを複数パターン用意して、それぞれの予測結果を算出し、その中から一番よいものを選ぶことができる。また、機械学習の一種に「強化学習」という手

法がある。強化学習は、試行錯誤を通して最適な挙動を学習する手法で、囲碁や将棋のチャンピオンに勝ったAI、自動運転やロボットの制御、昨今話題のChatGPTなど、さまざまな領域で活用されている。

　数理最適化、シミュレーション、機械学習は、それぞれ長所と短所がある（図表4）。数理最適化は理論的に最適な解決策を求めることができるが、現実の問題をモデル化するのが困難であることが多く、適用可能な問題は限定的である。シミュレーションは特定の条件下の挙動を確認できるため、なぜそのようになったのかを理解しやすい。しかし、あくまでも一部の条件下の挙動を理解できるだけなので、最適な解決策がみつかる保証はない。機械学習は、現実の問題を数式でモデル化する必要がないため、幅広い問題に対応している一方で、予測の精度を保つためには質のよい大量のデータが必要に

図表4　意思決定の最適化に活用される技術の長所と短所

技術	長所	短所
数理最適化	・ 理論的に最もよい解決策を求めることができる	・ 現実世界の制約を正確に表現し、数式でモデル化することが難しく、適用できる問題が限定的 ・ 大規模な問題になると計算コストが高くなり、解けない問題も出てくる
シミュレーション	・ 現実世界の複雑なシステムを模倣することができ、どのようなプロセスでその結果になるのかがわかりやすい	・ 特定の条件下での挙動を確認できるだけで、最もよい解決策が求められるかどうかはわからない ・ 高度なシミュレーションは、計算コストが高くなる
機械学習	・ 適切なデータさえあれば、現実問題を数式でモデル化する必要はない	・ ある条件下での予測結果を求めることができるだけで、最もよい解決策が求められるかどうかはわからない ・ 質の高い大量のデータが必要となる。偏りのあるデータでは予測精度は低くなる

なる。また、シミュレーションと同様に、ある条件下での予測結果を求めることができるだけで、最適な解決策を導き出せるかどうかはわからない。

　それぞれの技術に一長一短がある中で、現在注目されているのは機械学習やシミュレーションに数理最適化を組み合わせた取り組みである。最近のAIブームにより、大量のデータを利用した機械学習による予測モデルの開発が進展している。予測モデルに入力されるデータによって結果が変わるため、求めたい予測結果を得るにはどのようなデータをインプットすればよいのかは、機械学習だけでは求められない。多くのデータパターンを用いて予測をしてその結果を評価する方法もあるが、パターンが多いと計算コストが高くなり現実的ではない。このような状況で活躍するのが「ブラックボックス最適化」という数理最適化の手法である。

　ブラックボックス最適化は、入力値とそれに対応する目的関数の値のみを使って最適化を行うため、専門的な知識を要するモデル化を必要としない。特定の問題に限定されず、汎用的に対応できる数理最適化の解法の一種であり、メタヒューリスティクス（発見的解法）に分類される。代表的な手法として、「遺伝的アルゴリズム」や「ベイズ最適化」などが挙げられる。機械学習による予測モデルは、データを与えることで予測値（目的関数）が出力される。これにブラックボックス最適化を適用することで、求めたい予測値を得るためのデータを明らかにできるのである（図表5）。

　また、シミュレーションの場合も、ブラックボックス最適化は有効に機能する。シミュレーションでは、特定の入力パラメータに基づいて挙動や結果が生成される。ブラックボックス最適化を適用することにより、望ましいシミュレーション結果を生み出すための最適な入力パラメータを決定することが可能となる。シミュレーションの各試行における入力と結果のデータがブラックボックス最適化アルゴリズムに供給され、最適なパラメータセットを求めるための探索が行われる。

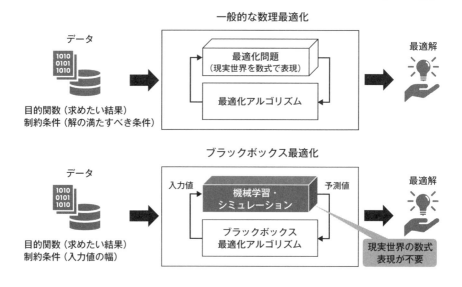

図表5 一般的な数理最適化とブラックボックス最適化のイメージ

一般的な数理最適化

データ

1010
0101
1010

目的関数（求めたい結果）
制約条件（解の満たすべき条件）

最適化問題
（現実世界を数式で表現）

最適化アルゴリズム

最適解

ブラックボックス最適化

データ

1010
0101
1010

目的関数（求めたい結果）
制約条件（入力値の幅）

入力値

機械学習・
シミュレーション

予測値

ブラックボックス
最適化アルゴリズム

最適解

現実世界の数式
表現が不要

　2021年10月に国立情報学研究所は三菱重工業と共同で、ブラックボックス最適化を活用し、ガスタービンの制御システム設計で与えられた複数の要求仕様を満たす設計を自動で発見する技術を開発した。従来、専門家が7日間を要していた作業を、この技術ではわずか3時間で完了する。数理最適化、シミュレーション、機械学習の各手法は単独では限界があるが、これらを組み合わせることで、モデル化の難しい複雑な実世界の問題に対しても、より現実的で最善の解決策を探求する取り組みが進んでいくことになるだろう。

③意思決定の自動化

　前述の①意思決定の支援と②意思決定の最適化は、人が意思決定をするために必要な情報や解決策を求めるもので、基本的には、最終判断は人が決していた。しかし、この最終的な判断から実行までをコンピュータに委ねる取

り組みが始まっている。

すでに行われている取り組みとしては、「アルゴリズム取引」による株式の自動売買、「プログラマティック広告」によるデジタル広告の自動取引、小売店での「AI発注（自動発注）」による在庫補充自動化、そして「ダイナミックプライシング」によるイベントチケットや航空券・旅行商品の自動価格設定などが挙げられる。これらの自動化された意思決定の事例に続き、現在注目を集めているのは「自動交渉AI」の取り組みである。

NEC、BIRD INITIATIVE、自律調整SCMコンソーシアムは、2022年6月に電子部品購買業務において、購買側のAIが販売側の人と納期や数量を調整する「自動交渉AI」の実証実験を実施した。自動交渉AIとは、交渉の場において、相手との利益を最大化する解を自動的にみつけ出す技術である。従来、購買担当者は生産計画の変更時に在庫確認や不足を予測し、それに基づきサプライヤーと交渉し時間を費やしていた。しかし、自動交渉AIはそうした複雑な条件全体を即座に把握し、その中から適切な時期と量の確保の最適解を迅速に導き出すことで効率化を高める。この実証実験では、通常、数日から数週間を要する調整作業がわずか数分で完了し、大幅な効率化が確認された。

これらの意思決定自動化の取り組みに共通するのは、意思決定にスピードと効率性が求められることである。市場や環境の変化が激しく、大量の意思決定を迅速に下す必要があるケースでは、人よりもコンピュータに意思決定を委ねるほうがより合理的と言える。

戦略経営の権威であるイゴール・アンゾフは、ビジネスにおける意思決定を、経営層が担当する「戦略的意思決定」、中間管理職が取り扱う「管理的意思決定」、現場の担当者が実行する「業務的意思決定」という3つのカテゴリーに分類した。また、前述のハーバート・サイモンは意思決定を、明確な問題構造と一定のルールに基づく「定型的意思決定」と、不明瞭な問題構

造によりルール化が困難な「非定型的意思決定」の2つに区分した。意思決定の自動化の多くは、「業務的意思決定」と「定型的意思決定」に集中している。これは、意思決定にスピードと効率性が重視されるだけでなく、自動化（プログラム化）のしやすさや意思決定の頻度、およびその影響度とも関係している。日常の業務プロセスで定期的に発生し、ルール化が可能な意思決定は、個々の決定の影響が比較的小さいため、誤判断がビジネスに大きな影響を及ぼすリスクが低く、コンピュータによる意思決定が実現しやすい。

　しかし、こうした定型的意思決定にとどまらず、非定型的意思決定をも対象とした自動化ソリューションも登場し始めている。

　IBMは、高度な意思決定の自動化機能を実現する「Automation Decision Services」を提供している。このサービスでは、ビジネス上の意思決定をモデリングし、直感的かつグラフィカルなユーザー・インターフェースを使用して、必要なデータやロジックを容易に構築できるように設計されている。注目すべき点は、Automation Decision Servicesが機械学習を統合していることである。これにより、ユーザーは予測分析を活用し、洗練された意思決定ロジックを構築できる。たとえば、市場動向や消費者の行動パターンなどの複雑なデータを分析することで、これらの情報をもとに戦略的な意思決定ができるようになる。具体的には、新製品の投入時期やマーケティング予算の配分など、ビジネスの成功に直接的な影響を及ぼす意思決定である。この自動化プロセスによって、企業は市場の変動や消費者のニーズをリアルタイムで捉え、迅速かつ効果的に意思決定を進めることが可能になる。デジタル化されたビジネス環境が進むことで、今後は意思決定の自動化が企業の競争力を強化する上で重要な要素となるかもしれない。

　米オラクルは、2023年4月に日本を含む17ヵ国で1万4000人以上の従業員とビジネスリーダーを対象に、「意思決定のジレンマ」に関する調査を実施した。この調査により、多くの人々がデータに基づく意思決定に圧倒さ

れ、生活の質や職務上のパフォーマンスに否定的な影響を受けていることが判明した。特筆すべきは、ビジネスリーダーの85％が「意思決定における後悔や罪悪感」を経験し、72％がデータ量の多さとその信頼性の問題により「意思決定の困難さ」を感じていることである。また、ビジネスリーダーの70％が「ロボットやAIへの意思決定の委託を望んでいる」という事実も明らかになった。これは、大量のデータとその解釈の難しさによるストレスを背景に、より効率的で的確な意思決定手段への需要が高まっていることを示している。情報オーバーロードという現代の課題を背景に、意思決定テクノロジーの進化は、情報の洪水の中で最善な意思決定を可能にするためのカギとなるだろう。

第 3 章

複合的なITの活用による新サービスの可能性

3.1 ネイチャーテック

生物多様性の保全・回復に資する技術

エグゼクティブサマリ

●サマリ

・「ネイチャーテック」はテクノロジーを活用して、自然や生物多様性の保全・回復を行う取り組みである。

モニタリング：環境DNA、音響解析、画像解析などの自然に関する情報の収集。

依存・影響度の評価：生物多様性・自然環境の評価と予測、自社の事業拠点や取引先・融資先に対する操業リスク分析などの評価。

実行：ドローンによる森林再生や「ReFi」などによる自然の保全・回復、資金の流れの創出。

・「ネイチャーポジティブ」に向け、多くの企業が自然関連のリスクと機会の評価に取り掛かろうとしている。

・ネイチャーテックを効果的に活用すれば、企業は自然とのかかわりを把握し、生物多様性の損失につながる活動を是正するなど、保全・回復に向けた活動を加速させられる。

●ロードマップ

・短期（2024年〜2025年）：開示フレームワークや基準、規制に準拠したデータサービスが普及。

・中期（2026年〜2027年）：各種規制への対応を効率化する技術の活用が進展。

・長期（2028年以降）：自然環境・生物多様性の大規模な情報基盤が登場、事業や政策における意思決定への活用が本格化。

●課題

・企業の情報開示や意思決定時のニーズに応える手軽な情報リソー

　ネイチャーテックはテクノロジーを活用して、自然や生物多様性の保全・回復を図ろうという取り組みである。ITにとどまらず、ロボティクスや遺伝子解析技術などの幅広い領域の技術が複合的に活用される。

　ネイチャーテックの取り組みのプロセスを、
①自然の状態を継続して観察、測定する「モニタリング」
②モニタリングから得たデータや、その他データソースに基づく自社事業の
　自然への「依存・影響度の評価」
③自然への働きかけの「実行」

　の3つに分けて整理すると、①のモニタリングのプロセスでは、音響解析や画像解析に加え、海水などから抽出した生物のDNAの塩基配列を解析するeDNA分析技術などを活用して自然や生物のモニタリングを効率化する。②の依存・影響度のプロセスでは、アナリティクス技術などを用いて現在・将来の生物種の分布状態を推定する。③の実行のプロセスでは、ドローンを使用して森林再生にかかわる作業を自動化したり、ブロックチェーン技術やWeb3により自然保護のための資金の流通を支えたりする（図表3-1-1）。
　近年、自然とビジネスには密接なつながりがあるという考え方が市民権を得ている。英国財務省が2021年2月に公表した、生物多様性と経済のかかわりを分析した報告書『生物多様性の経済学：ダスグプタ・レビュー』では、「持続可能な社会にしていくためには自然の利用がその供給能力を上回らないようにし、経済成功の評価基準の見直しや金融改革が必要である」と説いている。
　「生物多様性」とは、生物にそれぞれ違いがあることを指す。異なる種の生物が存在することで、生物間で捕食や被食、共生などの相互作用が働き、自然は安定したバランスを保っている。自然から享受できる水や食料、花粉

図表3-1-1　生物多様性の保全・回復に資する技術やその活用

モニタリング	依存・影響度の評価	自然の保全・回復
自然に関する情報の収集	生物多様性・自然環境の評価・予測	自然の保全・回復

 eDNA

 音響解析

 画像解析

 生物多様性・自然環境データベース

 アナリティクス技術による予測

自社事業拠点・取引先・融資先の評価

 操業リスク分析（水リスクなど）

★★☆ 生物多様性フットプリント・レーティング

📈 開示プラットフォーム

 ドローンによる種まき

 回復・養育技術（サンゴなど）

PES（生態系サービスに対する支払い）・ReFi

 ブロックチェーンによるカーボンクレジット・オフセット管理

媒介、レクリエーションなどを「生態系サービス」と呼び、これを利用することでわれわれは経済を発展させてきた。しかし、その営みが生物多様性の損失につながってしまったケースも少なくない。生態系サービスからの恩恵を得られなくなれば、食料や医療制度の崩壊などにつながるおそれがある。

　2022年12月にカナダのモントリオールで開催された生物多様性条約第15回締約国会議（CBD-COP15）では、2030年までに生物多様性の損失を食い止め、反転させ、回復軌道に乗せる「ネイチャーポジティブ（自然再興）」が新たな国際目標として設定された。目標達成に向け、2030年までに陸域と海域の30％以上を保全する「30by30」のほか、ビジネスの観点からも重要なターゲットが盛り込まれた。その1つが「ビジネスによる影響評価・情報公開の促進」である。大企業や金融機関に対し、サプライチェーンやポートフォリオにおける自然関連の依存、影響の度合いを評価し、開示することを求める内容である。

　2023年9月には、TCFD（Task Force on Climate-related Financial Dis-closures：気候関連財務情報開示タスクフォース）の自然版であるTNFD

（Taskforce on Nature-related Financial Disclosures：自然関連財務情報開示タスクフォース）から、推奨する開示項目、指標、評価プロセスなどを示す「TNFD提言1.0版」が発表された。TNFDでは、「自然は大気、海、淡水、陸の4つの領域からなる」と定義され、企業活動はこれらの領域と相互に作用しているとされている。企業はこの相互作用を明らかにしていくことが求められる。1.0版の公表前から多くの企業が賛同を表明し、そのうちの数社はベータ版をベースに開示を試みている。TCFDに関しては、2021年のコーポレートガバナンス・コードの改訂により、プライム市場の上場企業が同フレームワーク、またはそれと同等の枠組みに基づく開示を求められるようになった。同様にしてTNFDも何らかのかたちで制度化される可能性が高い。

　今後は企業の事業活動が生物多様性に与える影響や、生物多様性の保全・回復に向けた取り組みの効果測定に対するニーズが高まると予想される。企業の自然・生物多様性に対する取り組み姿勢が問われる状況では、事業活動が生物多様性の損失に加担した事実などが発覚した場合、企業価値が大きく損なわれるからである。反対に、生物多様性を好転させる取り組みは企業価値を大きく向上させる機会となる。

　ネイチャーテックを効果的に活用すれば、企業は自然とのかかわりを把握し、生物多様性の損失につながる活動を把握・是正し、保全・回復に向けた活動を加速させることができる。
　以下ではいくつかの具体的な技術と企業における活用法を紹介する。

モニタリング：自然の状態を測るeDNA、音響解析、画像解析

　モニタリング作業を効果的に進めていくための重要技術にはeDNA、音響解析、画像解析などがあり、中でもeDNAが特に注目されている。
　eDNA（environmental DNA：環境DNA）は、採取した水や土壌などに含まれる生物の排泄物や分泌物などからDNAを解析し、種を特定する技術である。

環境中のDNAはかねてから微生物を中心とした生物の研究に用いられていたが、単一の生物種の検出にとどまっていた。それが近年、一度に複数の種の生物を識別する「メタバーコーディング」という手法が急速に発展している。これまで、海洋生物の調査はダイバーによる人的調査のようなコストやリスクを伴う方法に依存せざるを得なかった。そのため分布情報の空白地帯が多く存在している。サンプルの採取作業が比較的容易なeDNAであれば、協力者さえ集まれば広範囲にわたるデータ収集が可能となる。さらに、生物の捕獲も不要となるため環境に与える影響を軽減できる。

　音響解析技術は、森林などに設置したレコーダーに収録された音響データを解析することにより、特定の種類の生物の生息を推定する。時間・周波数ごとの音響成分の強さをパターン解析することで得られるサウンドスペクトログラムに生物の発する音の特徴が表れる。特定の種のサウンドスペクトログラムをあらかじめ学習させたAIを用いれば、録音したデータに対象の種の鳴き声が含まれるかどうかを判別できる。

　画像解析には、すでに深層学習を用いた手法が幅広く利用されており、日常生活にも浸透しつつある。スマートフォンに搭載されたカメラを利用した顔認証や、監視カメラによる人物検出、自動運転車では道路上の物体検出などにも用いられており、生物のモニタリングにおいても有用である。画像解析には、衛星データのように超広域を対象にしたものから、ドローンによる空撮データや水中・水上ドローンによる水中撮影データといった広域を対象にしたもの、さらには自動撮影カメラ[注1]や、モバイル端末の撮影データといった局所的なものまである。

　AIによる画像解析技術を用いれば、生物の種を特定する際、専門家が1つひとつ確認し、種を判定する作業が軽減される。そればかりでなく、スマートフォンアプリを通じ、一般市民の協力を得るなどして収集した大量のデータを用いた大規模な分布調査も容易になる。実際、三菱地所などが2023年4月に東京・丸の内エリアで開催した市民参加型生物調査イベントで

注1　これは一般的には赤外線センサーと併用することで動物の熱を感知して、撮影を開始する。カメラトラップとも呼ばれている

は「生物名前判定AI」を備えた「いきものコレクションアプリ Biome（バイオーム）」が活用された。

依存・影響度の評価：自然とビジネスとのかかわり度合いを俯瞰するデータサービス

　企業が生物多様性を含むサステナビリティ戦略を立案して実行する、またその状況を開示する場合、対象範囲は自社が直接かかわる領域だけでは十分ではない。昨今、サプライチェーン全体を俯瞰する姿勢が求められることが一般的になってきている。

　たとえば、食品産業は原材料を調達するプロセスで自然や生物多様性とのかかわりが強い。しかし、原材料の調達も含めて自然や生物多様性の影響を理解するためには、サプライチェーンを含めた事業全体のプロセスを総点検することが必要となる。その際、自然や生物多様性の状態を1つひとつ調べたり、モニタリングしたりするのは現実的ではない。そこで、影響の大きい原材料や生産プロセスに対象を絞って優先的に対応していくこととなる。対象を絞る方法としては、学術論文や行政機関などによる調査に基づいて提供されるデータサービスを利用するのが一般的である。

　TNFDのWebサイトでは、企業の情報開示に際して同団体が推奨する「LEAPアプローチ」に対応した各種データサービスを紹介している。LEAPアプローチは、①自然との接点の発見「Locate（L）」、②依存と影響度の「Evaluate（E）」、③重要なリスクと機会の評価「Assess（A）」、④対応・報告するための準備「Prepare（P）」——の4つのフェーズから成り立つ。例として、自然との接点の発見「Locate（L）」を中心に、実際に利用されているデータサービス（ツール）を紹介する。

　「IBAT（Integrated Biodiversity Assessment Tool）」は、国連環境計画（UNEP）の下部組織である世界自然保全モニタリングセンター（WCMC）や国際環境NGOの国際自然保護連合（IUCN）、コンサベーション・インターナショナル（CI）、バードライフ・インターナショナルが参画するプロジェクトによって開発された。ユーザーはIBATを通じて絶滅のおそれのあ

る野生生物が収められた「IUCNレッドリスト」や、生物多様性重要地域などの地理空間データにアクセスできる。企業は事業拠点の所在地を入力すれば、生息域が限られる種にとって貴重な生息地であることなどを確認できる。

そのほかのデータサービスには、事業や対象の生産プロセスの自然への依存や影響度合いを可視化する「ENCORE」、水不足の状態を表す「水ストレス」や、水の枯渇・洪水などの水リスクを評価する「WRI Aqueduct Water Risk Atlas」などがある。このようなデータサービスは無償で提供されているケースが多い。しかし、より解像度の高い詳細なデータへのアクセスを有償化する場合や、民間企業がアナリティクス技術を用いて外部から収集したデータの付加価値を高めたり、関係者間の共有や分析に役立つ機能を付加したりして有償サービスとして提供するケースもある。

データサービスはTNFDの開示作業の初期プロセス（LEAPプロセスの「L」）を中心に活用実績が積み上がりつつあるが、現段階では更新頻度、対象地域の制約、解像度、対象とする生態系などの観点で、企業の目的に合致したものはそれほど多くない点には注意が必要である。

実行：森林再生に向けたドローンの活用、自然の保全・回復に向けた資金の流れをつくる「ReFi」

自然や生物の保全や回復の実行に関連して、実際の活動にかかわる技術と、保全・回復を推進するための資金の提供の2つの例を紹介する。

1つ目は森林再生に向けたドローンの活用である。遠隔操作や自動操縦が可能なドローンは、昨今、インフラの点検や山間部や離島部への物品の配送といった用途で実用化されつつある。農業においては農薬散布に、林業では苗木の搬送に利用されている。

生物多様性や自然の保全・回復の観点では、山火事や大規模な伐採により失われた森林の再生に向け活用され始めている。まず、カメラやセンサーを搭載した調査用のドローンを飛行させ、対象地域の画像データを収集する。そして、土地の被覆の状態を分析し、植物種などを特定した上で、計画を立

て、種子などを投下する。

　対象地域に合わせて配合された種子や養分、水などで構成される「シード・ボール（seed ball）」、あるいは「シード・ポッド（seed pod）」の形状にしてから投下する場合もある。これには種の発芽やその後の成長を促す狙いがある。その後も生育の状態のモニタリングや、水や肥料の散布などに再びドローンが使用される。このようにドローンを使用することで、スピード面やコスト面で従来の人手による作業よりも効率的に再生作業を進めることができる。あるベンダーによると、従来の手動の植えつけに比べ、25倍の速さで種まきが可能だという。

　2つ目の保全・回復を推進するための資金提供に関連した技術としては、「ReFi（Regenerative Finance：再生金融）」が挙げられる。ReFiとは、ブロックチェーンやWeb3の技術を活用し、地球環境の再生につながる経済的なインセンティブを働かせるしくみである。適切な森林の管理によって高まった温室効果ガスの吸収量を、カーボンクレジット（排出権）として発行し取引するマーケットプレイスなどの基盤に、ブロックチェーン技術を活用するケースが代表例である。クレジットの拠りどころとなる森林管理プロジェクトに関連するデータをブロックチェーン上に記録し、公開することによりマーケットプレイスの透明性を向上させることが期待されている。

　生物多様性・自然と特に関連の強いReFiとしては、自然や生態系サービスをNFT（Non-Fungible Token：非代替性トークン）化することで金銭的な価値を付与し、地域通貨や保険などの金融サービスに発展させるアイデアを示すプロジェクトが登場している。適切に管理された自然が高く評価され、それにより得た価値を金融サービスに連動できるとなれば、良好な自然を保つために必要な活動や、良好な自然であることを証明するための測定や報告、検証作業に対して金銭的インセンティブが働く。そのため、自然の保全や回復の促進が期待される。

① 事例

洋上風力発電における環境調査へのeDNAの活用

フランスの再生エネルギー大手のEDFリニューアブルズやノルウェーのエネルギー大手エクイノールは、洋上風力発電を導入・維持するために実施する施設周辺の海洋生態系の影響調査に、eDNAを試験的に活用している。船で大きな袋状の網を引くトロール漁法による従来の手法では、希少生物の季節ごとの発生状況の変化を調査しきれないという課題があった。しかし、eDNAの導入によって迅速、安価、広範囲で安全性の高い調査の実現が期待されている。

サプライチェーン内の自然関連リスクの低減を目的とした音響解析技術の活用

英国のスタートアップ企業AgriSoundは花粉媒介昆虫のモニタリングに音響解析を活用している。同社の昆虫モニタリング機器「Polly」には、温度、光、湿度を測定可能な環境センサーとマイクが装備されており、昆虫の発する音から活動状況を分析できる（図表3-1-2）。生産者は分析結果をも

図表3-1-2　AgriSoundの昆虫モニタリング機器「Polly」

（出所）テスコホームページ、https://www.tescoplc.com/blooming-marvellous-new-insect-monitor-listens-out-for-bees-on-uk-s-blossoming-apple-orchards/

とに花の植えつけなどをして、花粉媒介昆虫の生息環境の整備に役立てている。

英国の小売業テスコは、環境保護団体の世界自然保護基金（WWF）と共にAgriSoundに資金援助している。同社の狙いは、昨今、取引事業者の生産農場において減少が懸念されている花粉媒介昆虫を増加させ、果物などの収穫量を向上させることである。テスコにとっては仕入れ価格や数量の安定につながり、サプライチェーン内の自然関連リスクの低減に寄与するというメリットがある。

アナリティクスにより自然の保全・回復に向けた取り組みの効果を予測、意思決定を後押し

積水ハウスは2001年より「3本は鳥のため、2本は蝶のために、地域の在来樹種を」のコンセプトのもと、「5本の樹」計画という顧客の庭への植栽事業を展開している。取り組みの効果測定は、調査員が現地に足を運んで行っていたものの、得られる情報が調査に赴いた際に発見された生物の情報に限られる点に課題があった。

そこで、2019年からは日本のスタートアップ企業シンクネイチャーなどの協力を得て生物分布、生物多様性の指標情報に基づいた分析を開始した。「5本の樹」計画を進めなかった場合と比較して、在来種の樹種や鳥類、蝶の種がどの程度増加したのかを分析することで定量的な評価を実現したほか、将来予測される生物多様性の保全効果までシミュレーションしている。

自然環境のデータ収集は、生物の個体数のカウントなど手間がかかるケースが多い。その上、取り組みの効果測定までに長期間を要する場合、企業にとっては保全活動の実施やそれに対する投資の意思決定が難しい。アナリティクスの適用によって、こうした課題に対処可能になりつつある。

ドローンによる森林再生を通じたマーケティング

ドローンによる森林再生は行政機関による取り組みが主流ではあるが、サステナビリティ意識の高い消費者をターゲットとしたマーケティングへの活

用も試行されている。トルコのスタートアップ企業ecordingは、環境問題を重視する企業などに対して種まき用ドローン「ecoDrone」を活用してマーケティングを支援している。

たとえば、化粧品など対象の商品を購入した顧客が商品のタグなどに印字されたQRコードをスキャンすると、複数の種から任意の種の植物を選べるようになっており、ドローンが顧客に代わりシード・ボールを投下してくれる。植樹の状況はスマートフォンを通じて確認できるようになっている。

同社は、デル・テクノロジーズやナイキと共に、コロナ禍でステイホームが推奨された2020年、SNSに「#StayHomeForest」のハッシュタグを使用して投稿すると、シード・ボールを投下する植樹に参加できるキャンペーンを実施している。

❷ ITロードマップ

図表3-1-3にネイチャーテックのロードマップを示す。

短期（2024年～2025年）：開示フレームワークや基準、規制に準拠したデータサービスが普及

まずはTNFDや、EUで2024年1月に適用が開始されるCSRD（Corporate Sustainability Reporting Directive：企業サステナビリティ報告指令）への対応に向けて、企業による自然・生物多様性関連の戦略・取り組み状況の開示が活発化する。

実務でデータサービスの利用が進むと、サプライチェーン上の取引先からの報告を収集するための情報管理機能や、既存の業務システムとの連携といった業務遂行上、ニーズの高い機能要件が次第に明確になるだろう。その結果、データサービスに自然・生物多様性関連の業務に必要な機能群が追加され、ワンストップソリューション化が進む。

同時に操業地付近などのデータサービスがカバーしきれていない自然・生物多様性関連のデータを測定・収集する必要性が高まると予想される。モニ

図表3-1-3　ネイチャーテックのロードマップ

	短期（2024年～2025年）	中期（2026年～2027年）	長期（2028年～）
ネイチャー テック	開示フレームワークや基準、規制に準拠したデータサービスが普及 【依存・影響度の評価】		
		各種規制への対応を効率化する技術の活用が進む 【モニタリング】【実行】	
			自然環境・生物多様性の 大規模情報基盤が登場 【依存・影響度の評価】
関連規制・ 制度などの 動向	▲2024年1月 EUにおいてCSRD （企業サステナビリティ報告指令）の適用が開始 ▲2024年1月英国Biodiversity Net Gain義務化		▲ 2030年 ネイチャーポジティブの実現 （昆明・モントリオール 生物多様性枠組）
	国内 生物多様性国家戦略 2023-2030		
	▲2025年度における 「生物多様性の配慮を経営に取り込んでいる企業の数または割合」の 目標値80%（生物多様性国家戦略 2023-2030）		

タリング作業を支援するツールも、このワンストップソリューションの1つのメニューとなるだろう。

中期（2026年～2027年）：各種規制への対応を効率化する技術の活用が進展

このころになると、2030年のネイチャーポジティブの実現に向け、開示だけでなく保全・回復活動も含めて各国で本格的な規制の検討が進み、施行の段階に到達する。

たとえば英国では2021年に成立した環境法（Environment Act 2021）によって、開発事業の際、生物多様性を開発後に10%増加させる「Biodiversity Net Gain」が義務づけられることとなり、2024年1月から一部義務化が始まっている。

達成が難しい場合は、国が用意する法定生物多様性からクレジットを購入し、相殺することが求められる。このような規制の執行に当たり、対象の土地が意図した自然・生物多様性の状態と言えるのか、あるいはその状態を保

ているのかのモニタリングにデジタル技術を活用することが考えられる。それだけでなく、前述したReFiが何らかのかたちでかかわってくる可能性も高い。

長期（2028年以降）：自然環境・生物多様性の大規模な情報基盤が登場、事業や政策における意思決定への活用が本格化

生態系の変化が社会・経済活動に与える影響に関しては、いまだ解明されていないことが多い。その背景には自然と社会・経済双方のシステムをつなぎ、情報をフィードバックするシステムがこれまで積極的に構築されてこなかったことがその一因としてある。しかし、これらを相互に接続し、さらには相互の関係性を明らかにできるのであれば、生態系がわれわれの暮らしに大きな影響を与える前に、適切かつ効果的な対策を打てるようになる。

東北大学の近藤倫夫教授らが中心となり、科学技術振興機構の研究開発事業として取り組みが進んでいるのが、「IoN（Internet of Nature）」である。巨大な複雑系である自然を社会・経済活動に適切に組み込むことを目標として研究開発が進められている。このIoNは、情報プラットフォームである「NbS-PF（Nature-based Solutions Platforms）」の上に成り立っている。

NbS-PFは、IoT（Internet of Things）によって収集された膨大な都市データを蓄積・分析可能なプラットフォームである「都市OS」を、自然にまで拡張した情報基盤である。自然が持つさまざまな機能を利用して災害などに対するレジリエンスを高める「NbS（Nature-based Solutions：自然をベースとした解決策）」のコンセプトに基づいて、自然（自然資本）を適切に利用するために有用な情報を蓄積する。

NbS-PFにより、さまざまな観測手段によって獲得された生態系情報が統合され、対象地域の土地利用や気象など関連の情報と併せて分析される。分析結果はカーボンオフセットなどの環境対策だけでなく、有害プランクトンの発生予測といった水産業など地域産業への貢献、観光・レジャーなど地域振興の促進といった、地域のニーズや課題解決のために活用されることが想定されている。2050年までの10年ごとにマイルストーン（目標）を設定し

た長期の構想が示されており、直近の2030年には、モデル地域における概念実証がマイルストーンに掲げられている。

このような情報基盤が実現すれば、生態系の変化が社会・経済に与える影響の精緻な分析が可能となり、生態系の変化を踏まえた事業戦略や、政策・事業の意思決定が容易になるだろう。2028年以降はこのような自然の統合的な情報基盤の試行や一部地域での適用が始まる。

❸ 実現に向けた課題

前述した通り、依存・影響度の評価を支援するデータサービスが研究機関などから多数提供されている。しかし、企業の側からすると、更新頻度、対象地域の制約、解像度、対象とする生態系などの観点で開示や意思決定などの利用目的に合致したものは多くない。これは、少なくとも現時点では外部データだけに期待しても、対応範囲に限界があることを示している。

状況の打開に向けては、データカバレッジの広がりや統一的な基準の制定など越えるべき壁がいくつかあるため、一朝一夕には解決しないだろう。一方で、今後企業は新たな規制により、サプライチェーンも含めた操業地の自然関連情報の収集と分析・報告に加え、保全活動まで、さまざまな対応を迫られる可能性がある。

開示基準の枠組みに関する議論の進展は気候変動関連の開示枠組みの議論の進展を上回るスピードで進展している。規制に関する議論が今後急速に進む可能性もある。そのため、スピーディかつ柔軟に対応可能な体制を整えておくべきである。

本稿で紹介したように、自然のモニタリングに役立つデジタル技術は日進月歩で進化している。生物多様性の観点から重要な地域において操業する場合には、外部のデータサービスに加え、新興技術も活用しながらデータを収集して事業の意思決定に活用するのが適切なケースもある。その場合には専門家の助けを借り、試行ステップを経て段階的にレベルアップしていくといった対応が必要となる。

3.2 デジタルヘルス
未来の医療の到来

エグゼクティブサマリ

●サマリ

・デジタルヘルスとは、AIやデータ分析、シミュレーションなどの先端技術により、健康を増進したり、医療を高度化したりする技術である。

・健康増進に向けた行動変容を促す非医療行為やエビデンス（臨床結果）に基づいた製品やサービスを行う医療行為が含まれる。

・AI・データ分析技術やセンサー技術、ロボティクスのような技術を用途に応じて組み合わせて実現している。

・Evidation Healthは、「アップルウォッチ」などの20以上の機器・端末と接続可能なヘルスケアアプリ「Evidation」を開発。さまざまな企業や医療機関が参画するヘルスケアの一大プラットフォームになっている。

・HeartFlowは、血流シミュレーションによって被検者に身体的、時間的な負担をかけない心臓検査を実現している。

・Kryは、各国の法制度などを分析し、英国や、ドイツ、フランスなどのEU諸国でオンライン診療サービスを手がけている。

・デジタルヘルスのサービスは、医療アクセスの悪い地域にとってキラーサービスとなり得る。

●サービス・ソリューションのロードマップ

・〜2025年度：黎明期。技術発のさまざまな独自サービスが登場する。

・2026年度〜：発展期。データ分析を活用したサービスが数多く登場する。

●課題

・医療機関に蓄積されたEHR（Electric Health Record）や個人が
管理するPHR（Personal Health Record）の標準化は、デジタ
ルヘルスが発展する上で欠かせない。

・自由診療という導入手段もあるが、医療支援や治療を目的としたデ
ジタルヘルスのサービスが国内で普及するには、公的医療保険の
対象となることが前提となる。

・技術発展にあわせた制度面の改正や検討が欠かせない。デジタル
ヘルスは、医療や福祉という社会のインフラとも関係し、官民が
一体となった取り組みが必要である。

　デジタルヘルスとは、AIやデータ分析、シミュレーションなどの先端技
術により、健康を増進したり、医療を高度化したりする技術を指す。たとえ
ば、「Fitbit」のようなヘルスケアトラッカーにより体温や血圧、眠りの質な
どの生活情報（ライフログ）を記録し、健康増進に向けた行動変容を促す非
医療行為である。あるいは、日本のスタートアップ企業Aillisの開発したAI
搭載咽頭内視鏡システム「nodoca」のようにエビデンス（臨床結果）に基づ
いた製品やサービスを提供する医療行為も含まれる。nodocaは2022年12月
から日本の公的医療保険の適用対象となった。AIを搭載し、撮影した画像
からインフルエンザの検査が可能であり、鼻奥の粘膜を綿棒などで取得する
手法と比べ、患者に痛みを与えず、飛沫による医師の感染リスクも抑えられ
る。

　厚生労働省が、2022年11月に発表した「令和2（2020）年度 国民医療費」
によると、糖尿病の治療にかかった医療費は、年間1兆1833億円、高血圧症
は1兆6919億円と推定され、がんや脳血管疾患、心疾患（高血圧症を除く）
を加えると総額10兆8522億円にもなる。これは医療費全体の35％にもなり、
国民皆保険制度を維持していく上で負担になっている。これら疾患は慢性疾
患と呼ばれ、一度罹患すると長期間にわたる治療が必要になる場合もある。
患者は治療によって時間的にも拘束されるなど、生活の質の面でも影響を受

ける。このため、センサーやデータ分析を駆使したデジタルヘルスを活用し、疾患の兆候を捉え、行動変容を促し発病を未然に防ぐことができれば、医療費抑制と患者の生活の双方にメリットがある。

　世界に目を向けると、数年にわたる新型コロナウイルス感染症によるパンデミックの影響は大きく、世界各国でオンライン診療の解禁や条件の緩和が進んだ。米国最大の公的医療保険であるCMS（Centers for Medicare and Medicaid Services）は、オンライン診療の保険対象となる医療サービスを135に拡大し、新型コロナウイルスやメンタルヘルスに関しては初診も認め、受診の際の地理的制約なども解除した。オンライン診療を支えるスマートフォンを活用したサービスなどもデジタルヘルスに含まれる。

デジタルヘルスを支える技術や関連動向

　デジタルヘルスを支える技術や動向を図表3-2-1に示した。主要な技術が、AIやデータ分析技術である。グーグルやアマゾン・ドット・コム、マイクロソフトのようなメガクラウドベンダーから、専門的な知識がなくても利用可能なツールやソリューションが多数登場するなど、急速にコモディティ化が進んだ。また、小売りや金融機関など、AIやデータ分析技術を先

図表3-2-1　デジタルヘルスを支える技術や関連動向

主要な技術	**AI・データ分析技術** • データサイエンスやAIに関する専門的な知識がなくとも利用可能なツールがメガクラウドベンダーなどから登場 • 金融、製造業、小売りなどで導入が進み、技術者の裾野が拡大
後押し	**センサーの高度化** • スマート血糖値計　　• スマート心電図 など **その他の新技術** • シミュレーション　　• 5G　　• ロボティクス など
関連動向	**「Vertical SaaS」ブーム** • 医療、建設、不動産のように専門知識や技術が必要とされ参入障壁の高い産業に特化したクラウドサービスが登場 • 業界特有の習慣による非効率、長年の課題を解決するもの

行して導入した企業で経験を積んだエンジニアが増え、技術者の裾野が拡大し、人材が調達しやすくなった。

　センサーの高度化によるデータの獲得技術も後押しする。たとえば、2011年にサンフランシスコで設立されたスタートアップ企業であるOmada Healthは、スマートメーター（体重計）やスマート血糖値計を開発し、糖尿病などの慢性疾患患者向けの治療サービスを提供している。患者は、自宅に配送される専用機器とスマートフォンのアプリを連動させ、体重や血糖値を測定する。医師や療法士は、患者のデータを分析し、食事や運動などに関するアドバイスをする。また、「アップルウォッチ」に搭載された電気心拍センサーのようなコンシューマー機器に搭載されるセンサーの高度化もデジタルヘルスの実現を容易にしている。

　対象によっては、シミュレーション技術や5G（第5世代移動通信システム）、ロボティクスなども活用される。たとえば、川崎重工業とシスメックスが設立したメディカロイドが2020年に開発した手術支援ロボット「hinotori^{TM}」は、微細な医師の手元の動きを再現し、手術を高度化する。また、内視鏡と小型のアームにより、直径1cmの小さな穴から手術を行うため、体への負担が小さく術後の回復が早い。2023年2月には、神戸大学の熟練医師がhinotori^{TM}を5G回線経由で遠隔操縦し、現地で執刀する若手医師の手術を支援する実証実験に成功した。デジタルヘルスでは、ロボティクスや高速ネットワークなどの技術も課題に応じて活用される。

　デジタルヘルスに関連するビジネスの動向が、近年の「Vertical（垂直）SaaS」ブームである。Vertical SaaSとは、業界に特化したクラウドサービスを指す。この反対が、「Horizontal（水平）SaaS」であり、経費精算や顧客管理など業務に特化したクラウドサービスである。Horizontal SaaSは、SAPやセールスフォース・ドットコムなどのパッケージベンダーによって席巻され、新規参入が難しい。そこで、医療のように参入障壁が高く、競合他社が限られる業界に特化したクラウドサービスを始めるスタートアップ企業が登場している。

❶ 事例

Evidation Health──スマートウォッチなどを活用したヘルスケアプラットフォーム

Evidation Healthは、2012年にスタンフォード病院からスピンオフした米国の企業で、Fitbitやアップルウォッチなどの20以上の機器と接続可能なヘルスケアアプリ「Evidation」を開発している。ユーザーは、健康増進のためのアクティビティや製薬メーカーの治験、研究機関のプログラムなどに参加できる。その際、心拍数などのバイタルデータを提供したり、居住地や年齢、病歴などのアンケートに答えたりする場合もある。ユーザーは、データを提供する対価として換金も可能なポイントを獲得する（図表3-2-2）。

図表3-2-2 Evidation Healthのサービス

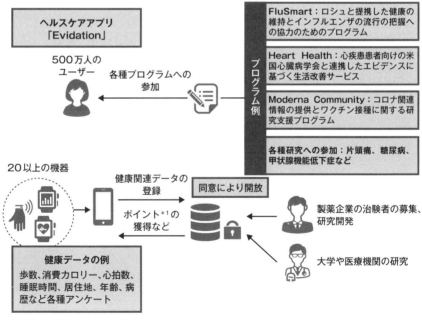

ヘルスケアアプリ
「Evidation」

500万人の
ユーザー

各種プログラムへの
参加

プログラム例

FluSmart：ロシュと提携した健康の維持とインフルエンザの流行の把握への協力のためのプログラム

Heart Health：心疾患患者向けの米国心臓病学会と連携したエビデンスに基づく生活改善サービス

Moderna Community：コロナ関連情報の提供とワクチン接種に関する研究支援プログラム

各種研究への参加：片頭痛、糖尿病、甲状腺機能低下症など

20以上の機器

健康関連データの
登録

ポイント*1の
獲得など

同意により開放

製薬企業の治験者の募集、研究開発

大学や医療機関の研究

健康データの例
歩数、消費カロリー、心拍数、睡眠時間、居住地、年齢、病歴など各種アンケート

＊1　指定する団体への寄付や換金が可能

Evidationのユーザーは米国で500万人以上に成長し、新型コロナウイルスのワクチンの製造で有名なモデルナの研究プログラムや、米国心臓病学会と連携し、治療効果が実証されている生活改善プログラム「Heart Health」を提供したりするなど、さまざまな企業や医療機関が参画するヘルスケアの一大プラットフォームになっている。Evidationは身近な機器に蓄積されたデータやアンケートを価値ある情報に変換し、行動変容を促したり、治療を支援したりするなど、AIや分析技術を活用したデジタルヘルスの典型例といえる。

HeartFlow ──従来型の心臓検査に代わる、デジタルを活用した非侵襲検査

HeartFlowは、2007年にカリフォルニアで設立された心臓検査を行うスタートアップ企業である。同社の検査の特徴は、患者の体への負担が極めて小さい点である。従来の心臓検査では、医師の立ち会いのもと、ランニングマシンを活用し被検者の体に負荷をかけるなど、検査には一定のリスクがあった。しかし、HeartFlowの場合、被検者が実際に走る代わりに、被検者の心臓のCT（Computed Tomography）画像からAIによって冠動脈の3Dモデルを作成し、血流シミュレーションによって検査する。実際に走る必要がなく、被検者に身体的、時間的な負担をかけない心臓検査を実現している。また、作成された3Dモデルは、医師が冠動脈のカテーテル治療を行う際の計画にも活用される。HeartFlowは医療が抱える課題を、シミュレーションのような先端技術を巧みに組み合わせて解決した好例といえる。

Kry ──かかりつけ医へのアクセスの悪さや医療の非効率性をシステムで解決する

Kryは、2014年に設立されたオンライン診療サービスを手がけるスウェーデンのスタートアップ企業である（図表3-2-3）。英国やフランス、ドイツなどのEU諸国でサービスを提供している。Kryは、スマートフォンアプリ「Kry」か「Livi」から利用する。症状を専用のフォームに入力すると、オン

図表3-2-3 「Kry」オンライン診療サービス

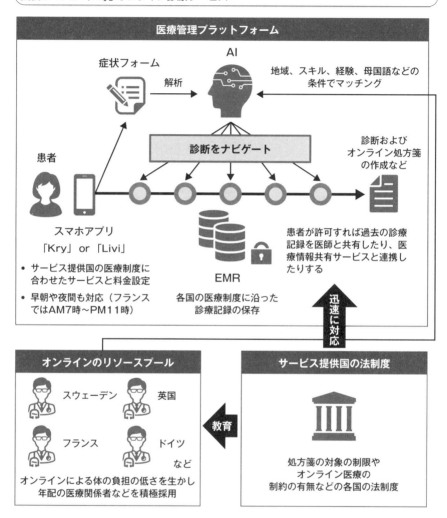

ラインで診察を受けられる。診察に当たる医師は、専門以外にも、所在国、言語などから決定される。オンライン専業であるKryは体への負担が小さく、年配の医療関係者も積極的に採用している。また、AIが事前に症状を分析し、どのような問診が推奨されるかを提案するなど、医師を支援する。診察結果は、患者の所在国の法制度に従い、電子カルテとなりEMR（Electronic Medical Records）に保存される。診断の結果、必要に応じ電子処方箋が発行されたり、専門医への紹介状などが作成されたりする。

　患者が許可すれば、過去の診療記録を医師と共有したり、各国で整備された医療情報共有サービスとも連携したりできるため、高度なオンライン診療も可能である。Kryは、サービス提供国の法制度をウォッチしており、法律の改正に伴うオンライン診療対象の拡大や、保険制度の変更に柔軟に対応できる点も強みになっている。

　デジタルヘルスのサービスを進める上でKryは、AIやシステムが優れている点はもちろん、難解な医療制度を読み解き、解決する重要性を物語る事例と言えるだろう。

❷ 関連技術の紹介

スーパーアプリ

　「スーパーアプリ」とは、決済や電子商取引などの生活に必要な複数のサービスを1つのスマートフォンのアプリにまとめたものである。代表例は中国の「ウィーチャット」や「アリペイ」、東南アジアで利用者の多い「グラブ」である。新興国を中心に地域に合わせたスーパーアプリが誕生してきたが、近年は、旧ツイッターのX、ペイパルがスーパーアプリ化を宣言するなど、欧米でも注目されている。

　スーパーアプリとなるための条件が、キラーサービスである。ウィーチャットは、メッセージングサービス、アリペイは、決済サービスであった。アジアの新興国では医療サービスへのアクセスの悪さも課題の1つであり、2019年8月、プルデンシャル・アジアは、医療やヘルスケアに関するサービスをまとめたオールインワンアプリ「Pulse by Prudential」をマレーシアやシンガポールなどでリリースした（図表3-2-4）。Pulse by Prudentialは、プルデンシャルの保険商品とオンライン診療などを手がけるスタートアップ企業のサービスを紹介するポータルになっている。サービスは基本的には有料であるが、プルデンシャルとの保険契約次第では、無料で受けられ

図表3-2-4 「Pulse by Prudential」

デジタルヘルス

金融サービス

（出所）https://www.prudential.com.sg/wedopulse/pulse-wealth

るものもある。Pulse by Prudentialは、無料でダウンロードでき、利用料は
かからない。医療やヘルスケアサービスへの強いニーズを反映してか、ユー
ザーの7割がこれまで保険契約などのなかった新規顧客であった。2021年7
月には、シンガポールのユーザー向けに「Wealth@Pulse」と呼ばれるサー
ビスをPulse by Prudentialに組みこみ、投資助言などの金融サービスを追
加した。この結果、Pulse by Prudentialは、健康の問題を解決するデジタル
ヘルスと、お金の問題を解決する金融・保険サービスという生活者にとって
の2つの重要な課題を解決するスーパーアプリに進化しようとしている。

　オンライン診療を可能とするなど、デジタルヘルスのサービスは、医療ア
クセスの悪い地域にとってキラーサービスとなり得、決済などの金融サービ
スと融合したスーパーアプリとも親和性が高い。

❸ ITロードマップ

　図表3-2-5にデジタルヘルスのロードマップを示す。

図表3-2-5　デジタルヘルスの普及に向けたロードマップ

	～2023年度	2024年度	2025年度	2026年度	2027年度	2028年度～
全体	黎明期			発展期		
用途	技術発の独自サービス			データ分析サービス		
技術動向	電子処方箋の普及促進 電子カルテ情報の標準化 PHRの標準化			ガバメントクラウドによる 電子カルテサービスの発展		

～2025年度：黎明期。技術発のさまざまな独自サービスが登場する

技術に強みを持つスタートアップ企業などから、デジタルヘルスのサービスが登場する。たとえば、フランスのスタートアップ企業DentalMonitoringは、歯科矯正向けにAIを活用したスマート歯科ソリューション「デンタルモニタリング」を開発している。デンタルモニタリングは、「インビザライン」とも呼ばれる、マウスピースを活用した歯科矯正向けのソリューションである。インビザラインによる歯科矯正では、治療の進行にあわせてマウスピースをつくり直さなければならない。通常、1ヵ月から3ヵ月に一度の頻度で来院し医師による診察を受けるため、その間の進行状況を確認できず、問題の発見が遅れる場合があった。デンタルモニタリングでは、患者のスマートフォンに「ScanBox pro」と呼ばれる装置を取りつけ、専用のアプリにより歯の状態を週に一度、撮影する。撮影されたデータはクラウドサービスを介して医師と共有され、AIが歯の矯正の進捗状況を分析する。医師は、歯に何らかの問題があったり、マウスピースの調整が必要な時期と判断したりすれば、患者に来院を促す。患者も、アプリにより矯正の進捗を確認でき、

モチベーションを高められる。黎明期では、デンタルモニタリングのように、医療の課題を独自技術により解決するサービスが登場する。

電子処方箋は、国内では2023年1月から運用が開始された。電子処方箋とは、紙の処方箋に代わり、医療機関と薬局とを電子処方箋管理サービスによって結び、やりとりするものである。電子処方箋管理サービスは、社会保険診療報酬支払基金のような「支払い基金」と呼ばれる診療報酬の審査や支払いをする専門機関によって運営されている。内閣官房の医療DX推進本部が2023年6月に公開した「医療DXの推進に関する工程表」によれば、2025年度までに全医療機関と薬局への電子処方箋の導入が予定されている。

電子カルテの標準化も進展する。2022年3月、米国の医療データ標準化団体のHL7協会が進める「HL7 FHIR（Fast Healthcare Interoperability Resources）」が厚生労働省の処方情報などの標準規格に採用された。これらは、電子カルテを構成する仕様でもあり、今後も、HL7 FHIRをベースとした標準化と整備が進められる。標準化によって、電子カルテのやりとりは医療機関の垣根を越え、より円滑になる。一方、厚生労働省が医療施設調査の中で公開した電子カルテの普及率は、2020年において、精神科病床および結核病床のみを有する一般病院が57.2％、歯科医業のみを行う診療所を除いた一般診療所が49.9％である。電子カルテは導入に伴うコストが病院の経営を圧迫するため、病床が少なくなるほど普及率は低くなる傾向がある。厚生労働省は2022年9月、政府の「医療DX令和ビジョン2030」を推進するチームを発足させた。同ビジョンには、電子カルテや電子処方箋、臨床検査データ、検診など、医療機関や自治体に分散していた情報を一元的に共有・交換できるサービスを全国医療情報プラットフォームとして整備する計画が盛りこまれた。また、安価な電子カルテのサービスが構築される予定であり、これにより導入を促進し、2030年までに電子カルテの普及率100％を目指している。病院内に蓄積されるEHR（Electric Health Record）の仕様も整備され、データ連携の基盤が次第に整う。

一方で、個人が管理する健康や医療、介護に関するデータであるPHR（Personal Health Record）の仕様も整備され始める。2022年6月に、医療機

器や医薬品関連企業に加え、保険会社や通信会社などが中心となってPHRサービス事業協会が設立された。特にベンダーによる独自規格となっているヘルスケアトラッカーなどのデータの標準化やセキュリティに関する仕様がまとまる。

黎明期では、デジタルヘルスが発展する上で必要なデータの標準化やインフラの整備が進むだろう。

2026年度～：発展期。データ分析を活用したサービスが数多く登場する

電子カルテや電子処方箋などのEHR、個人が管理するPHRの仕様が整い、データをやりとりする基盤も整備され、デジタルヘルスは発展期を迎える。データが整うことで、たとえば、慢性腎臓病の早期発見も可能となるだろう。海外の先行事例となるが、米国のスタートアップ企業Somatusは、健診データや血液検査などの医療データをAIが分析し、未診断の腎臓病患者を抽出するサービス「RenalIQ」を開発、運営している。早期に治療を始めることで、慢性腎不全への進行を未然に防ぎ、透析治療に陥るリスクを抑えられる。透析治療は、定期的な通院が必要となるなど、患者に大きな負担を強いると同時に、医療費の負担も小さくない。費用対効果という点で早期治療のメリットは大きく、データが整備されることで、慢性疾患の兆候を早い段階で捉えるサービスは、国内でも有望だろう。

独自データを活用した技術も高度化する。たとえば、シンガポールのスタートアップ企業Biofourmisのように、AIを活用した精密治療も登場するだろう。心不全をターゲットにしたソリューション「BiovitalsHF」は、在宅時の最適な投薬タイミングと投薬量の課題を「Everion」というウェアラブル端末とAIにより解決する。Everionは、心拍数、呼吸数、血中酸素濃度、皮膚温度など、22の異なるパラメーターをリアルタイムで測定する。BiovitalsHFは、まず、Everionが取得したデータから患者の平常時のAIのモデルを作成する。その後、モニタリングを始め、AIが異常値を検出すると、医師と患者に通知する。医師はバイタルデータに従い、適切な投薬量を指導するなど、院内と同程度の精密な治療を在宅で実現できる。デジタルへ

ルスの技術が進化すれば、在宅医療の品質は大幅に向上する可能性がある。

④ 普及に向けた課題

　デジタルヘルスは、用途にあわせ、さまざまな技術が活用される。しかし、中心となるのは、AIやデータ分析である。医療機関に蓄積されたEHRや個人が管理するPHRの標準化は、デジタルヘルスが発展する上で欠かせない。また、デジタルヘルスを活用する側にも課題がある。公的医療保険が適用されるかどうかは患者の費用負担に影響を与える。日本の医薬品、医療機器の公的医療保険適用には、2段階ある。1つは、医薬品医療機器総合機構による審査と厚生労働大臣による医療機器としての承認である。その上で、厚生労働大臣の諮問機関である中央社会保険医療協議会による薬価の査定を経て、初めて公的医療保険の対象となる。自由診療という導入手段もあるが、医療支援や治療を目的としたデジタルヘルスのサービスが国内で普及するためには、保険対象となることが前提だろう。

　近年、ソフトウェアによって、治療する「治療アプリ」が登場している。「デジタル治療」とも呼ばれ、医薬品、医療機器に次ぐ、第3の治療法として注目を集める。たとえば、喫煙者などを対象としたニコチン依存症治療用アプリの「CureAppSC」である。日本のスタートアップ企業CureAppが開発し、2020年12月に公的医療保険の対象となり、すでに医療現場で活用されている。治療アプリには、米国のWelldocが開発した糖尿病患者を対象とした血糖コントロール改善アプリ「BlueStar」などがあり、患者の行動変容を促すことで治療する手法は今後も増加するだろう。ただし、治療アプリは、従来のカテゴリーにはない「治療法」であり、状況は改善されつつあるが、公的医療保険の対象となるまでの評価指標や安全性を担保するためのガイドラインが十分に整備されていない点は普及の妨げとなる。

　デジタルヘルスは、技術発展にあわせた制度面の改正や検討が欠かせない。医療や福祉という社会のインフラとも関係し、官民が一体となった取り組みが必要となるだろう。

3.3 スキル・インテリジェンス
AI活用型リスキリングの実践

エグゼクティブサマリ

●サマリ

・「スキル・インテリジェンス」は、リスキリングのための「計画」「学習」「経験」を支えるデジタルツールである。昨今従業員のリスキリングの必要性が認識されつつあり、一部の企業ではスキル・インテリジェンスの活用を開始している。

・スキル・インテリジェンスのインプットは、企業内で管理する個人の経歴情報や研修受講データ、ビジネスSNSの「LinkedIn」などに登録された経歴情報などである。ワークプレイス環境や採用業務のデジタル化に伴い、インプットデータが近年増加したこともスキル・インテリジェンスの実用化を後押ししている。

・先行する海外企業は、スキル・インテリジェンスを活用した従業員の教育や再配置を通じて、従業員のエンゲージメント向上や人材の流動性の向上を目指している。

●ロードマップ

・短期（2024年度～2025年度）：国内でスキル・インテリジェンスの導入が始まる。

・中期（2026年度～2027年度）：業務データなど多様なデータに基づくスキル分析により、従業員のスキル情報が充実する。

・長期（2028年度以降）：スキル情報の正確性を担保する機能が充実する。

●課題

・個人情報の適切な取り扱い、AIによる偏見（バイアス）への考慮。

・日本の人事慣習、導入企業の実態に合ったスキルの定義、および

タクソノミーとオントロジーの整備。

　スキル・インテリジェンスは、キャリア開発の計画から、学習、経験までの一連のリスキリングのプロセスを強力に支援するデジタルツールである。まず従業員の保有スキルを分析し、その分析結果をもとに従業員のスキルとポストやジョブをマッチングし、考えられるキャリアパスのプランやキャリアの実現に必要な学習コンテンツ、スキルに合った社内の募集中ポストを推奨する（図表3-3-1）。

　意外に思われるかもしれないが、自分の保有スキルを客観的に分析することは難しい。ユニリーバとウォルマートが、アクセンチュアと米国の人材情報ソフトウェア企業スカイハイブテクノロジーズホールディングスと行ったパイロットプロジェクトに参加した従業員は、スキル・インテリジェンスを使用して平均34個の自身の保有スキルを挙げた。思いつくままに挙げた場合の11個に対し、3倍以上のスキルを挙げることができたという。ただし、スキルの分析結果は、あくまでも保有していると想定されるスキルの推論で

図表3-3-1　リスキリングのプロセスと対応するスキル・インテリジェンスの機能

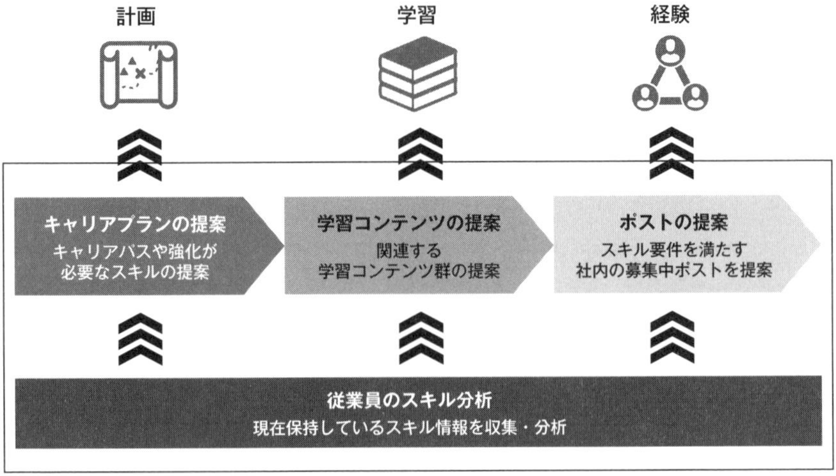

計画　　学習　　経験

キャリアプランの提案
キャリアパスや強化が
必要なスキルの提案

学習コンテンツの提案
関連する
学習コンテンツ群の提案

ポストの提案
スキル要件を満たす
社内の募集中ポストを提案

従業員のスキル分析
現在保持しているスキル情報を収集・分析

あるため、推論結果が正しいのかどうかを本人に確認したり、上司や同僚の検証を求めたりするステップを設けるケースが一般的である。こうしたステップを経て、自分の保有するスキルの情報を抜けもれなく洗い出せれば、似たようなスキルセットに合致する職種をみつけやすくなる。その後はいくつかの候補から会社や本人が希望する職種を選定し、必要に応じて不足するスキルを補えばよい。

　スキル・インテリジェンスは、人々のスキルや仕事に関する大量のデータの分析の上に成り立っている。リスキリングなどの人材開発に限らず、人事施策を効率的に進めていくために、従業員のデータを分析して意思決定に役立てることは以前から行われていた。しかし、デジタル化の進展に伴い、近年では人々のスキルや仕事に関するデータが大量に生成されるようになってきている。直近ではリモートワークやハイブリッドワークに適合する業務環境が整備され、ノウハウ伝承やコミュニケーションの場がデジタルに移行し

図表3-3-2　スキルや仕事に関するデータ項目とデータソース

個々の従業員に関するデータ			企業内のポストデータ	労働市場のデータ
知識や能力	**行動特性**	**志向・心の状態**	**ジョブ・スキルの**	**ジョブ・スキルの**
• スキル • 仕事の経歴 • 知識 • 業績 • 成果物 　（著作物）	• 強み • コミュニケーションスタイル • リレーション • 稼働状況	• モチベーション • 価値観 • 興味分野 • 帰属意識	• 需要 • 給与 　（地域性）	• 需要 • 給与 • 地域性 • 将来予測
業績評価システム ラーニングシステム （LMS*1/LXP*2） 採用テック（ATS*3） 社内Wiki LinkedIn　など	業務可視化 ツール　など	パルスサーベイ など	人事情報システム	各国の労働統計 労働統計データ 販売業者

* 1　LMS : Learning Management System
* 2　LXP : Learning Experience Platform
* 3　ATS : Applicant Tracking System

ている。そのため、高精度の分析が期待できるだけの環境が整いつつあり、個人のスキル分析も例外ではない（図表3-3-2）。

なぜ今スキル・インテリジェンスなのか

昨今「リスキリング」という言葉が新聞や書籍、インターネットを賑わしている。リスキリングとは、「新しい業務や職業に就くために新たなスキルを身につけること」を指す。リスキリングに注目が集まる背景には、AI・自動化などの技術の進歩や脱炭素化といった社会変化により、企業が多方面からビジネスの変革を迫られていること、従業員がその影響によって失業への懸念を抱いていることなどがある。

一方、企業では、目まぐるしく変わる時代のニーズに合致した人材、もっと直接的にいえば、ニーズに合致したスキルをいかに獲得していくのかという「スキル戦略」の重要性が増している。このような潮流から、人材を企業の働きかけにより価値が伸び縮みする「資本」と捉えて、その価値を引き出す「人的資本経営」が注目を集めている。

急激な社会の変化に対応すべくデジタル化を推進したり、新たな分野に参入したりする場合には、関連したスキルを有する人材を外部から採用する方法もあるが、容易ではない。そこで、自社の従業員に新たなスキルを身につけさせようとリスキリングに取り組む企業が増加している。そして、一部の海外企業では、「スキル・インテリジェンス」を活用することで、リスキリングの促進、社内の人材流動性の向上や、従業員のエンゲージメント向上を目指している。

 事例

ボーダフォン

同社は2025年までに7000人規模の大幅なソフトウェアエンジニアの人員増強を目指しており、外部からの採用に力を入れている一方で、既存の従業員の育成も同時並行で進めている。

そのために従業員自ら、自身の保有スキルに基づきキャリアパスや学習の計画が立てられるよう、デジタルインフラの整備を進めている。デジタルプラットフォームは、スキル・インテリジェンスと人材管理システム、学習プラットフォームとが連携するかたちで構成される。従業員は、自身の能力開発の段階を理解し、社内の希望ポストなど、社内キャリアのステップアップのため、どのようなスキルを追加する必要があるのかを理解し、スキルの習得プランを考えることができる。

ユニリーバ

　同社は、従業員が登録した自身のスキルとプロジェクトをAIによりマッチングする「FLEX Experiences（フレックス・エクスペリエンス）」というインターナル・タレント・マーケットプレイスを構築した。FLEX Experiencesは、米国のワークデイやLinkedInのほか、研修受講システムと連携されており、従業員の個人のスキル情報が自動的に更新されるようになっている。従業員が自身の保有スキルを任意で登録し、自身のプロフィールを充実させ

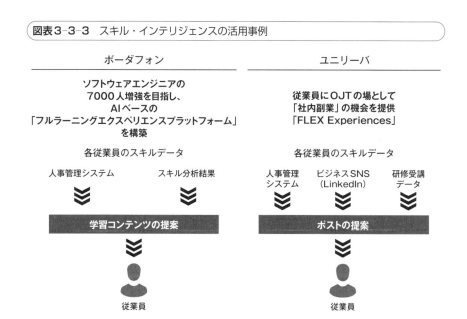

図表3-3-3　スキル・インテリジェンスの活用事例

ボーダフォン

ソフトウェアエンジニアの
7000人増強を目指し、
AIベースの
「フルラーニングエクスペリエンスプラットフォーム」
を構築

各従業員のスキルデータ

人事管理システム　　　スキル分析結果

学習コンテンツの提案

従業員

ユニリーバ

従業員にOJTの場として
「社内副業」の機会を提供
「FLEX Experiences」

各従業員のスキルデータ

人事管理　　ビジネスSNS　　研修受講
システム　　（LinkedIn）　　データ

ポストの提案

従業員

ることもできる。また、AIによるマッチング結果に対し、興味の有無を従業員がフィードバックすることでもマッチングの精度向上を目指している。

　一見、この取り組みの狙いは社内の人材流動性の向上にあるようにみえるかもしれない。だが、導入の効果は従業員のリスキリングの促進にも表れている。同社の従業員はFLEX Experiencesの社内のジョブポストマッチングを通じて、一時的なプロジェクト参画の機会を得られる。これは座学で習得したスキルを実案件で試すことで、スキルの定着を図る効果がある（図表3-3-3）。

② 関連技術の紹介

タクソノミーとオントロジー

　スキル分析のインプットは、主に企業内で管理する個人の経歴情報や研修受講データ、それからビジネスSNSのLinkedInなどに登録された経歴情報などである。実際にこのような多様かつ膨大な情報を機械的に処理しようとすると、同じ職種やスキルであるのに、違う言葉で表現されることもあるため、適切に分析できないということが起こり得る。そこでスキル・インテリジェンスは、「タクソノミー」、あるいは「オントロジー」と呼ばれるデータセットを内包しており、これにより表記のゆれを解消している。それだけでなく、スキルや職種の包含関係、立場の上下関係といったスキルと職種の一般的な分類と関係性をも解釈する。タクソノミー、オントロジーは求人票や実際の個人の履歴書などのデータをもとに作成されており、新たな職種やスキルにも対応するために、定期的に更新されているケースが一般的である。

レジュメ・パーシング・ソフトウェア

　スキル・インテリジェンスのベンダーには、スタートアップ企業や前述のワークデイなどのクラウド人材管理システムベンダーなどのほか、求人票や履歴書情報を解析し、募集中のポストに対して適性の高い人材候補を提示する「レジュメ・パーシング・ソフトウェア（履歴書の解析ソフトウェア）」

と呼ばれる採用テック領域から参入した企業も存在する。グレート・レジグ
ネーション（大離職）を背景に、採用難や、キャリア形成機会の不足などを
要因とする従業員エンゲージメントの低下に直面したことが、欧米企業によ
る企業内部人材の育成・登用を後押しした。こうした流れを受けレジュメ・
パーシング・ソフトウェアの適用領域が企業内部に広がったともいえる。

インターナル・タレント・マーケットプレイス

　前述したように、人材不足の解消を補うために社外からの採用だけでな
く、社内の人材を発掘・登用する動きが活発化している。そこで役立つのが
インターナル・タレント・マーケットプレイスである。あらかじめ登録され
た従業員のスキル情報に基づき社内の募集中ポストを推奨する。スキル分析
（推論）や、キャリアパスの推奨、学習コンテンツの提供などといったスキ
ル・インテリジェンスのフル機能は実装せずに、社内でスキルに合ったポス
トの提案に重点を置いた提供形態である。

労働市場分析

　求人データや労働統計データを集約したデータベース、およびその閲覧用
のユーザーインターフェースなどを備えたデータサービスである。職業別の
賃金や地域別の人材需給、新たに需要が高まりつつあるスキル、あるいは反
対に需要が落ち込みつつあるスキルといった情報を取得できる。企業の採用
担当者が、給与などの雇用条件の検討に当たり参考情報として用いることも
可能である。

　また、この労働市場分析と、自動化の進展によって置き替えられる従業員
の作業の種類や作業量に関する予測を組み合わせたデータサービスが存在す
る。たとえば、「現在看護師が行っている患者の健康状態の記録・管理作業
はプロセスオートメーションにより不要になり、それは週5時間程度であ
る」といった予測を提示する。企業はその予測をもとに、職種ごとの人材需
給の予測と、自社の従業員の必要作業量（人員）の予測を組み合わせて分析
することが可能である。さらに、自動化が進展した結果、従業員が新たに従

事する作業、たとえばAIの示す選択肢から最善策を判断するなど、今の業務にはない作業を予測することもできる。この作業をこなすには従業員が新たなスキルを獲得する必要があることも想定される。一部の企業は、予測に基づいて将来的に従業員が身につけなければならないスキルをリストアップし、人材開発戦略の見直しに役立てている。

③ ITロードマップ

図表3-3-4にスキル・インテリジェンスのロードマップを示す。

短期（2024年度〜2025年度）
国内でスキル・インテリジェンスの導入が始まる

　人材サービスのパーソルホールディングス傘下のパーソルクロステクノロジーとPwCコンサルティングはITエンジニア育成支援サービス「はたらくモノサシ」を開発中である。両社は自然言語処理技術をベースにスキル可視化エンジンを独自開発し、自社の社員や派遣社員を対象に、キャリア目標の提案、スキルギャップを埋める学習コンテンツの提供に活用していく計画である。

　さらに、ベネッセホールディングスは2023年4月、スカイハイブテクノロジーズホールディングスとの提携を発表した。スカイハイブが持つ労働市場データベースの解析結果をもとに従業員の持つスキルを可視化し、「技術的失業リスク」や「今後のキャリアの可能性」を診断、現在のスキルと将来必要となるスキルのギャップ情報をもとに、個人に最適化された学習コンテンツを提供する。学習コンテンツにはベネッセが提携する「Udemy」やそのほかの人材育成サービスが想定されている。しばらくは試行状態が続く可能性があるものの、これらの取り組みを皮切りに、国内でスキル・インテリジェンスが導入され、企業のリスキリングに活用されるケースが増える。

労働市場データの活用を足がかりに国内で普及

　スキル・インテリジェンスの導入に当たっては、スキル分析に用いるタクソノミーやオントロジーに個社の状況を反映させる必要があるが、相応のコストと労力がかかる。そのため一足飛びに個社の従業員のスキル分析に活用するのではなく、自社の新規事業に必要な人材要件の明確化、人材戦略検討の参考データとして労働市場データを取り入れていくことが、最初のステップになることも考えられる。実際、海外企業では労働市場データの活用が進んでおり、米国のBNY（バンク・オブ・ニューヨーク）メロンは、労働市場データをもとに、今後従業員にどのようなスキルを強化してもらう必要があるかを分析している。労働市場データの分析から、個社に特化したタクソノミーやオントロジーの構築に徐々にステップアップしていく道筋は、現実的といえる。

中期（2026年度〜2027年度）
業務データなど多様なデータに基づくスキル分析により、従業員のスキル情報が充実

　ベルギーのスタートアップ企業TechWolf（テックウルフ）は、日常業務で使用する業務ソフトのデータから従業員のスキルを推測するスキル・インテリジェンスのコア部品を提供している。「Microsoft Teams」などの社員同士のコミュニケーションツールや問い合わせ管理システムなどのデータを解析し、従業員が同僚に共有したドキュメントや、対応した問い合わせや案件の内容などからスキルを推測する。

　類似のアイデアとしては、SAPの統合人事管理システム群「SAP SuccessFactors」のタレントマネジメント機能が挙げられる。従業員のスキルなどの属性情報は個人が登録することもできるが、Microsoft Teamsで参加しているチャネルなどの情報から、従業員が保有している可能性のあるスキルを通知し、確認を促している。

　さらには、ソフトウェア開発のソースコードを管理する「GitHub」を情報源に、ITエンジニアの技術力を測るベンダーまで存在する。業務データを

もとにスキルを継続して分析することで、従業員のスキル情報を常に最新に保つ効果がある。従業員自身の登録もれの防止といった効果も期待できる。ただし、業種業態によって業務データの充実度合いが異なることや、経歴書などの情報と比べると、業務データは多種多様かつ玉石混淆となりやすく、スキルの推定精度を安定して高レベルに維持することは難しい。そのため、当面は適用シーンが限定的とならざるを得ないか、あるいは比較的高い分析精度が期待できる情報ソース・適用シーンを試行錯誤を繰り返して見つけ出していく必要がある。

長期（2028年度〜）
スキル情報の正確性を担保する機能が充実

　米国では、数年前から学歴要件を撤廃し、応募者のスキルに応じて採用する「スキルベース採用」が一部の大手企業で導入され始めている。学歴要件を取り払う動きはIBMやグーグル、デル・テクノロジーズなどでみられる。IT業界の人材不足を背景に、学歴とスキルの両方を求めても人材が集まらないことや、スキルの陳腐化のスピードが速まっており、大学で学んだ知識が必ずしも業務で生かせるとは限らない状況に変化しつつあることが主な理由である。

　近年では日本でもスキルベース採用が広がりつつある。スキルベース採用が一般化すると採用試験では以前に増して保有するスキル情報の充実や正確性が問われるようになる。学歴要件を撤廃したことで、あるポストの適任者を探す際により多くの候補者が確保できる一方、大量の候補者からポストにマッチする1人に絞りこんでいくことになる。その際、詳細かつ正確なスキル情報があれば人材のミスマッチを防げるだけでなく作業効率も向上する。適性テストなどを受験してもらうことによってスキルを測る場合もあれば、認定コースの修了証や資格試験の合格証書などの提出をもって候補者の保有スキルの証明とするケースもあるだろう。また最近では学習履歴やスキルをデジタル上で管理・証明する「オープンバッジ」が普及しつつあり、オープンバッジの活用が進むことも考えられる。

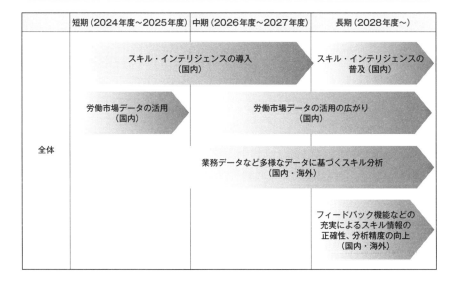

図表3-3-4　スキル・インテリジェンスのロードマップ

	短期（2024年度～2025年度）	中期（2026年度～2027年度）	長期（2028年度～）
全体	スキル・インテリジェンスの導入（国内）		スキル・インテリジェンスの普及（国内）
	労働市場データの活用（国内）	労働市場データの活用の広がり（国内）	
		業務データなど多様なデータに基づくスキル分析（国内・海外）	
			フィードバック機能などの充実によるスキル情報の正確性、分析精度の向上（国内・海外）

　採用試験だけでなく、従業員のキャリアプランの立案や配置転換でも、スキルの正確性が求められるようになる。入社前同様に入社後に獲得したスキル情報の精度を高めることで、より適切な人材管理をしたいというニーズも出てくるだろう。そのためスキル・インテリジェンスでは、スキルの分析結果に対する検証機能が充実する。たとえば、上司や同僚など本人の仕事ぶりをよく知る人物からのフィードバックや、その内容をもとにスキルや経験の「保有」だけでなく、スキルの「レベル」を検証する機能が充実することでスキル情報の正確性が向上する。

実現に向けた課題

　スキル・インテリジェンスが扱う個人の経歴や学歴、スキルの保有状況などは、機微な個人情報であるだけでなく、個人の仕事や給与の決定に大きな影響を及ぼす重要な情報である。そのため適切な情報の取り扱いはもちろんのこと、スキル分析結果の偏見（バイアス）への対策が欠かせない。場合によってはスキル分析に用いるAIアルゴリズムの監査などのステップが必要

となる。

　また、現時点ではスキル・インテリジェンスのベンダーは欧米が主流である。メンバーシップ型雇用が一般的な日本において欧米のツールが必ずしもマッチするとは限らず、FIT & GAPの確認が必要である。多くのケースで社内の各職種に必要なスキルの定義を整理したり、タクソノミーやオントロジーを整備したりすることが必要となるだろう。

　人事慣習や法制度が異なる日本企業において、欧米のソリューションをそのまま取り入れることは簡単ではないが、昨今、国内でも萌芽事例が登場しつつある。人口減少などから人材難が年々深刻化する日本企業にとって、スキル・インテリジェンスは現状の打開に向けた対応策の1つとなるはずである。

3.4 コミュニティテクノロジー
あらためて注目を集める新時代の顧客接点

エグゼクティブサマリ

●サマリ

・企業と顧客の関係性が変わりつつある中で、一方向の情報提供ではなく、共通の価値観を共有できる「コミュニティ」が再び注目されている。コミュニティは、特定の企業やブランドに対する共通の関心を持つ人々の集まりであり、企業と顧客の関係強化に寄与する。

・「コミュニティテクノロジー」は、コミュニティ形成を支援し、企業による利用を促進する技術であり、参加者のコミュニティ意識の強化、コミュニティ運営の支援、ビジネス活用のイネーブラーの機能を持つ。

・コミュニティは企業に多くの利点を提供する。参加者の熱意ある言葉が製品やサービスの魅力を高め、企業の評価や顧客エンゲージメントを向上させる。また、顧客の好みや関心に関する洞察は、製品やサービスの開発に貢献する。

●ロードマップ

・〜2024年度：黎明期。先進企業によるコミュニティプラットフォームの活用が始まり、特定商品やサービスのファンを対象にしたコミュニティが、限定情報の発信の場として機能し始める。

・2025年度〜2027年度：発展期。コミュニティ利用が多くの顧客や消費者に広がり、企業の顧客接点としての重要性が増す。ブランディングやマーケティング、顧客との共創の場としての活用が進む。

・2028年度以降：普及期。顧客接点において、コミュニティは主

要なチャネルの1つとなる。製品やサービスの販売機会の創出に加え、マーケット参入戦略としても重要な役割を果たすようになる。

●課題

・コミュニティの成功には、参加者の活動を促進し、参加者の興味・関心を満たすことがカギになる。企業は双方向かつ密接なコミュニケーションと共に、参加者への価値ある体験の提供が欠かせない。

・コミュニティの成長のためには、参加者の期待を把握し、適切なタイミングで、適切な情報提供やイベントを実施する。そのためには、技術を活用した運営負荷の軽減や、分析による詳細なコミュニティの理解が有効である。

・コミュニティの利用拡大に伴い、市場に対するその影響力がもたらす新たなリスクも発生する。企業はコミュニティ運営の経験を積み重ね、適切な活用方法を身につける必要がある。

　新規顧客獲得のコストが上昇し、少子高齢化に伴い今後の消費者人口の減少が予想される中、企業にとっては優良顧客の維持が重要な経営課題となっている。しかし、従来のような企業からの一方向の情報提供だけでは、提供する製品やサービスの魅力を伝えることは難しい。そこで企業が注目しているのが「コミュニティ」である。

　コミュニティとは、特定の企業やブランド、事柄に対して共通の興味や関心を持ち、積極的に関与する人々の集まりを指す。総務省の調査によれば、2022年度の休日のインターネットの利用時間はテレビの視聴時間を初めて上回った[注1]。このインターネットの利用時間増を受け、オンラインコミュニティに注目が集まっている。

　コミュニティは企業に多くの利点をもたらす（図表3-4-1）。たとえば、参加者の熱意ある言葉は製品やサービスの魅力を高め、ブランドの評価や顧

注1　総務省情報通信政策研究所「令和4年度情報通信メディアの利用時間と情報行動に関する調査報告書」2023年6月

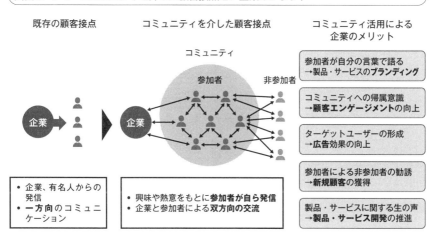

客エンゲージメントを向上させる。また、消費者は購入時に他者の意見を重視し、これが購入意欲を高める要因となる。各種調査によると、オンラインでの化粧品やアパレル商品の購入においては、他者の感想や評価などの情報がコンバージョン率を向上させることが明らかになっている。さらに、コミュニティ内の対話から得られる顧客の好みや関心に関する洞察は、製品やサービスの開発にも貢献する。このような背景から、コミュニティは企業と顧客との関係を強化する手段として期待されている。

コミュニティ形成を推進するプラットフォームの登場で再注目

　オンラインコミュニティはインターネットの黎明期から存在する。あらためて注目されている背景には、「Discord」や「Reddit」に代表されるコミュニティに特化したプラットフォームの登場がある（図表3-4-2）。これらのプラットフォームは、音声やビデオチャットを含む多様なコミュニケーション手段を備え、より密な双方向の交流が可能である。さらにコミュニティ内での活動内容に応じた評価システムなど、参加者の貢献を促すしくみも備わっている。

　以下にそれぞれの特徴を挙げる。

Discord画面 　　　　　　　　　Reddit画面

サーバー：数クリックで作成できる招待制の場	**サブレディット**：ユーザーが作成する話題ごとの場。投稿に対しユーザーが賛成・反対を投票
チャネル：テキストチャット、音声・ビデオチャット、議論をまとめるフォーラムなど	**AMA**：専門家や有名人がユーザーの質問に直接答えるイベント。ビル・ゲイツ氏も実施
サーバーブースト：有償メンバーがサーバーの機能を拡充	**カルマ**：他ユーザーからの称賛から算出するユーザーごとの貢献度

（出所）https://support.discord.com/hc/en-us/articles/360045138571-Beginner-s-Guide-to-Discord、https://www.reddit.com/r/Ipsy/

Discord

　高品質な音声チャットや動画配信の機能を持つグループチャット形式のコミュニティである。当初はゲーム愛好家向けにリリースされたが、現在では音楽、ファッション、暗号資産など幅広いトピックで利用されるようになった。2023年6月時点では、75％のユーザーがゲーム以外の目的に使用している[注2]。ユーザーは数クリックで招待制のコミュニティを作成できる。その使いやすさから米国の10代の間では、「X（旧ツイッター）」「フェイスブック」よりも人気を博している。

Reddit

　日常の話題から学問、ビジネスまで幅広いトピックが投稿される掲示板形

注2　Discord Me（https://discord.me）のデータをもとに算出

式のコミュニティである。専門家や有名人がユーザーの質問に直接答える「Ask Me Anything（以下、AMA)」と呼ばれるイベントの実施場所としても知られ、元米国大統領のバラク・オバマ氏やマイクロソフトの元CEOであるビル・ゲイツ氏も利用した。投稿やコメントに対する他者からの賞賛をもとに、ユーザーの信頼性を「カルマ」として数値化するしくみを持つ。

　DiscordやRedditは「コミュニティプラットフォーム」と呼ばれ、ソーシャルメディアの1つである。しかし、フェイスブックやXをはじめとしたタイムライン形式のソーシャルネットワーキングサービス（以下、SNS）とは異なる特性を持つ（図表3-4-3)。

　まず、SNSは人のつながりが中心で、利用者の多くは人とつながることや人々の間で話題となっている情報を知るために利用している。一方、コミュニティプラットフォームは特定の興味や関心を中心に場がつくられ、参加者は自分の興味や関心にかかわる情報に触れ、伝えることを求める。共通の話

図表3-4-3　タイムライン形式のSNSと、コミュニティプラットフォームの比較

	タイムライン形式のSNS	コミュニティプラットフォーム
代表例	フェイスブック、X（旧ツイッター）	Reddit、Discord
つながり方	人でつながる	話題でつながる
参加者の利用目的	人のつながりを増やす 話題性のある情報を知る	話題についての情報を知る 自分の考えや想いを伝える、共有する
投稿の表示方式	時間と共に投稿が流れる	話題ごとに投稿が管理されるため、時間が経過しても投稿が見つけやすい
信頼性の評価基準	フォロワー数、投稿の閲覧数の多さ	コミュニティへの貢献度（評価システムあり）
利用のルール	一般的なルール（宣言のみ）	コミュニティごとのルール（監視のしくみあり）

題のおかげで発言がしやすく、参加者同士の交流が生まれやすい。

　投稿の表示形式も異なる。SNSはユーザーの投稿に対し、他者がコメントする。新たな投稿が次々とタイムライン上に表示されるため、時間と共に話題も変わっていく。対照的に、コミュニティプラットフォームでは話題ごとに場が設けられ、時間の経過と共に話題が失われることはない。

　最後に、SNSでは、ユーザーの信頼性はフォロワー数や投稿の閲覧数により決められる。また、多くの場合、最低限の利用ルールしか設けられていない。そのため、投稿の内容より話題性が重視されがちになる。しかし、コミュニティプラットフォームでは、行動に基づいて各参加者の貢献度が評価され、コミュニティごとに利用ルールが設定されていることが一般的である。結果として、コミュニティでは質の高い情報が集まりやすく、否定的な反応も少なくなる。

　コミュニティプラットフォームの特性に魅力を感じている人々が増えてい

図表3-4-4　主要ソーシャルメディアに関するグーグル検索率推移

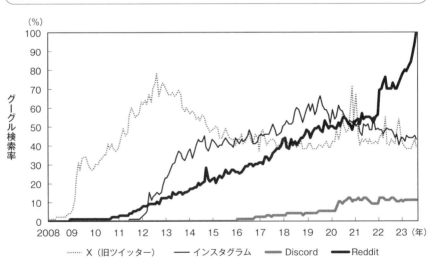

※2008年1月〜2023年8月、北米
※変化を見やすくするため、検索数が多いフェイスブックは除外
（出所）グーグルTrendsの結果から野村総合研究所作成

るのか、2020年以降、フェイスブックやX、「インスタグラム」などの大手SNSのグーグルにおける検索数は減少傾向にある一方で、RedditやDiscordなどのコミュニティプラットフォームの検索数は増加している（図表3-4-4）。この現象は新型コロナウイルス感染症による対面交流の制限と、それに伴うオンラインへの移行が要因と考えられるが、2023年5月に世界保健機関が新型コロナウイルスに関する国際的な公衆衛生上の緊急事態を終了すると宣言した後も上昇傾向は継続している。消費者のコミュニティに対する関心は高まり続けていると言えよう。

企業によるコミュニティ活用を促進するコミュニティテクノロジー

コミュニティテクノロジーとは、コミュニティ形成を促進し、企業による活用を支援する技術である。その機能は「コミュニティ意識の強化」「コミュニティ運営の支援」「ビジネス活用のイネーブラー」に分けられる（図表3-4-5）。

まず、「コミュニティ意識の強化」とは、参加者がコミュニティに所属しているという帰属意識を強化する機能である。米国ヴァンダービルト大学のMcMillan氏とChavis氏による「コミュニティ感覚研究」では、コミュニティ意識の形成に必要な要素として4つが定義されている。①コミュニティの一

図表3-4-5 コミュニティテクノロジーの俯瞰

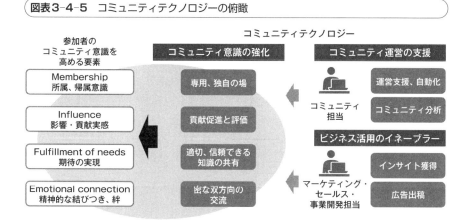

員だと感じる「Membership（所属、帰属意識）」、②自分の行動の影響力を感じる「Influence（影響・貢献実感）」、③参加の期待や目的が満たされる「Fulfillment of needs（期待の実現）」、④感情的なつながりを感じる「Emotional connection（精神的な結びつき、絆）」——である。コミュニティテクノロジーは、招待制のしくみやオリジナルの絵文字の設定、活動内容に応じた貢献度の数値化などを通じて、これらの意識を強化する。

　次の「コミュニティ運営の支援」とは、コミュニティの管理者やモデレーターの業務を効率化・自動化する機能である。これには、コミュニティ参加者の利用状況の分析、ルール違反の検知、重要情報の周知などが含まれる。

　最後に、「ビジネス活用のイネーブラー」として、コミュニティ参加者の利用状況を把握し、ビジネスにつなげる機能がある。投稿されたコメントや写真から製品やサービスに関する顧客の生の声を収集し、インサイトを獲得することや、コミュニティ参加者の趣味嗜好をもとに適切な広告を提示する機能などが含まれる。

コミュニティテクノロジーの活用で先行するRedditとDiscord

　2023年11月時点では、複数のコミュニティプラットフォームが存在するものの、コミュニティテクノロジーの観点で比較するとその差異が明確になる（図表3-4-6）。

　フェイスブックグループは、ユーザー数は多いものの、フェイスブックと同じタイムライン形式を採用しているため、時間と共に話題が変わり知識の共有がしにくい。また、グループチャットとして多くのユーザーを獲得している「Slack」は、コミュニティへの個人の貢献を評価する機能を持たない。これらはコミュニティ意識の強化に課題があると言える。

　一方、Redditはコミュニティへの貢献を数値化することで、参加者がコミュニティにより貢献するように行動を促している。また、AMAなどのイベントを通し、信頼できる情報が集まるしくみも備えている。

　Discordは「サーバーブースト」という、ユーザーの課金によってコミュニティの機能を強化するしくみにより、ユーザーが自らの貢献度を実感でき

図表3-4-6 コミュニティプラットフォームの比較

		Reddit 掲示板形式	Discord グループチャット形式	フェイスブックグループ タイムラインSNS形式	Slack グループチャット形式	note ブログ形式
本社所在地		米国	米国	米国	米国	日本
ユーザー数（月間アクティブユーザー数）		9億1800万人（2022年時点）	1億5400万人（2023年予想）	18億人（2020年5月時点）	5400万人（2023年予想）	6300万人（2020年5月時点）
主要トピックのジャンル		エンタメ、生活、時事、趣味、技術、学習	ファッション、エンタメ、ゲーム、仮想資産	個人売買、慈善活動、育児、趣味、エンタメ	技術、ビジネス、学術	くらし、まなび、しごと、エンタメ、テクノロジー
コミュニティ意識の強化	所属、帰属意識	サブレディット	招待制サーバー、独自絵文字	△	独自絵文字 △	サークル、掲示板
	影響・貢献実感	カルマ	サーバーブースト、バッジ	バッジ △	—	プレミアムユーザー
	期待の実現	投稿の相互評価、AMA	フォーラム	タイムライン形式 △	△	マガジン △
	精神的な結びつき、絆	テキスト △	高品質な音声・ビデオ	テキスト △	テキスト △	テキスト △
コミュニティ運営の支援	運営支援、自動化	○	○	△	○	—
	コミュニティ分析（※）	○	△	—	△	△
ビジネス活用のイネーブラー	広告出稿	○	—	○	○	—
	インサイト獲得（※）	○	○	△	△	△

※サードパーティーのサービス、ツールも合めた評価

るようにしている。また、ノイズキャンセリング機能を備えた高品質な音声やビデオチャットをだれでも利用可能であり、テキスト以上に密な双方向の交流を実現している。加えて、自動化をはじめとしたコミュニティ運営の支援、広告出稿やインサイト獲得などのビジネス活用のイネーブラー機能も備えている。RedditとDiscordはコミュニティテクノロジーの実装で先行している。

特にDiscordは日本語にも対応しており、日本の若者世代を中心に利用者が増えている。東京工科大学の新入生を対象としたコミュニケーションツールの利用実態調査によると、2021年から2023年にかけてDiscordの利用者は34%から46%に増加しており[注3]、Z世代のコミュニケーションツールとしての存在感を高めている。

日本発のコミュニティプラットフォームとして注目されているのが、2014年にサービスを開始し、ユーザーがブログなどの形式で文章や画像、動画などのコンテンツを発信・販売できるメディアプラットフォーム「note」である。2020年には、コミュニティ機能である「メンバーシップ」を開始し、参加者に限定したコンテンツの閲覧や掲示板を通じた双方向の交流が可能になり、コミュニティ意識を高められるようになった。一方で、シンプルなデザインを重視しているため、広告の出稿には対応しておらず、運営支援ツールなども未整備である。

❶ 事例

一部の先行企業はコミュニティプラットフォームの活用を進めている。以下に事例を紹介する。

グッチ：参加者間の交流を通し、製品やサービス自体の価値を届ける

2022年、ファッションブランドのグッチはDiscord上で「GucciVault」と

注3　東京工科大学「新入生の『コミュニケーションツール』利用実態調査」
　　　https://www.teu.ac.jp/press/2023.html?id=108

いうコミュニティを設立した。このコミュニティは、最新情報やサービスを案内したり、商品や配送状況についての質問に回答したりする場として利用されている。

そしてそれだけにとどまらず、このコミュニティではブランドに精通した消費者によるグッチの歴史紹介や、消費者同士によるお気に入り商品の紹介も行われており、これまで以上に製品やサービス自体の価値が消費者に届けられるようになっている。加えて、偽物商品や詐欺アカウントに関する情報など、消費者は知りたいものの、公式ホームページでは取り扱いが難しい情報も消費者主体で共有されており、企業と消費者との新たなかたちの接点になっている。

同社はコミュニティ内の話題について大まかなトピックのみを決め、消費者間の会話の余地を残すことでコミュニケーションを促進している。2023年11月時点で、5万人以上が参加しており、企業と消費者との双方向の交流や消費者同士の会話を通じて、ブランド力の向上に貢献している。

フィデリティ・インベストメンツ：ソーシャルメディアのチャネルを使い分け、幅広い層にリーチ

金融機関もソーシャルメディア戦略の一環としてコミュニティを活用し始めた。米国の金融機関フィデリティ・インベストメンツ（以下、フィデリティ）は、フェイスブックやインスタグラム、リンクドインといったSNSに加え、コミュニティプラットフォームであるRedditやDiscordにも公式のスペースを設けている。

フィデリティでは、SNSは情報や動画の配信、コミュニティプラットフォームは参加者同士の情報交換、および社員との交流や質問の場と定義している[注4]。コミュニティにおける参加者と社員との交流は積極的に行われており、たとえばReddit上では、同社のポートフォリオマネージャーが市況や成長株に関するユーザーの質問に答えるライブイベントなどが定期的に開

注4　Fidelity "Social Media"
　　 https://www.fidelity.com/social-media/overview

催されている。各チャネルが持つコミュニケーション特性に応じたイベントを通じて、若者世代や女性を含む幅広い顧客層にアプローチしている。

デル・テクノロジーズ：ブランドの信頼性を向上させるコミュニティを介したサービス紹介

2022年、コンピュータやITサービスプロバイダーであるデル・テクノロジーズ（以下、デル）は、「I.T. Squad」と題した、企業のIT担当向けのキャンペーンを展開した。このキャンペーンでは、テレワークのシステム環境やプライバシー対策、イノベーションなど、オフィスで頻繁に取り上げられる課題に対するITソリューションの紹介動画を制作し、Reddit上の同社のコミュニティに投稿した。さらに、同社はReddit上でユーザーを招いてその場で質問に答えるライブイベントも実施した。

同社の調査によると、企業のIT担当者の49％はITベンダーを信頼していないとされている。このコミュニティでは、参加者である企業のIT担当者が同業他社の生の声や反応を閲覧するだけでなく、取り上げられた話題についてほかの参加者と対話できる。それらを通して、デルの提供するサービスやその価値に関する理解が深まると共に、第三者の声により納得感を得やすいしくみになっている。加えて、顧客のニーズやフィードバックも直接把握できる。

このキャンペーンは大きな反響を呼び、投稿された動画は7200万回のインプレッションを獲得し、コミュニティの参加者は10倍に増加した。同社の調査によれば、企業への信頼度は200倍に高まったと言う。コミュニティを駆使することで顧客の信頼を獲得したのである。このキャンペーンはWebby賞のノミネートやANA REGGIE賞の受賞など、業界内外からの注目を集めた。BtoCだけでなく、BtoBの顧客接点においてもコミュニティは活用できる。

ミッドジャーニー：サービス提供とユーザー交流の場を統合し、利用を促進

画像生成AIサービスを提供するミッドジャーニー（Midjourney）は、

Discord上のコミュニティと共にサービスを進化させている。同社のサービスは、コミュニティ内でユーザーが画像生成の指示文（プロンプト）を入力することで画像が生成されるようになっている。

コミュニティには、ほかのユーザーが生成した画像の閲覧や参加者同士の使い方を共有する場も設けられている。生成AIによる画像生成は新たな技術のため、ユーザーは指示の仕方や、よりよい使い方について迷うことが多い。ミッドジャーニーは画像生成とユーザーの交流の場を一体化することで、使い方に戸惑う新技術の利用を促進している。

加えて、コミュニティにはサービスに関する質問や、新機能に関する要望を投稿する場も用意されている。ユーザーは利用を開始してすぐに投稿できるため、率直な意見や具体的な不具合情報が集まりやすい。これらはサービスの素早い改善に役立つ。

2022年7月にベータ版として開始したミッドジャーニーは、ユーザーが同じ興味を持つ知人を招待することで、約1年で1500万人規模へと急速に成長した。コミュニティは顧客のエンゲージメント向上に寄与するだけでなく、ビジネス自体の成長も促進できる。

❷ 関連技術の紹介

次に「コミュニティ意識の強化」のほか、「コミュニティ運営の支援」と「ビジネス活用のイネーブラー」を支えている技術を紹介する。

生成AIによるコミュニティ運営の支援

単なる情報発信のWebサイトと比較し、コミュニティの運営負荷は大きい。これは、参加者の発信を促し、企業と参加者の双方向の交流を実現する一方で、参加者の利用状況を確認しながら、適切なタイミングで適切な情報を発信する必要があるためである。これまでは人間の管理者やモデレーターがコミュニティを運営してきたが、作業の自動化が進んでいる。

たとえば、Discordは2023年3月に生成AIを組みこんだ以下のようなツー

ルを発表した。

- 「AutoMod AI」：投稿内容からルール違反の可能性がある参加者を検出し、画像解析によって有害なコンテンツの公開を防止する。
- 「Conversation Summaries」：大量の投稿内容を要約し、管理者やモデレーターがコミュニティ内の話題を把握できるようにする。

これらのツールの活用により、管理者やモデレーターは複雑な要望への対応やエンゲージメント向上のための施策に注力できる。

これまでコミュニティの運営負荷の大きさが企業にとって障壁になっていた。運営支援技術の進化によって、企業のコミュニティ利用が促進されるだろう。

テキストや画像の分析により、参加者の声や体験を洞察

現状のコミュニティプラットフォームは参加者数や投稿数の集計といった基本的な分析機能を備えている。しかし、投稿内容やコミュニティの話題、利用者のエンゲージメントなどの詳細な分析は、サードパーティ企業が担っている。

たとえば、Discordに組みこめる分析ツール「Blaze」は、参加者の行動やエンゲージメントを詳細に分析可能である。チャネルの利用履歴やほかの参加者とのやりとりをもとに、各参加者のコミュニティ内の役割を推定し、エンゲージメントを評価する。さらに、投稿内容や音声チャネルの利用状況から、コミュニティにおける話題の抽出や活発に利用されているチャネルの特定も可能である。

コミュニティ参加者の多くは複数のソーシャルメディアを利用していることから、複数サイトを横断した分析にもニーズがある。それはコミュニティプラットフォームでは対応できないため、サードパーティ企業の出番となる。

たとえば、「Talkwalker」は、フェイスブックをはじめとしたSNSや企業のオウンドメディア、Redditなどのコミュニティプラットフォームを横断した分析を可能とするソリューションを提供している。このソリューションを

利用すれば、参加者が複数のサイトを利用する中で、どのような情報に触れ、どのような印象を抱くかといったユーザー体験に関する洞察が得られる。

　Talkwalkerは投稿の内容だけでなく、ポジティブかネガティブかといったセンチメントも把握できる。加えて、投稿画像を分析し、テキストとしては書かれていない企業名や商品名も把握可能である。高度な分析機能を備えたソリューションの活用により、管理者やモデレーターはコミュニティ内の状況を把握し、参加者の思考や体験を深く理解できるのである。

進化するコミュニティ内の広告出稿

　広告出稿に対応するコミュニティプラットフォームは、参加者の増加と共に機能を進化させている。2023年6月、Redditは企業向けの新たな広告管理機能「Product Ads」を発表し、これまでコミュニティ単位でしか行えなかった参加者の趣味・嗜好の分析を投稿単位で可能にした。たとえば、家電に関するコミュニティ内で化粧品の話題が挙がれば、化粧品の広告を表示できるようになった。参加者はさまざまな興味を持ち、コミュニティ内の会話は多岐にわたるため、この機能は広告のコンバージョン率の向上に寄与すると期待されている。

　新機能の導入により「Shop Now」ボタンも設置可能になり、Reddit上で広告として表示された商品を直接、購入できるようになった。Redditの調査によれば、コミュニティユーザーの85％がコミュニティの情報を商品購入の判断材料にしている。コミュニティ内の会話である商品に興味を持った参加者が、すかさず関連商品の紹介を受け、スムーズに購入に至る流れが形成されつつある。

③ ITロードマップ

　図表3-4-7にコミュニティテクノロジーのロードマップを示す。

図表3-4-7 コミュニティテクノロジーのロードマップ

	～2023年度	2024年度	2025年度	2026年度	2027年度	2028年度～
全体	先進企業が顧客との交流の場として活用開始		利用者拡大に伴う、顧客接点としての重要性増			顧客接点の主要チャネルに
関連技術動向	コミュニティの場	コミュニティプラットフォームの黎明期	コミュニティプラットフォームの普及			プラットフォームとオウンドメディアの連携
		オウンドメディアコミュニティの黎明期		オウンドメディアコミュニティの普及		
	コミュニティ運営の支援	生成AIを活用した運用ツールの登場		生成AIを活用した運用ツールの普及、コミュニティ運営の負荷軽減		
				インフルエンサーの発見や、問題行動などのリスクの特定		
	ビジネス活用のイネーブラー	ユーザー属性や投稿数など、簡易な分析		利用者の拡大に伴う広告利用の増加		
		大量画像分析の普及		マルチモーダル分析の普及		
		先行企業による広告活用				
ユースケース		限定情報のアナウンス	本格的なブランディングやマーケティングへの活用			具体的なビジネスでの活用
			小売り・アパレルにおけるユーザーと企業の共創の開始			

〜2024年度：黎明期

コミュニティプラットフォームの登場に伴い、先進企業は特定の商品やサービスのファンを対象としたコミュニティの活用を始める。これらのコミュニティは、限定情報をはじめ、そこでしか得られない情報を発信する場として主に利用される。

生成AIを活用した運用ツールが登場し、投稿の監視や参加者の管理などの運営業務の効率化や自動化が進む。また、投稿数や参加者数の計算など、簡易な可視化が行われる。さらに、テキスト分析に加え、写真などの画像分析を通じて、ユーザーの投稿内容をより正確に捉えることが可能になる。

2025年度〜2027年度：発展期

コミュニティプラットフォームの普及に伴い、コミュニティを利用する消費者が増加する。コミュニティの利用が一般化することで、企業が自社のオウンドメディアとして提供するコミュニティも多く登場する。

参加者数の増加はコミュニティ運営における負荷を高めるが、成熟した運用ツールの普及がこれを支える。管理者の手作業による投稿内容の把握や参加者の管理が難しくなるにつれ、行動特性に基づくインフルエンサーの発見や、問題行動の特定などの分析技術の利用が進む。テキストや画像、動画など複数のメディアを同時に扱うマルチモーダル分析が普及する。企業は参加者の状況やコミュニティ内の話題をより深く理解することが可能になる。

さらに、参加者数の増加はコミュニティを活用したブランディング、マーケティングの本格化を促す。加えて、生成AIの進化により利用者が思考やアイデアをかたちにしやすくなることで、小売企業やメーカー、アパレルなどの企業は消費者と製品やサービスを開発する「共創」を開始する。共創の推進には、熱心な消費者の参加と共に、発想や制作のきっかけとなる企業独自の画像やキャラクターなどの提供が重要となる。オンラインコミュニティは、趣味嗜好が共通する消費者が集まり、企業のIP（知的財産）を管理しやすいため、共創の場としても利用される。

2028年度〜：普及期

コミュニティはWebサイトやスマートフォンのアプリと並ぶ、顧客接点の主要なチャネルとしての地位を確立する。コミュニティプラットフォームとオウンドメディアコミュニティは連携を深め、それぞれの特性を生かした使い分けがなされる。認知拡大や集客にはコミュニティプラットフォームを、参加者のエンゲージメント向上や生の声の収集はオウンドメディアで、といった具合である。コミュニティの多様化に伴い、運営支援ツールや分析サービスは、複数のコミュニティにまたがる機能を持つようになる。

製品やサービスの販売など、具体的なビジネスにおけるコミュニティの利用も進む。実ビジネスでの利用には、社内の顧客管理や販売管理システムとの連携も必要になるため、厳密な認証にも対応できるオウンドメディア・コミュニティが選択される。

❹ 5年後の利用イメージ

顧客接点だけでなく、製品やサービスのマーケット参入戦略でも、コミュニティが活用される。製品やサービスの選択肢が増えるにつれて、消費者はその量に圧倒されるようになる。同時に、価値観の多様化と共に大衆向けの情報の有用性が減少する。

このような状況においては、消費者は自分の趣味嗜好に近いコミュニティに参加することを選び、効率的な情報収集や、ほかの参加者と共に利用方法を習得する傾向が強まる。そして、自らが製品やサービスのファンになると、その魅力と共にコミュニティの存在を友人や家族に伝え、広める役割を担い、コミュニティはますます成長する。さらに、コミュニティという場や参加者同士のつながりは、製品やサービスの利用継続のモチベーションを高め、解約を自然に防止する効果も期待できる。

コミュニティ主導のマーケティング戦略は製品やサービスの成長を促進する。特に、契約や解約がしやすいサブスクリプション型の製品や、クラウドベースのソフトウェアサービスにおいてこの戦略は有効である。

⑤ 実現に向けた課題

　コミュニティの設立と運営には、従来のWebサイトとは異なるアプローチを必要とする。これは、コミュニティの主役は参加者であり、参加者の活動を促すことが、コミュニティの成長につながるからである。そのため、企業は参加者の自由な交流を促進する「後方支援」に徹することが望ましい。コミュニティ内の交流には、双方向かつ密接なコミュニケーション方法が適しているため、企業と参加者との交流でも、文字だけでなく音声やビデオチャット、対面イベントなどを組み合わせることが有効である。

　参加者は自己の興味関心を満たすためにコミュニティに参加する。そのため、コミュニティ内で得られる特別な情報やイベントの開催は参加者にとって魅力的である。たとえば、アディダスはコミュニティ向けに限定商品を販売し、新商品開発の舞台裏をのぞけるツアーを実施している。このような取り組みにより、企業はコミュニティの参加者と共通の活動目的や価値観を共有することが可能になる（図表3-4-8）。

　コミュニティの運営には、参加者の状況を見極め、適切なタイミングで情報を発信し、イベントを開催することが求められる。そのため、専任のコミュニティマネージャーを配置することが望ましい。前述のグッチはコミュニティ設立時に、専任のコミュニティマネージャーを雇用している。その際、コミュニティに向き合う時間を確保するために、運営の負荷を軽減する技術の活用が必要になる。コミュニティの立ち上げには多岐にわたる考慮点が存在するため、数ヵ月を要するのが一般的である。企業内の活動として定性的な報告だけではなく、状況を定量的に分析した報告が必要になる。そのために、分析・可視化技術が欠かせない。

　コミュニティが成長し、多くのユーザーが参加するようになると新たなリスクも生じる。2021年にReddit内の株取引コミュニティ「WallStreetBets」

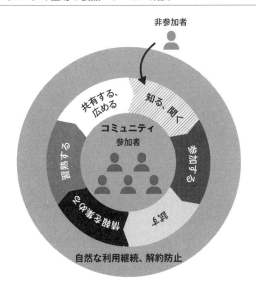

に集まった個人投資家が過度に空売りされている特定の銘柄を集中的に購入し、ヘッジファンドが買い戻しを余儀なくされる事態が発生した。これは「WallStreetBets現象」と呼ばれ、株式市場に大きな混乱をもたらし、社会的な注目を集めることとなった。

　これらの課題が内在するとしても、企業はコミュニティから距離を置くべきではない。現代のニーズに応える、顧客との新しい関係を築ける重要な接点になるからである。決して簡単ではないが、いち早くコミュニティを利用した顧客との関係構築に取り組んだ企業は、市場における唯一無二の競争力を手に入れることができるだろう。

第 4 章

セキュリティの新潮流
～人と技術の融合へ～

4.1 コグニティブセキュリティ

行動に悪影響を与える攻撃から個人や組織を守る

エグゼクティブサマリ

●サマリ

・IT・AI技術の進展は、偽情報や不正確な情報、そのほか有害な情報の発生と拡散を後押しする要因となっている。

・情報による攻撃から人や社会を守るには、人の「認知（コグニティブ）」を考慮したセキュリティが必要である。

・コグニティブセキュリティの具体的な研究領域には、偽・誤情報、フィッシング、ユーザブルセキュリティなどがある。

●ロードマップ

・2023年度〜2024年度：生成AI悪用による攻撃の増加・高度化。

・2024年度〜2025年度：AIが作成したコンテンツの透明性向上。

・2024年度〜2025年度：AIが作成したコンテンツの検出技術向上。

・2024年度〜2026年度：プラットフォーマーのコグニティブセキュリティ対策が進む。

・2024年度〜：AIに関する規制の強化。

・2025年度〜2026年度：偽・誤情報を検出する新たなソリューションの登場。

●課題

・IT・AI技術の進展はセキュリティ対策を向上させる一方で、攻撃の高度化・効率化にも影響を与える。

・昨今のシステムの高度化・複雑化により、ユーザーに求められるセキュリティに関する判断や行動も複雑化している。

近年のデジタル化の進展に加え、IT・AI技術の急速な発展により、これまで人が行っていた作業をAIやロボットが代行・支援するケースが増えている。2016年に内閣府が提唱した「Society 5.0[注1]」での未来社会像が実現されつつあり、その結果、人、サイバー、物理の3つの領域が重なり、絡み合うようになってきている。また、ChatGPTのような生成AI技術の目覚ましい進歩は、多くの分野において、それらを活用するユーザーに創造的なコンテンツを効率的に作成できるようにした。

　一方、このような技術の進歩や活用が進むことで、偽情報、偏った情報、不正確な情報、そのほか有害な情報の発生と拡散を後押しする要因となっている。インターネット経由でさまざまな情報を受け取る現在は、人々は日々多くの情報攻撃にさらされている。実在する組織を装って情報を窃取しようとするフィッシングは年々増加している。また、SNSにより情報を容易に発信できるようになった一方で、虚偽の情報が含まれるフェイクニュースが世論を誘導したり、人々の不安を煽ったりする問題も発生している。新型コロナウイルス感染症に関する真偽の定かでない情報がSNSで拡散され、人々に不安を与えたことは記憶に新しい。

　さらに前述の通り、人、サイバー、物理の融合が進んでいることで、それらの社会的な影響はますます大きくなる。こうした情報による攻撃から人や社会を守るために、人の「認知（コグニティブ）」を考慮したセキュリティの必要性がさまざまな研究機関で議論されており、心理学、社会学、経済学、法学などを含めた総合的な対策の研究が望まれている。AIをはじめとした技術の進化や活用により、人の認知にどのような課題が生じたかを知ることは非常に有意義であり、コグニティブ領域でのセキュリティは緊急度が高い。

注1　内閣府『Society 5.0』、https://www8.cao.go.jp/cstp/society5_0/index.html

❶ コグニティブセキュリティ

コグニティブセキュリティとは何か

　コグニティブセキュリティとは、認知を意味する「コグニティブ」と「セキュリティ」をあわせた言葉で、人間の認知や行動、意思決定に悪影響を与える情報攻撃から個人や組織、社会を守るためのセキュリティを指す。フィッシング攻撃など人の心理的な隙やミスにつけこむソーシャルエンジニアリングや、フェイクニュースにみられるように、オンラインやオフラインでの悪意を持った誘導・干渉によって人々の思考や行動に影響を与える問題に対処するための技術の総称である。

　コグニティブセキュリティでは、図表4-1-1に示すように、フィッシングメールやフェイクニュースなどを受け取ったときの人の認知・行動、意思決定の原理を理解することが基礎となる。また、防御策の構築では、攻撃の観

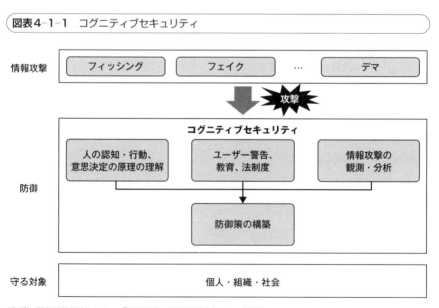

図表4-1-1　コグニティブセキュリティ

情報攻撃　　フィッシング　　フェイク　　…　　デマ

攻撃

コグニティブセキュリティ

防御　　人の認知・行動、意思決定の原理の理解　　ユーザー警告、教育、法制度　　情報攻撃の観測・分析

防御策の構築

守る対象　　個人・組織・社会

（出所）研究開発戦略センター『研究開発の俯瞰及び重点テーマ検討』
　　　　https://www.soumu.go.jp/main_content/000859516.pdf

研究テーマ	概要
Active Social Engineering Defense（ASED）	ソーシャルエンジニアリングの検出・分析・防御技術の開発
Semantic Forensics（SemaFor）	フェイクの検出技術の開発
Influence Campaign Awareness and Sensemaking（INCAS）	大規模な情報攻撃の検出・分析・追跡技術の開発

（出所）研究開発戦略センター『研究開発の俯瞰及び重点テーマ検討』
　　　　https://www.soumu.go.jp/main_content/000859516.pdf

測・分析に基づく情報攻撃の検知などに加えて、ユーザーへの効果的な警告方法やセキュリティリテラシー向上のための教育プログラム、法制度の検討も必要になる。

　そのため、ITに加え心理学や社会学、経済学、法学などの人文・社会科学の知見をあわせた「総合知」により研究開発を進めることが重要となる。米国国防高等研究計画局（DARPA）でも安全保障上重要な研究開発領域であると考え、フィッシングやフェイクなどによる情報攻撃の検知技術など、コグニティブセキュリティにかかわる研究開発を推進している（図表4-1-2）。

コグニティブセキュリティが注目を集めている理由

　コグニティブセキュリティが大きな注目を集めている背景には、冒頭に述べた、人、サイバー、物理の3つの領域の融合や、IT・AI技術の進展に加え、セキュリティとトラスト（信頼性）の重要性が高く認識されるようになってきたことがある。デジタル化やIT・AI技術の採用が進む社会に対して過度に不信・警戒を持つことなく、さまざまな可能性・恩恵を受けるには「デジタル社会における新たなトラスト形成」が不可欠な要素となる。環境の変化に伴って新たに課題やリスクが生じるのであれば、加えて、生成AI技術のように社会的にインパクトの大きな影響が想像される場合は、人々、組織、国家に影響を与える新たな力学を理解し、対策に取り組んでいくことで、社会のトラストを形成する必要がある。コグニティブセキュリティの確

前年順位	個人	順位	組織	前年順位
1位	フィッシングによる個人情報等の詐取	1位	ランサムウェアによる被害	1位
2位	ネット上の誹謗・中傷・デマ	2位	サプライチェーンの弱点を悪用した攻撃	3位
3位	メールやSMS等を使った脅迫・詐欺の手口による金銭要求	3位	標的型攻撃による機密情報の窃取	2位
4位	クレジットカード情報の不正利用	4位	内部不正による情報漏えい	5位
5位	スマホ決済の不正利用	5位	テレワーク等のニューノーマルな働き方を狙った攻撃	4位
7位	不正アプリによるスマートフォン利用者への被害	6位	修正プログラムの公開前を狙う攻撃（ゼロデイ攻撃）	7位
6位	偽警告によるインターネット詐欺	7位	ビジネスメール詐欺による金銭被害	8位
8位	インターネット上のサービスからの個人情報の窃取	8位	脆弱性対策の公開に伴う悪用増加	6位
10位	インターネット上のサービスへの不正ログイン	9位	不注意による情報漏えい等の被害	10位
圏外	ワンクリック請求等の不正請求による金銭被害	10位	犯罪のビジネス化（アンダーグラウンドサービス）	圏外

（出所）情報処理推進機構（IPA）『情報セキュリティ10大脅威 2023』
https://www.ipa.go.jp/security/10threats/10threats2023.html

保はそうした状況に該当するテーマであると言える。

　また、コグニティブを狙った攻撃は近年で最も考慮すべき攻撃の1つであるという事実がある。情報処理推進機構（IPA）が毎年発表する社会的に影響が大きな情報セキュリティ事案において、近年はコグニティブを狙った攻撃が上位にランクインし続けている状況にある（図表4-1-3）。

コグニティブセキュリティの技術分野

コグニティブセキュリティが関連する具体的な研究領域には、以下がある。

- 偽・誤情報（Disinformation, Misinformation）
- フィッシング（Phishing）

- ユーザブルセキュリティ（Usable Security）

次にそれぞれについて解説する。

偽・誤情報（Disinformation, Misinformation）

偽・誤情報とは

偽情報（Disinformation）と誤情報（Misinformation）は、両方とも誤った情報を指し、その意図によって分類される。誤情報は、単に誤って広められた情報であり、発信者に悪意がない場合である。たとえば、誤解に基づいて広められた情報がこれに当たる。一方、偽情報は、悪意を持って故意に広められた情報を指す。たとえば、政治的な目的や経済的な利益のために、虚偽の情報を広めることが該当する。

日本ではフェイクニュース（Fake News）という表現がよく使われるが、フェイクニュースは偽情報に該当するケースで用いられていることが多い。ただし、使われ方はあいまいであり、国際的にはDisinformation、Misinformationという表現が用いられるようになってきている。偽情報と誤情報は図表4-1-4のように分類できる。

さらに、フェイクニュースと似た言葉にディープフェイクがある。狭義にはAI技術を用いて「巧妙に一部を改竄した写真・動画」を指すが、現在ではゼロから作成されたものも含めて、AIを用いて作成された偽写真・動画

（図表4-1-4　偽情報と誤情報

偽情報（Disinformation）	誤情報（Misinformation）
騙すつもりがある 例： • 情報操作（ディープフェイク、偽造写真、偽のWebサイト） • 全体の文脈から切り取る（部分的な引用、統計を部分的に活用） • 架空の内容	**騙すつもりはない** 例： • クリックベイト（センセーショナルな見出しをつける、釣りタイトル） • 風刺・パロディ（誇張されたユーモラスな表現） • デマの掲載（意図せず誤った情報を掲載する）

全般を指すことが多い。

偽・誤情報対策の動向（海外）

　米国では、偽・誤情報の流通への対応として、オンラインでサービスを提供するプラットフォーマーの責任を高めようとする動きがある。

　米国通信品位法230条は、プロバイダーの免責を定めた米国の連邦法だが、現状SNS上の言論を担保するセーフ・ハーバー・ルールとなっており、プラットフォーマーがユーザーの不適切な投稿を放置しても免責される法的根拠となっている。そこで、免責規定について、一定の要件のもとにプラットフォーマーに偽・誤情報の流通に関して責任を負わせる方向での議論が行われている。2023年6月には、SNSなどに投稿されたコンテンツに対してプラットフォーマーの免責を定める同条項の適用について、AIが作成したコンテンツに関しては例外とする法案が発表された[注2]。ディープフェイクへの対処を念頭に置いたものとみられている。なお、ニューヨーク州やマサチューセッツ州など、州単位ではディープフェイクを規制する法案が2023年2月に提出されている。

　欧州では2022年6月に、偽情報に関する行動規範「The 2022 Code of Practice on Disinformation」が公表され[注3]、グーグル、メタ・プラットフォームズ、マイクロソフト、バイトダンス（ティックトック）など30以上の企業・団体が署名している[注4]。同行動規範では、偽情報の拡散を防ぐために、企業は偽アカウントをチェックしたり、政治広告は誰が出稿しているのかなど、透明性を高めたりすることが求められる。また、ディープフェイクの取り締まりも促しており、フェイクニュースには広告を表示しないよう求め、偽情報の発信元が広告収入を得られないようにする。2023年1月には、

注2　ロイター『米共和・民主上院議員、生成AI巡るSNSの免責廃止法案提示』（2023年6月15日）
　　　https://jp.reuters.com/article/usa-ai-congress-idJPL6N3860EB
注3　欧州委員会『The 2022 Code of Practice on Disinformation』
　　　https://digital-strategy.ec.europa.eu/en/policies/code-practice-disinformation
注4　日本経済新聞『EUの偽情報対策の行動規範　グーグルやメタが署名』（2022年6月17日）
　　　https://www.nikkei.com/article/DGXZQOGR16EAQ0W2A610C2000000/

行動規範に署名した企業・組織が活動をまとめたレポートが、透明性セン
ター（Transparency Centre）[注5]上で公開されている。

偽・誤情報対策の動向（国内）

　総務省では、民間による自主的な取り組みを基本とした対策を進めると同
時に、総務省にて実態の把握や評価を継続的に実施することを基本的な方針
としている[注6]。2023年5月にはヤフー、ライン、グーグル、メタ・プラット
フォームズなどの著名プラットフォーマーの偽情報対策の自主的な取り組み

図表4-1-5　プラットフォーム事業者による偽情報対策（抜粋）

事業者	課題	対策例	
ヤフー	正確な情報の迅速な伝達は行っていたが、ファクトチェックに特化した記事の配信は少ない	・「Yahoo!ニュース」では、公共性の高い情報やデマを打ち消す情報を最も目立つ場所に掲載 ・「Yahoo!」トップページでは、生命財産にかかわる重大事項について、メディアから提供を受けたコンテンツや情報収集した特設サイトに誘導など	・ユーザー動線の各所にフェイクニュース対策のコンテンツや偽情報打ち消し記事などを配置することにより、多数のユーザーに注意喚起を含めた情報を提供 ・信用できる情報の届け方のパターンを開発
LINE	「LINEオープンチャットが有害情報の温床となっている」かのような論調	・オープンチャット安心・安全ガイドラインに基づく削除などの強化、ユーザーへの啓発 ・画面を開いた瞬間に出るポップアップにより注意喚起	・明らかなデマやフェイクニュースをテーマとしたオープンチャットが検索結果に出現しなくなった ・「オープンチャットが有害情報の温床となっている」という論調が減少
グーグル	社会における適切な対策を検討するために、日本の実態調査が必要	・3年間で1万5000人以上を対象に、偽・誤情報に関する人々の行動を調査分析 ・対象とした偽・誤情報は広範囲で、国内で広く拡散されたコロナワクチンデマも含む	・日本における偽・誤情報の拡散範囲や、騙されやすい人の特徴が明らかになった ・総務省の有識者会議や啓発教材で共有・引用

（出所）総務省『プラットフォーム事業者による偽情報等への対応状況のモニタリング結果について』（2023年5月）
　　　　https://www.soumu.go.jp/main_content/000882503.pdf

注5　Transparency Centre『Discover the Code of Practice on Disinformation』, https://disinfocode.eu/
注6　総務省『偽情報対策に関する総務省の取組について』（2023年5月）

についてヒアリングした結果を、関係者間で参照可能な「取組集」として公表している（図表4-1-5）[注7]。

偽・誤情報を検出する技術・ソリューション

偽・誤情報を検出するソリューションは、大きく「コンテンツ内容の検証」「コンテンツ作成者の検証」に分類できる（図表4-1-6）。ディープフェ

図表4-1-6　偽・誤情報を検出するソリューション例

分類	名称	概要
コンテンツ内容の検証	Microsoft Video Authenticator	● ディープフェイク動画、画像を検出 ● リアルタイムで動画の信頼性を表示、検出したディープフェイク部分を赤枠で表示
	Reality Defender	● ディープフェイク、生成AIが作成したコンテンツを検出 ● NATO、米国国防総省、米国国土安全保障省などが採用
	SYNTHETIQ VISION	● AIが作成したフェイク顔映像を自動判定 ● 判定対象の映像をアップロードし、判定結果を示した映像をダウンロードできる
	The News Provenance Project	● 偽・誤情報を防止するために、ブロックチェーンを利用してニュース画像の信頼性を確認
	ファクトチェック支援システム	● 疑義言説を収集してデータベース化し、ファクトチェックを行うシステム ● ファクトチェックの普及・推進活動を行っている非営利団体が開発
	Truly Media	● 「X（旧ツイッター）」「フェイスブック」「ユーチューブ」などのソーシャルメディア上のコンテンツの信頼性を監視
コンテンツ作成者の検証	NewsGuard	● ニュースメディアの信頼性を人間が評価
	SocialTruth Project	● 「X」の情報を対象に信頼性を検証 ● アカウントの投稿傾向を分析し、Botや偽アカウントを検出

注7　総務省『プラットフォーム事業者による偽情報等への対応状況のモニタリング結果について』（2023年5月）、https://www.soumu.go.jp/main_content/000882503.pdf

イクや生成AIで作成されたコンテンツであることを検出するツールが登場しており、画像、テキストなど評価対象によってさらにソリューションが分かれる。ただし、マルウェア（悪意のあるソフトウェア）などと同様に、検出を回避する技術が新たに登場すると想定され、イタチごっこの様相を呈すると考えられる。

 ## フィッシング（Phishing）

フィッシングとは

フィッシングとは、人を騙してログイン情報（ユーザーIDやパスワードなど）、クレジットカード番号、企業の機密情報などの価値のある情報を窃取するサイバー犯罪行為を指す。フィッシングは、送信者を詐称した電子メールを送りつけたり、電子メールやSMSに、Webサイトなどのリンクを置いて、リンクから偽サイト（フィッシングサイト）に誘導したりすることで行われる。フィッシング自体は1990年代ごろからあるが、人を騙す手口や悪用される技術の高度化によって、インターネット上で最も大きな脅威の1つとなり、またコグニティブ領域におけるセキュリティ対策を必要とする攻撃となっている。

フィッシングの現状

2022年は世界的にフィッシングの記録的な年となった。Anti-Phishing Working Group（APWG）によると、470万件を超える攻撃が記録され[注8]、フィッシングの数は2019年以降、年間150%以上増加している。日本でも同様に増加傾向にあり、フィッシングの届け出件数は、2022年は前年と比較して著しく増加しており（図表4-1-7）、ECサイト大手、クレジットカード会社などのなりすましが多く報告されている[注9]。

注8　APWG『PHISHING ACTIVITY TRENDS REPORTS』, https://apwg.org/trendsreports/
注9　フィッシング対策協議会『フィッシングレポート2023』（2023年6月）
　　　https://www.antiphishing.jp/report/phishing_report_2023.pdf

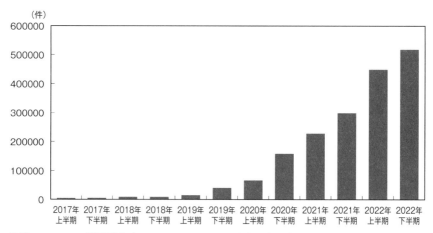

図表4-1-7　国内のフィッシングの届け出件数

(件)

2017年上半期 2017年下半期 2018年上半期 2018年下半期 2019年上半期 2019年下半期 2020年上半期 2020年下半期 2021年上半期 2021年下半期 2022年上半期 2022年下半期

（出所）フィッシング対策協議会『フィッシングレポート 2023』（2023年6月）

　また、ChatGPTの登場以降、サイバー攻撃への転用が早速検討され、その実証や手法の研究が進んでいる。マルウェアの作成は可能性の模索段階だが、フィッシングメールの作成は早々に実用レベルにあると話題に上った。地下経済[注10]の市場では、生成AIにどのような指示をすれば悪用可能なフィッシングメールを作成できるかの活発な議論と、その成果が販売されるなどの行為がすでに観測されている。実際に攻撃に応用されているかどうかは不明ながら、仮に攻撃に悪用されているとしても、そもそも判別できない可能性もある。

　そのほか新たなフィッシングの手法としては、AIを活用した動画での攻撃が観測されている。フィッシングメールであれば、メール本文で伝える内容をそのまま動画にして伝えることで、メールのセキュリティ対策製品を回避するという手法である。

注10 税制や政府による種々の規制の範囲外で行われているインフォーマルな経済活動

図表4-1-8 フィッシング対策例

分類		対策例
人に対する対策 （教育・注意喚起）		• 研修（攻撃の手口、被害事例の共有など） • メール訓練・フィッシング訓練
システム での対策	情報入手時の信頼性の確保	• 送信ドメイン認証技術の採用、DMARCのreject設定 • スパムメール対策製品・サービスの導入
	システム利用時の信頼性の確保	• サーバー証明書の導入 • 複数要素の認証の要求（ログイン時、重要なトランザクション）

フィッシング対策

フィッシングの手口は、人の心理の隙を突く古くからある詐欺をインターネットの世界に応用したものである。対策は、人に対する対策（教育・注意喚起）と、システムでの対策に分類できる。システムでの対策はさらに、インターネットのユーザーが情報を入手する際の信頼性を確保することと、直接的な被害につながるシステム利用時の信頼性を確保することに分類できる。前者は、メールであればDMARC[注11]の適切な導入などが対策となり、後者は、ログイン時や重要なトランザクションにおける複数要素の認証の導入などが対策となる（図表4-1-8）。

ただし、システムで完全に対策できることが望ましいものの、騙す側、騙される側がいずれも人であることから、インターネット経由での人とのコミュニケーションを絶たない限りは、抜け道を完全に防ぐことは難しい。インターネットユーザーの基本的なリテラシーとして、攻撃の手口や被害事例などについて教育することは最低限必要なアプローチである。

また、昨今の生成AIの普及を考慮すると、今後は前項で述べたような「AIが作成したコンテンツであるかどうか」の切り分けが、フィッシング攻撃の検知手法として重要となる可能性がある。たとえば、OpenAIではこうした攻撃の検知ツールの制作に2019年時点で着手しており、ChatGPTリ

注11 Domain-based Message Authentication, Reporting and Conformanceの略で、電子メール認証プロトコルの一種。ドメイン所有者が保有するドメインを、第三者に認証を通さずに利用されることを防止する目的で設計された

リース後に急ピッチで改善を進めているが、それでも、正しい「検知率（真陽性）26%」「誤った検知率（疑陽性）9%」程度にとどまっている[注12]。

④ ユーザブルセキュリティ（Usable Security）

ユーザブルセキュリティとは

　ユーザブルセキュリティという言葉は「ユーザビリティ（有効性・効率性・満足度）」と「セキュリティ」をあわせた表現である。ユーザブルセキュリティとは、人とシステムとの関係性において生じるセキュリティ・プライバシーの脅威を分析して解決することを目的としたセキュリティを指す。システムを対象としたセキュリティとは異なり、ユーザーを中心とし、ユーザーの行動特性や心理特性を把握し、既存技術の実装・運用改善や新技術の開発に応用することで、採用するセキュリティ・プライバシーの技術自体は変えることなく、ユーザビリティの向上を実現するという考え方である。

ユーザブルセキュリティの例

　たとえば、ブラウザーの警告表示で、同じ内容をユーザーに伝えるとしても、ユーザーに無視されないようにするためには、アイコンや警告文、色合いなどをどのようにすべきかを実際に調査した研究がある[注13]（図表4-1-9）。この検証ではA〜Dの4種類の警告のうち、ユーザーが最も警告の内容に従ったのはパターンCとなった。したがって、このケースではパターンCのデザインを採用することが、ユーザーへの伝え方として最もふさわしいということになる。なお、パターンAは「グーグルクローム」のバージョン36の警告表示であり、パターンCは同37の警告表示である。

　そのほかの例として、「パスワードの有効期限の設定（定期的なパスワード変更の要求）がシステムのユーザーにどのような影響を与えるのか」とい

注12 OpenAI『New AI classifier for indicating AI-written text』
　　 https://openai.com/blog/new-ai-classifier-for-indicating-ai-written-text
注13 https://dl.acm.org/doi/pdf/10.1145/2702123.2702442

図表4-1-9　ブラウザーで表示する警告のパターン（A〜D）

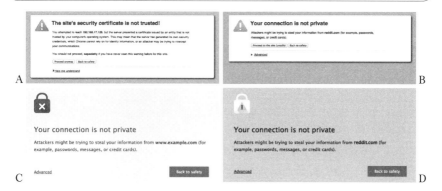

う研究がある。定期的なパスワード変更はユーザーに対して「常に新しいパスワードを作成して、新たに覚えさせる」という負担を強いる。実際のユーザーの行動をもとに、パスワードの変換パターンを分類して状態遷移を分析することで、効果を検証するという研究である[注14]が、その結果、パスワードの有効期限の設定による効果は低いことが判明した。NIST SP800-63-3（デジタルアイデンティティガイドライン）[注15]で、定期的なパスワード変更の必要性をなくす方針が採用されているのはこのような研究がインプットの1つとなっている。

ユーザブルセキュリティへの期待

　昨今のシステムの高度化・複雑化により、ユーザーに求められるセキュリティに関する判断や行動も複雑化しているが、このようなアプローチにより、人々がセキュリティ・プライバシーに関して適切に判断できるように促すことができる。ユーザーのリテラシーの差によって、本来受けられるはずのシステムの恩恵を逃したり、従うべき警告を見逃したりすることがないよう、ユーザブルセキュリティの研究や実践が進むことで、より安全かつ快適

注14 The ACM Digital Library『The security of modern password expiration:an algorithmic framework and empirical analysis』、https://dl.acm.org/doi/10.1145/1866307.1866328
注15 NIST『Digital Identity Guidelines』、https://pages.nist.gov/800-63-3/

なサイバー空間が実現されることが期待される。

❺ ITロードマップ

図表4-1-10にコグニティブセキュリティのITロードマップを示す。

2025年度〜2026年度：

　メールやSMSなどによるソーシャルエンジニアリングやフェイクニュースの作成で、文章、音声、動画などを効率的に、かつ本物により近づけるために、生成AIが利用されるようになる。一方で、生成AIが作成したコンテンツであることを検出する技術の向上、新たなソリューションの登場により、動画サービスやニュースサイトなどのプラットフォーマーのセキュリティ対策が進む。

図表4-1-10　コグニティブセキュリティのITロードマップ

	〜2023年度	2024年度	2025年度	2026年度
世間動向		生成AI悪用による攻撃の増加・高度化		
			AIに関する規制の強化（AI Actなど）	
企業対応		AIが作成したコンテンツの透明性向上		
			プラットフォーマーのコグニティブセキュリティ対策が進む	
ソリューション		AIが作成したコンテンツの検出技術向上		
			偽・誤情報を検出する 新たなソリューションの登場	

2024年度〜：

　ユーザーが信頼できるAIを開発し、AIを安全・安心に利用できるようにするための法制度の議論、規制が進み、AIシステムの安全性評価やAI製のコンテンツであることを識別できるようにするなど、企業での対策が進む。

ダークパターン

　近年、欧米を中心に「ダークパターン」と呼ばれる、消費者を無意識のうちに誘導するなどして不利益な選択をさせるサービス設計の方法が問題視されている。有名な事案としては、2022年12月に、オンラインゲーム「フォートナイト」が、意図しないアイテム購入を促すゲームの設計をしていたとして、米国連邦取引委員会（FTC）は、開発元の米国のエピックゲームズに対して「5億2000万ドルの制裁金を科す」と発表し、ダークパターンに対する制裁事案として大きな注目を集めた。

　また、ダークパターンを禁止する法律としては、EUでは2022年11月より施行されたDSA（Digital Service Act：デジタルサービス法）において、オンライン上でのダークパターンを禁止する条項が盛り込まれた。また、米国でもCCPA（California Consumer Privacy Act：カリフォルニア州消費者プライバシー法）の改正法で2023年1月から施行されたCPRA（California Privacy Rights Act：カリフォルニア州プライバシー権法）において「ダークパターンにより得られた合意は同法で定める『同意』として認めない」という条項が盛り込まれている。

　このように欧米を中心にダークパターンへの対応の必要性が高まっていることを踏まえ、本コラムではダークパターンの概要について整理すると共に、欧米の規制動向、および日本における現在の議論の動向を紹介する。

❶ダークパターンとは何か

　ダークパターンは、ユーザーエクスペリエンス（UX）の専門家であるハリー・ブリヌル（Harry Brignul）氏が2010年に自身のWebサイト「Dark Patterns（現在はDeceptive Patterns）」[注1]で、「何かを購入したり署名さ

注1　https://www.deceptive.design/

せたりなど、意図しないことをさせるWebサイトまたはアプリで用いられるトリック」をダークパターンと呼び、これらを問題視したことがきっかけだと言われている。

　以降、さまざまな機関や研究者によってダークパターンの研究が進められてきたが、ダークパターンの定義は機関ごとにさまざまであり、統一的な定義は定まっていない。この点について、たとえば経済協力開発機構（OECD）が2022年10月に公表した「OECDダーク・コマーシャル・パターン」というレポートでは、以下のように定義されている[注2]。

　「『ダークパターン』とは、オンラインユーザーインターフェースによく見られる、消費者に最善の利益とはならない選択をしばしばさせるような多種多様な慣行を指す包括的な用語である。ダークパターンと呼ばれる慣行は多種多様であり、ある慣行がダークパターンとみなされるべきかどうかについての見解が異なることもあって、ダークパターンの普遍的に受け入れられる定義を策定することは困難である」

　それでは、ダークパターンにおける「多種多様な慣行」としてはどのようなパターンがあるのか。この点については、たとえば、プリンストン大学の研究者が、1万以上のショッピングサイトを分析した上で2019年に公表した論文において、消費者に対して詐欺的なデザイン設計として、図表1に示す7パターンに類型化している[注3]。

　なお、図表1に類型化されている商慣行は、すでに従来の実店舗でも実施されており、商慣行自体は目新しいものではない。近年ダークパターンとして問題視されているのは、オンライン上での商品・サービス購入などの機会が日常化したことで詐欺的行為がWeb上にも広がり、これらダークパターンに対して消費者も十分な注意を払うことができていない（できないような

注2　OECD（2022）, "Dark Commercial Patterns" OECD Digital Economy Papers/October 2022 No.336, https://www.oecd.org/digital/dark-commercial-patterns-44f5e846-en.htm

注3　Mathur, A. et al. (2019), "Dark patterns at scale: Findings from a crawl of 11K shopping websites", Proceedings of the ACM on Human-Computer Interaction, Vol.3/CSCW

	ダークパターンの類型	概要	具体例
1	Sneaking（不同意取引）	消費者の行動を誤って伝えようとしたり、消費者が利用可能になった場合に消費者が反対しそうな情報をわざと送らせたりすること	消費者の同意なしに、ショッピングカートに商品を追加する。1回限りの支払いや無料トライアルを装って、サブスクリプションとして料金を請求する
2	Urgency（あおり）	販売または取引に期限を設定することで、消費者の意思決定と購入を促すこと	カウントダウンタイマーを使用して、お得なキャンペーンや割引の期限を知らせる
3	Misdirection（誤動）	視覚、言語、感情などを利用して、消費者を特定の選択に誘導したり、特定の選択から遠ざけたりすること	拒否の選択が、クリックできないかのようにグレーアウトされている
4	Social proof（心理的証明）	ほかの消費者の体験や行動を表示し、利用者の行動に影響を与えること	商品に対する（出所不明の）高評価のレビューが表示される
5	Scarcity（希少性バイアス）	商品を購入できる可能性の高さを知らせることで、消費者に対し商品の購入を促すこと	商品の数が限られている（残り3個など）ことを表示する
6	Obstruction（妨害）	簡単に購入できるようになっている一方で、解約はしにくくすること	サブスクリプションは簡単に購入できるが、キャンセルは面倒（電話のみ受け付けなど）
7	Forced Action（強制）	消費者がタスクを完了するために、何らかの操作を強制すること	アカウント登録しないとサービス購入できない

ユーザーインターフェースにしている）という点にある。

　前述のOECDのレポートでは、「消費者は、オンライン環境においては、開示情報に注意を払うことが少なくなり、オンラインで買い物をして情報を消費している際は情報処理能力が低下し、また、情報過多に直面した際には単純な経験則に従うことが比較的多い」とし、「従来の実店舗であれば気づくはずの詐欺的行為に気づかないことが多い」とも述べられている。

❷米国・欧州の規制状況

（1）米国

　冒頭で述べた通り、米国ではFTCが2022年12月に、オンラインゲーム「フォートナイト」の開発元のエピックゲームズに対して、「5億2000万ドルの制裁金を科す」と発表しており、ダークパターンに対して厳しい措置が取られた。

　FTCは、2022年9月にもダークパターンに関するレポートを公表するなど、ダークパターンに積極的に対応してきているが、これは「FTC法5（a）条」が「商業におけるまたは影響を与える、不公正または欺瞞的な行為または慣行」を違法としており、FTCはこのような行為または慣行を禁止する権限が与えられているからである。FTCが2022年9月に公表したレポートは、ダークパターンを、①誤信を招くデザイン、②重要な情報を隠す、または後から表示するデザイン、③承認していない課金に誘導するデザイン、④プライバシーに関する選択をわかりづらくする、または誤らせるデザインの4種類とした上で、具体的なFTCの執行例などについても記している。この4類型に該当する場合、FTCにより法執行される可能性が高い。

　このほか、米国では各州独自に法が制定されており、ダークパターン関連ではカリフォルニア州が積極的である。たとえばCPRAでは、サービス利用時に消費者から取得する「同意」に関して、「ダークパターンにより得られた合意は、同意に該当しない」と定め、消費者の同意取得の方法の条件として、具体的に以下の5つの条件を満たさない場合はダークパターンとみなされる可能性があるとしている。

　　①理解しやすいこと：消費者が読みやすく、理解しやすい言葉をつかう
　　②選択の同等性：消費者がプライバシー保護の度合いが高い選択をするための方法は、低い選択と比べて、長く難しくまたは時間がかかる方法であってはならない
　　③消費者を混乱させるような言葉づかいや対話型の要素は避ける。二重否

定は利用せず、トグルまたはボタンは消費者の選択を明確に示すものに
する

④消費者の選択する能力を損ない、または妨げるような設計は避ける

⑤権利行使は容易に行えるようにする

カリフォルニア州では、さらに「カリフォルニア州年齢相応設計コード法」
が2024年7月より施行予定となっている。本法では、SNSなど18歳未満
の子どもがアクセスする可能性があるサービスにおいて、売り上げよりも子
どもの安全を優先するようプラットフォーム事業者に求める。子どもに悪影
響を与えるような行動を取らせるように誘導するダークパターンを禁止する
旨が定められており、法律においてもダークパターンを禁止する動きが進ん
でいる。

（2）欧州

ダークパターンは欧州でも問題視されてきており、すでに複数の執行事例
がある。

特に有名なのは、2022年1月にフランスのデータ保護機関であるCNIL
が、同国データ保護法違反を理由として、フェイスブック（現メタ・プラット
フォームズ）に6000万ユーロ、グーグルに総額1億5000万ユーロの制裁
金を科した事案である。CNILは、Facebook.com、Google.fr、YouTube.
comの各サイト上で、ユーザーがクッキー使用を同意することは1クリック
でできた一方、すべてのクッキーを拒否するには数回のクリックが必要とな
ることなどから、クッキーの拒否は、同意の場合に比べて容易ではなく、こ
のような同意の取得方法は同意の任意性に影響を与えていると判断した。こ
の事案ではダークパターンは用いられていないが、ユーザーの選択に影響を
及ぼすインターフェースであったことが違反の理由とされている点では、
ダークパターンが問題視された事案であるといえる。

ダークパターン禁止が明示的に盛り込まれた法規制としては、2022年

11月に発効したDSAがある。オンラインプラットフォームなどの仲介サービス提供者を規制する法律で、前文でダークパターンに言及した上で、第25条1項において、「オンラインプラットフォームのプロバイダーは、サービス利用者を欺いたり操ったりするような方法、あるいは、サービス利用者が自由かつ十分な情報に基づいて意思決定する能力を実質的に歪めたり損なったりする方法で、オンラインインターフェースを設計、構成、運営してはならない」と規定されている。

❸日本の規制状況と事業者に求められる対応

（1）日本の規制状況

　日本には2023年12月時点ではダークパターンを規制する法律はないものの、個別の問題事例に応じて適用される規制はある。

　たとえば、2021年に改正され2022年6月から施行されている「特定商取引法」では、消費者がサブスクリプションサービスなどを申し込む際に、消費者を誤認させるような表示を禁止している（第12条）。

　また、2021年2月より施行されている「特定デジタルプラットフォームの透明性及び公正性の向上に関する法律（取引透明化法）」は、経済産業省が指定したデジタルプラットフォーム事業者に対して、取引条件などの情報の開示および自主的な手続き・体制を整備し、毎年度、自己評価を付した報告書の提出を求める制度で、デジタルプラットフォーム事業者が提供する検索サービスに表示する表示順位の決定メカニズムなどの開示が義務づけられており、ダークパターンに関連する規制としても注目されている。

　そのほか、消費者契約法や個人情報保護法など、一般的な法規制によっても、不当な勧誘により契約締結をさせられた場合や、個人情報を提供した場合は規制の対象となると考えられるが、問題視されるダークパターンの内容や対象となる事業者によって、適用される法規制も異なることが予想されるため、事業者には、関連する規制を網羅的・体系的に把握しておくことが求

められる。

（2）事業者に求められる対応

　ダークパターンは、新しいデジタル技術やWebサービスなどの出現と併せて手法も目まぐるしく変化、進化しており、各国ともダークパターンによる問題にどのように対応すべきか、苦慮している。

　これまで整理してきたように、米国や欧州も、既存の個別法や一般法などによってダークパターンにより引き起こされる事象に対応しようとしているが、個別法の場合は、対象事業者がプラットフォーム事業者に限定されている一方で、一般法の場合は、あらゆるものがダークパターンとして摘発される可能性があり、事業者に対して萎縮効果をもたらしてしまう懸念も指摘されている。

　オンラインユーザーインターフェース自体は、消費者にとってよりわかりやすいサービス設計（一般に「ナッジ」と呼ばれる）の提供も可能であり、オンラインユーザーインターフェースのデザインを工夫すること自体は必ずしも否定されるものではない。事業者としては、本稿で紹介した、ダークパターンに当てはまるようなサービスデザインになっていないかどうかを十分確認・検討した上で、消費者にとってわかりやすいオンラインユーザーインターフェースを構築・提供していくことが望まれる。

4.2 サイバー公衆衛生
DX時代のサイバーレジリエンスを高める処方箋

エグゼクティブサマリ

●サマリ

・デジタルトランスフォーメーション（DX）やコロナ禍を契機に、企業を取り巻くサイバー空間の特性が変化し、企業がコントロールすべき攻撃対象領域（アタックサーフェス）は拡大した。

・サイバー公衆衛生とは、サイバー空間における公衆衛生の概念と活動の総称である。企業単体ではなく政府機関や消費者、外部委託先などサプライチェーン全体で連携してサイバー攻撃への耐性を高め、安全なデジタル社会の実現を目指してセキュリティ対策の全体像を見直すことが推奨される。

・従来からの技術や運用と、最新のソリューションや管理ツールを組み合わせ、効率的かつ効果的に実現する。

●ロードマップ

・2022年度〜2023年度：政府からサイバーセキュリティの高度化に向けた各種指針・ガイドラインが出され、官民連携に関する議論も開始。大企業ではコロナ禍やDXを契機とした対策が一巡し、運用課題が抽出される。

・2024年度〜2026年度：官民の連携が進み、政府からはサイバー公衆衛生の対応指針やフレームワークが整理され情報・ツール提供や啓発活動が活発化。先進企業では、政府指針・ガイドラインに沿ったIT環境・運用の見直し計画が策定され、順次実行に移される。後進企業も追随して対策実装や運用見直しを検討。

・2027年度以降：サイバー公衆衛生を確保するセキュリティ技術・ツールと運用事例が蓄積され、政府から成功事例として公表され

る。サイバー公衆衛生が企業評価基準として重要性を増し、株式市場での評価にも強く反映される。

●課題
・政府は社会全体でのサイバー公衆衛生の概念や構成要素を整理し、既存のサイバーセキュリティ指針・ガイドラインも活用して官民一体での取り組み方針・計画を検討し、事例提供や標準的なフレームワークの整備を進める必要がある。
・企業ではサイバー公衆衛生を実現するための「ヒト」「モノ」「カネ」「情報」が不足している。まずは自社のビジネス・IT環境の現状とリスクを把握し、政府指針や外部のセキュリティ動向・技術動向にあわせて自社のサイバー公衆衛生に向けた既存のさまざまな対策や運用を見直して再整備していくための対策計画を策定する。

背景

企業を取り巻くサイバー空間と脅威動向の変化

　デジタルトランスフォーメーション（DX）の推進や新型コロナウイルス感染症拡大を契機に、ITを活用した便利なサービス（非対面での会議や各種契約の申し込み、モバイル決済など）が普及した。政府が「Society 5.0」や「ゼロトラスト」「DX」「働き方改革」などを掲げ、企業ではクラウドサービスの活用やテレワーク環境の整備、外部クラウドサービスやデータと連携したサービス開発が進み、働き方や生活はデジタル化して利便性が向上した。

　一方、外部との接点が増えたことでサイバー空間において企業が攻撃を受ける可能性のある領域（アタックサーフェス）の拡大を招いた。その結果、これまで考慮してこなかった、あるいは考慮する必要のなかったセキュリティリスクが顕在化し、サイバー攻撃やその被害が当たり前のように新聞・ニュースなどで日々報じられるようになった。たとえば、テレワーク用のVPN機器を狙った不正アクセスやランサムウェア感染による大規模な事業

停止、クラウドサービスの設定不備による情報漏えい、決済サービスを標的にした不正アクセスや詐欺など金銭被害を伴う事件も多発している。

また、ロシアによるウクライナ侵攻では、サイバー攻撃が相手国の通信インフラを破壊するテロの手段として用いられたことも注目された。さらに、（サイバー攻撃ではなく）内部関係者による意図的な機密情報の持ち出しや、職員の不注意による情報漏えいなどの被害も、ここ数年で急増している。

サイバー攻撃の被害は、企業自身だけでなく業務委託先や提携先の金融機関、代理店、顧客、一般消費者にまで影響が及ぶケースもある。そのため、セキュリティリスクへの対策は、一企業のIT部門だけではなく、経営課題として企業のサプライチェーン全体、あるいは社会全体で取り組む必要がある。

セキュリティリスクによる事業への影響

DXの推進や新型コロナウイルス感染症拡大を契機に、サイバー攻撃の発生件数は年々増大の傾向にあるが[注1]、被害額の増加にも注目する必要がある。総務省『令和2年版 情報通信白書』（2020年）によると、今やサイバー犯罪による損害額は世界で年間6兆ドル以上に及ぶ[注2]。背景には、テレワークやクラウド活用、外部サービス連携で脆弱な箇所が増えたこと、金銭やテロを目的としたサイバー攻撃犯罪組織の台頭などが挙げられる。

セキュリティリスクが顕在化し、近年の標的型ランサムウェア[注3]に代表される大規模サイバー攻撃を受けた場合、従来をはるかに上回る直接的・間接的な金銭被害（業務損害・機会損失、損害賠償、調査・復旧費用、再発防止費用、訴訟費用、純利益・時価総額減少）やレピュテーションの低下、さらに社会現象が引き起こされることもある。たとえば、2021年5月、米国で石油パイプラインを運営する大企業がランサムウェア攻撃を受けて約1週間操

注1　警察庁『令和4年におけるサイバー空間をめぐる脅威の情勢等について』
　　　https://www.npa.go.jp/publications/statistics/cybersecurity/data/R04_cyber_jousei.pdf
注2　総務省『令和2年版 情報通信白書』
　　　https://www.soumu.go.jp/johotsusintokei/whitepaper/ja/r02/pdf/02honpen.pdf
注3　特定組織を標的的にVPN機器やリモートデスクトップの脆弱性を突いて侵入。機密データを窃取後に暗号化して復元するための金銭を要求、支払いがない場合データを公表するとして脅迫する

業を停止し、サービスを維持するために身代金440万ドルを支払う決断をした。東海岸の燃料供給の約半分を担う同社への攻撃は、市民生活や交通機関に大きな影響を与え、各国のメディアで報道され話題となった。

　また、セキュリティ対策が不十分だと、レピュテーションの低下や訴訟のリスクが高まり、事業の長期的な懸念材料となって、株式市場でも経営リスクとして認識される可能性がある。日本国内でサイバー攻撃被害が発生した企業の株価は平均10％下落し、当該年度に被害調査や再発防止のための特別損失が発生することで純利益が平均21％減少したとの調査結果もある[注4]。

　さらに、近年では、企業の長期的成長に重要とされるESG[注5]のうちガバナンスの観点に、サイバーセキュリティやプライバシーの評価指標が組みこまれている。ESGの観点で配慮ができていない企業は事業価値毀損のリスクを抱えているとみなされ、逆にESGに配慮した取り組みを行うことで、経営基盤が強化され長期的な成長が期待できるとの評価につながる。事業買収などに際して行われるIT資産のデューデリジェンスにおいても、ESG観点でセキュリティリスクを評価するケースが増えている。

② サイバー公衆衛生によるレジリエンスの強化方針

サイバー公衆衛生の概念と基本的な対策の考え方

　セキュリティリスクの顕在化によるさまざまな影響へ柔軟に対処するには、守るべきIT資産を把握して健全な状態を維持し、サイバー攻撃を検出した際に迅速に対応・復旧するための備えをすることで、サイバーセキュリティの耐性（レジリエンス）を獲得する必要がある。その際に、サイバー空間における公衆衛生という考え方やアプローチが有効となる。従来、企業のIT機器・資産に対するセキュリティの脅威に関する知識や対策は、技術者を中心に啓発や普及がなされてきた。コロナ禍やDXを背景としたテレワー

注4　日本サイバーセキュリティ・イノベーション委員会『サイバーリスクの数値化モデル』、https://www.meti.go.jp/shingikai/mono_info_service/sangyo_cyber/wg_keiei/pdf/003_04_00.pdf
注5　ESG：環境（Environment）、社会（Social）、ガバナンス（Governance）の頭文字。気候変動や人権などの世界的な社会課題が顕在化する中、企業が長期的成長を目指す上で重視すべきとされる

クやクラウドサービス利用の増加、スマートフォンなどモバイル機器の普及に伴い、リスクの識別や予防にフォーカスした「サイバー衛生（Cyber Hygiene）」という言葉が海外文献を中心に散見されるようになったが、定義もあいまいで、技術的な言葉にとどまっている。そのため、本稿では従来のサイバー衛生を広く捉え直した「サイバー公衆衛生」という言葉を用いて解説する。

　公衆衛生とは、WHO（世界保健機関）によれば「組織された地域社会の努力を通して、疾病を予防し、生命を延長し、身体的、精神的機能の増進をはかる科学であり技術」と定義される。物理空間においては、主に感染症の予防や対処にかかる政府機関・医療機関・消費者の取り組みと解釈される。新型コロナウイルスを例に取ると、国によるガイドライン策定や感染状況の調査、注意喚起、予防・対処にかかわる情報提供、予防接種やPCR検査、感染経路可視化ツール普及、罹患者向け医療制度の整備、医療機関における施設内・室内の清掃・除菌、消費者自身による風邪対策の知識や手洗い・うがい・検温、マスク着用による感染予防、健康診断や罹患後の治療や療養、食生活の改善などにより、ウイルスへの耐性を高めることが該当する。

　サイバー空間においても同じように、公的機関、企業の一般職員・システム担当者、企業のサービスやインターネットを利用する消費者のすべてがセキュリティを意識して行動することが、サイバー攻撃への耐性を高め、デジタル社会の安全性確保につながる。具体的な対策事項は、物理的空間での衛生管理をサイバー空間での対策に読み替えて抽出・整理する（図表4-2-1）。これらを通じ実現される状態を本稿では、「サイバー公衆衛生」と呼ぶ。

サイバー公衆衛生実現に向けたアプローチ

　サイバー公衆衛生の実現に向けては、複数の立場・観点で対策を実践する必要があるが、ここでは①〜④に分けて対策のポイントを解説する。

①政府機関などによる一般消費者へ向けた公衆衛生

　各府省庁やNISC（内閣サイバーセキュリティセンター）からのセキュリ

	物理空間（新型コロナウイルスなど）	サイバー空間（コンピュータウイルスなど）
識別・抑止	感染予防キャンペーン、人口・感染分布、健康診断、ウイルス関連情報の提供、保健指導・教育	情報セキュリティ月間、IT資産棚卸、脆弱性診断、脆弱性・脅威情報の提供、セキュリティ教育
予防	設備内の清掃・除菌、感染症予防ワクチン接種、アルコール消毒、マスク着用、他者との接触回避	OSバージョンアップ、ウイルス対策ソフト導入、Windowsパッチ更新、有害サイト・不審メール閲覧回避
検知	ヘルスケアアプリ・検温、ウイルス抗原検査、人間ドック、定期通院・診療	セキュリティログ監視・監査、ウイルススキャン、侵入テスト、定期セキュリティアセスメント
対応・復旧	罹患報告、病院での診療・投薬治療・手術、入院・自宅療養などのサポート体制・制度の整備	侵害報告、フォレンジック調査、痕跡削除・構成変更システム復旧などのインシデント対応態勢の整備

ティに関する指針・基準やガイドラインの公表、Webサイトやテレビ・マスコミを通じた情報提供、注意喚起などによって、一般消費者のセキュリティリテラシーや意識レベルを高め、SNSや決済サービスなどのアカウントの乗っ取りや不注意による情報漏えいを未然に防止する一連の活動を指す。情報提供の一環として、警察庁や総務省によるサイバー攻撃・被害や脆弱性動向の調査、IPAなどの専門機関によるツールや事例の公開が行われている。なお、この活動は、政府だけではなく、官民一体での対応が重要なポイントである。今までは官民の距離は遠かったが、たとえばNISCでも官民一体のサイバーセキュリティ強化が言及され[注6]、情報連携や対応協力の検討が進んでいる。

②企業のIT環境の公衆衛生（サイバーハイジーン・レジリエンス）

　IT資産やWebサイトなどの情報収集と管理を継続的に行うことで健全なIT環境を維持し、サイバー攻撃による被害を予防する活動、およびサイ

注6　NISC（内閣サイバーセキュリティセンター）『ナショナルサート機能の強化について』
　　　https://www.nisc.go.jp/about/organize/kinokyoka.html

バー攻撃の兆候や被害へ速やかに対応し報告する一連の活動を指す。

- IT環境を構成するIT機器やWebサイト、外部クラウドサービスの構成情報を継続的に収集・管理し、脆弱性のない状態を維持する
- ファイアウォールやウイルス対策ソフト、職員・利用者向け認証基盤、通信暗号化のしくみを活用し、外部からのサイバー攻撃を予防する
- 「ゼロトラスト」の考え方に沿って認証・認可を最適化する。たとえば、健全なアクセス主体（例：企業の管理下に置かれた安全な端末、身元の確かな職員や外部利用者）から、適切かつ安全なアクセス先（例：業務上アクセスする必要のある組織内のITシステム）へ接続させる
- ログを監視して不審なアクセス試行やウイルス感染、認証不備などの兆候や被害を早期に検知し、暫定対処や社内外への報告、フォレンジック調査、復旧に向けた各種対応を行う態勢を整備する

③企業の職員に向けた公衆衛生

情報提供を通じて職員のセキュリティリテラシーや意識レベルを高め、セキュリティインシデントの被害を未然に防止し、事故発生時に速やかに情報共有・報告がなされるための一連の活動を指す。

- 経営者や職員に向けたセキュリティ教育・研修を定期的に開催し、セキュリティの基本知識や業務における情報の取り扱い、クラウドサービス利用の注意事項などを学ばせ、リテラシーを高める
- 職員に向けて、不審メールや同業者などにおけるセキュリティ事故に関する情報提供と注意喚起を行い、セキュリティ意識レベルを高める
- セキュリティインシデントが発生した場合に被害が拡大しないよう、情報共有のための報告制度やツールを整備し、職員やIT担当者を含めたメール訓練やインシデント対応訓練を定期的に実施する

④サプライチェーンの公衆衛生

事業に関連するさまざまな委託先企業の業務およびIT環境の安全性が確保されていることを継続的に確認し、企業のサプライチェーン全体を健全な

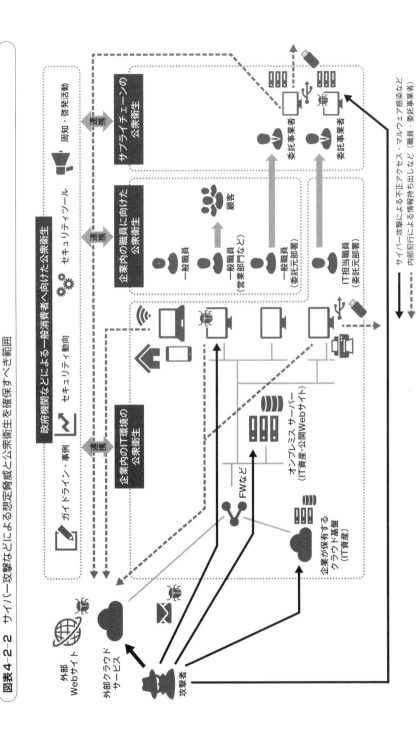

図表 4-2-2 サイバー攻撃などによる想定脅威と公衆衛生を確保すべき範囲

状態に保つための一連の活動を指す。例として委託先について記載する。

- 委託構造を可視化して委託先を一元管理し、個人情報の取り扱いの有無や重要業務への該非など、委託内容に応じリスクを評価する
- 委託先企業へ向けたセキュリティ教育を定期的に開催し、企業として求めるセキュリティ対策や預託情報の取り扱いを学ばせる
- セキュリティ対策の実施状況を、ヒアリングシートや監査などにより定期的に点検し、問題があった場合に是正するプロセスを整備する

③ サイバー公衆衛生を構成する技術の例

サイバー公衆衛生の考え方に沿ってサイバー攻撃による被害の予防、攻撃の兆候や被害への速やかな対応を実現するには、セキュリティリスクの識別・抑止、予防、検知、対応・復旧の能力を補強することが有効とされる。特に「IT環境の可視化」「インシデント対応」ではツールなどを活用して、いかに効率的に、継続的なIT資産の情報収集とモニタリング、異常検知後の対応・復旧を実現するかがポイントになる。以下で最新技術を活用した先進的対応を解説する。

1　IT環境の可視化（リスクの識別・抑止）

①IT資産・Webサイトの把握

IT環境を構成する端末・サーバーやWebサイト、テレワーク環境や外部クラウドサービスの情報を収集・管理し、守るべき対象を把握する。

- IT Hygiene：企業内のIT資産（端末、サーバ、ネットワーク機器）を内部から可視化し、構成情報（例：パッチ適用状態）を継続的に収集してリスクを評価。狭義のサイバー衛生ツールを指し、MDMやEDRの機能としても提供
- ASM（Attack Surface Management）：シャドーITを含む外部からアクセス可能なIT資産（例：Webサイト、クラウドサービス、ネットワーク機器）を可視化し、構成情報を継続的に収集してリスクを評価

- CASB（Cloud Access Security Broker）：シャドーITを含めた外部クラウドサービスへのアクセスを可視化し、安全性を継続的に評価

②脆弱性情報・脅威情報の把握

IT資産に対する脆弱性情報や脅威情報（インテリジェンス）を収集・分析し、必要に応じ事前に対処することで、リスクのない状態を維持する。

- TIA（Threat Intelligence Analysis）：ダークWebを含むWeb全体を調査し、企業の機密情報やIDの流出がないかを分析してサイバー攻撃の予兆や被害動向を検出
- 脆弱性スキャン：企業のIT資産を内部または外部から手動または自動でスキャンし、脆弱性情報のデータベースと突合して脆弱性を検出

③IT担当者へのセキュリティ教育

セキュリティに配慮した設計・開発および運用に関するリテラシーを高め、IT環境を健全に維持することに寄与する。

2　サイバー攻撃などの防御（リスクの予防）

①外部からの不正アクセスの防止

企業のIT環境と外部の境界で、IT資産・公開Webサイトに対する外部からのサイバー攻撃などの不要なアクセスをブロックする。

- 次世代ファイアウォール（NGFW：Next Generation Firewall）：アプリケーションの通信データまで解読し、不正アクセス通信をポリシーベースで、または振る舞いから分析して遮断
- WAF（Web Application Firewall）：Webアプリケーションの脆弱性を突いた不正アクセスやDDoS攻撃を検出して遮断または軽減

②外部サイト・クラウドの利用制御

企業内部から外部の不正なWebサイト、クラウドサービス、メールドメインなどへのアクセスまたは通信を制御し、ブロックする。

- サンドボックス：外部のWebサイトへのアクセスやメール通信（添付ファイル含む）を隔離し、ウイルスの混入がないかを解析
- SWG（Secure Web Gateway）：URLフィルターや、NGFW、IPS、サンドボックスの機能を、クラウド型プロキシとして提供

③内部環境での侵害拡大の防止

企業ネットワーク内に侵入した脅威の横移動（ラテラルムーブメント）を抑止し、攻撃の成立と被害拡大を防止する。

- マイクロセグメンテーション：ネットワークセグメントを任意のワークロード（サーバーやPC、コンテナ）単位で区分し、横移動を抑止。導入にあたり制御対象となる資産の特定とラベリングが必要

④IT資産へのアクセスの認証・認可

企業の管理下に置かれた安全な端末、身元の確かな職員などから、許可された安全なIT資産・データへ接続させる。クラウドサービスやテレワークの活用状況にあわせ、ゼロトラストアーキテクチャを採用して実現する。

- IDaaS（Identity as a Service）：IT資産へアクセスするIDとアクセス権限を統合管理し、アクセス元の身元確認と認証をクラウド型で提供。アクセス元のユーザーの情報をもとにした条件付きアクセス、外部クラウドサービスと連携してIDの発行（プロビジョニング）やシングルサインオンの機能も提供可能
- ZTNA（Zero Trust Network Access）：VPN（Virtual Private Network：仮想専用線による認証と暗号化でリモートアクセス環境を提供）を拡張し、内部・外部の区別なくIT資産へのアクセスを都度検証して許可（認可）するしくみをクラウド型で提供。アクセス元の端末の情報をもとにした条件付きアクセスの機能も提供

⑤IT資産へのマルウェア対策導入

ウイルス対策ソフトをつねに最新化し、端末やサーバー、Webサイトな

どのIT資産をマルウェア（悪意のあるソフトウェア）感染から保護する。

- EPP（Endpoint Protection Platform）：AI・機械学習を用いたNGAV（次世代アンチウイルス）を活用して、既知または未知のウイルスを検出して感染を防止

⑥セキュリティパッチの適用

脆弱性パッチの適用、またはバージョンアップにより、IT資産（サーバー、端末、Webサイト、ネットワーク機器）を健全な状態に保つ。

- パッチ適用管理ツール：マイクロソフトおよびさまざまな製品ベンダーのパッチを統合管理して配信し、適用状況を継続的に監視

⑦データ・通信の保護

端末やサーバーなどに格納されたデータや通信経路上のデータを暗号化し、通信の盗聴や情報の窃取から保護する。

- DLP（Data Loss Prevention）：端末やサーバーまたは通信経路上のデータを外部媒体やネットワーク・メール経由の持ち出しから保護。MDMによるリモートワイプ（遠隔からのデータ削除）もこの一種

3　サイバー攻撃などの検出（リスクの検知）

①サイバー攻撃・予兆の検知

セキュリティログを監視・分析することで、外部からの不審なアクセス試行やウイルス感染、アクセス違反などを早期に検知する。

- SIEM（Security Information and Event Management）：ファイアウォールやIPS、プロキシー、端末のログ職員の端末操作履歴（操作ログ）や認証ログなどを集約・分析し、サイバー攻撃やその兆候を検出
- XDR（Extended Detection and Response）：SIEMを拡張しEDR、ITDR、NDRを含むあらゆるリソースの情報から脅威インテリジェンスとAI・機械学習を活用して脅威と兆候を検出し、調査・対処を高速化。環境全体の可視性向上と横断的な相関分析、トリアージ・復旧の迅速化に

より検知・調査・対処時間を短縮、アナリストやSOCの負担も軽減

- SOC（Security Operation Center）：セキュリティ機器やSIEM、XDRなどから生成されたアラートやログをアナリストが分析し、推奨対応を設定してCSIRTへ速やかに通知

②内部犯行・予兆の検知

職員の端末操作やIT資産・クラウドサービスへのアクセスを監視・分析することで、不正な情報持ち出しなどを早期に検知する。

- UEBA（User and Entity Behavior Analytics）：端末操作履歴や認証ログ、クラウドサービスへのアクセスログなどから従業員や委託先事業者などの行動を分析し、異常を検出

③IT資産の異常の検知

IT資産やWebサイトの構成・設定について異常を検知する。機械学習を活用して設定やコンテンツを自動復旧する機能が付帯するものもある。

- 改竄検知：IT資産やWebサイトの設定やアプリケーション、Webコンテンツの正常な状態と比較し、許可されていない不正な変更を検出
- CSPM/SSPM（Cloud/SaaS Security Posture Management）：企業が保有・管理するクラウドサービスのセキュリティ設定をモニタリングし、ポリシー違反や意図せざる変更などを検出
- DSPM（Data Security Posture Management）：クラウド上の機密情報を抽出してモニタリングし、適切な保護を受けていないデータを検出

4　サイバー攻撃などへのインシデント対応（リスクの対応・復旧）

①インシデント対応態勢の整備

セキュリティインシデントが発生した際に、定常状態への復旧に向けて速やかに報告・調査・対処できる体制やツールを整備する。

- EDR（Endpoint Detection and Response）：端末上の処理や職員の操作履歴を記録して不審な挙動を検出・分析し、調査・対処を効率化。

EPPのNGAVと連動して不審なプロセスの停止や端末の隔離も行う

- ITDR（Identity Threat Detection and Response）：職員の認証などアイデンティティ（ID）ログを記録して不審な挙動を検出・分析し、調査・対処。IDaaSのリスクベース認証をもとにIDの無効化も行う
- NDR（Network Detection and Response）：トラフィックを記録してメタデータを生成、不審な通信を検出・分析し、調査・対処を効率化。侵害拡大を封じ込めるために、不審な通信のブロックや隔離も行う
- CSIRT（Computer Security Incident Response Team）：セキュリティツールやSIEMからのアラート、SOCからの通報、従業員からの報告をもとにインシデント対応方針を設定し、フォレンジック調査、復旧に向けた対応を指揮する組織
- SOAR（Security Orchestration, Automation and Response）：事前に定義したプレイブックに従い、セキュリティ機器やSIEM、XDRからのアラートをもとにインシデントのトリアージや報告、対処を自動化し、SOCやCSIRTのセキュリティ運用業務を大幅に効率化

②バックアップ・リストアの整備

ランサムウェアなどのサイバー攻撃で侵害された端末やサーバーを復旧させるため、バックアップ・リストアのツール・手順を整備する。ランサムウェア対策に特化してセキュリティやデータ（自動）復旧の機能を強化したツールも普及している。

③インシデント対応・復旧訓練

サイバー攻撃や内部不正のインシデントシナリオを作成し、事前に整備した体制や手順に従って目標通りの対応ができるかどうかを検証する。ランサムウェアへの備えとして、BCPやオペレーショナルレジリエンスの観点で業務を含めた復旧訓練をする企業が増えている。

④ ITロードマップ

　以上の対策論点を整理した上、企業としては政府・公的機関でのサイバー公衆衛生の指針・ガイドラインの整備を待ちつつ、先行して自社IT資産・環境や運用を可視化し、ゼロトラストや常時リスク診断・対処（CRSA）システムなどの次世代アーキテクチャ注7.8を前提に計画を検討することになる。

　検討に当たり、❸の各施策について自社のIT環境や運用との適合性、ツール・サービスの成熟度合いなどで優先度を考慮してToBeのアーキテクチャと実行計画案を策定し、以下のロードマップに沿って政府の指針・ガイドラインや他社の推進状況、成功事例を参考に軌道修正するとよい。

　図表4-2-3に、サイバー公衆衛生のロードマップを示す。

2022年度～2023年度：

- 政府から、サイバーセキュリティの高度化、レジリエンス強化などに向けた指針・ガイドラインが出される（例：NISC「政府機関等のサイバーセキュリティ対策のための統一基準群」、金融庁「金融分野におけるサイバーセキュリティ強化に向けた取組方針」、デジタル庁「ゼロトラスト／常時リスク診断・対処システム　アーキテクチャ」）。また、経済安全保障推進法において、サプライチェーン強化に関する指針が出される。サイバー公衆衛生の実現に向けたガイドラインの活用方針、官民連携に関する議論も開始される。

- 大企業中心に、コロナ禍やDXを契機としたセキュリティ対策が一巡。IT資産の全体像とリスク状況が可視化され、運用課題が抽出される。

注7　デジタル庁『ゼロトラストアーキテクチャ適用方針』、https://www.digital.go.jp/assets/contents/node/basic_page/field_ref_resources/e2a06143-ed29-4f1d-9c31-0f06fca67afc/5efa5c3b/20220630_resources_standard_guidelines_guidelines_04.pdf

注8　デジタル庁『常時リスク診断・対処（CRSA）システムアーキテクチャ』、https://www.digital.go.jp/assets/contents/node/basic_page/field_ref_resources/e2a06143-ed29-4f1d-9c31-0f06fca67afc/85a62078/20220630_resources_standard_guidelines_guidelines_06.pdf

		～2023年度	2024年度～2026年度	2027年度～
フェーズ		サイバー公衆衛生の概念と技術開発・体制検討	サイバー公衆衛生指針・フレームワーク実現に向けた計画の具体化	サイバー公衆衛生指針に沿ったIT環境・事業運営
官民連携の動き		サイバーセキュリティ分野の検討加速と官民連携強化の検討加速	各種セキュリティガイドライン、情報共有のしくみを活用したサイバー衛生管理における具体的な活動開始	官民協働で事例共有とフレームワーク運営の見直し
ルール	企業外	政府中心にアーキテクチャ設計・実装、サプライチェーンガイドライン整備	既存ガイドラインをもとに官民協働でサイバー公衆衛生指針の段階的な整備、事例の収集	ガイドラインの最適化、政府推奨ツール群の公開、ESG投資評価基準の厳格化
	企業内	大企業中心に、コロナ禍やDXに伴い導入したソリューションの運用・利用ルールの整備、システム委員・従業員の教育	中小企業含め、導入済みソリューションの運用。追加導入するソリューションによる運用	ガイドラインの運用ルール最適化、運用手順の整備
技術	企業外	既存ソリューションのHygiene（衛生管理）機能の実装。サイバー公衆衛生につながる各種ツールのリリース	政府のサイバー公衆衛生指針に沿った、ソリューション・ツール・サービスの機能の実装	分析・対処の高度化運用オペレーションの見直し・最適化に注力
	企業内	大企業中心に、次期基盤のアーキテクチャ構想検討	中小企業を含め、サイバー衛生指針に沿って運用の最適化検討と段階的な追加ソリューション導入	分析・対処の高度化運用オペレーション自動化
体制	企業外	官民連携の検討体制の強化。公衆衛生の検討体制発足	サイバー公衆衛生を軸にした政府や企業の支援／情報共有体制の強化。ベンダー各社での関連サービスの開発体制の強化	ベンダーのサービス提供体制、官民の情報共有体制の強化
	企業内	セキュリティ運用体制に関する将来像の暫定整理	サイバー公衆衛生に関する追加機能・ソリューションの順次利用開始に伴う運用体制の見直しまたは拡充	ソリューション活用強化と内外製を考慮した最適配置

2024年度～2026年度：

- 官民連携が進み、政府ではサイバー公衆衛生への対応指針とフレームワークが整理され、情報・ツールの提供や啓発活動が活発化する。経済安全保障推進法に基づいてサプライチェーンリスクへの対策の具体的なガイドラインが公表される。
- 先進企業では、政府指針やフレームワークに沿ったIT環境・運用の見直し計画が策定され、先進的な企業ではサイバー公衆衛生の実現を意識したIT環境の刷新が進む。後進企業も追随して検討が始まる。

2027年度～：

- 企業ではサイバー公衆衛生を確保するためのセキュリティ技術・ツールと運用の事例が蓄積され、後進企業でもサイバー公衆衛生に則ったIT環境の刷新が進む。
- 政府から、先進企業の取り組みが成功事例として公表される。
- ESG投資においてサイバー公衆衛生が評価基準として重要性を増し、世間や株式市場での企業評価に強く反映されるようになる。

⑤ サイバー公衆衛生の推進・普及に向けた課題

　企業ではサイバーセキュリティを確保するためのヒト・モノ・カネ・情報が恒常的に不足し、現状が把握できない状況が散見され[注9]、サイバー公衆衛生を推進する原動力を確保する上での課題となっている。企業が果たすべきサイバー公衆衛生を確保するには、これらを経営上の重要課題と認識し、サイバーセキュリティの方針や管理態勢をトップダウンで整備して推進体制を確保することが出発点となる[注10,11]。その後、企業としてのあるべき姿に沿っ

注9　NRIセキュアテクノロジーズ『NRI Secure Insight 2022（企業における情報セキュリティ実態調査）』、https://www.nri-secure.co.jp/download/insight2022-report
注10　経済産業省『サイバーセキュリティ経営ガイドライン Ver 3.0』
　　　https://www.meti.go.jp/press/2022/03/20230324002/20230324002-1.pdf
注11　厚生労働省、経済産業省、農林水産省など『総合的な監督指針』

た基準の制定、現在のセキュリティ対策状況とリスクを把握し、追加対策の計画策定とヒト・モノ・カネ・情報を確保する。こうした活動指針の明確化が、「企業価値」だけでなく、「社会的価値」を向上させるためのサイバーセキュリティ戦略上の基本スタンスになると考える。

「ヒト」の観点：セキュリティ人材や主導者が不足している、平常時・有事のセキュリティ管理態勢が整備されていない、IT担当者や一般職員のセキュリティリテラシーを高めるセキュリティ教育や情報提供のしくみがない――などが挙げられる。背景には、サイバーセキュリティに関する経営層の理解不足や推進者の不在、企業の対策指針が明確でないことが考えられる。

「モノ」の観点：守るべきIT機器・資産を把握できていない、必要な情報を収集できていない、対策に必要なツールが不足している――などが挙げられる。背景には、テレワークやクラウドサービスの利活用、外部へのサービス提供形態の変化などにあわせて、管理すべき対象や必要な技術対策の過不足状況を把握できていないこと、陳腐化していることが考えられる。

「カネ」の観点：セキュリティ費用構造を把握できていない、インシデント発生時の被害想定ができておらずリスクに見合った予算が確保できていない、などが挙げられる。背景には、セキュリティ対策費用が単純なITコストとして軽視されていること、事業内容や外部の動向に応じて変化するリスクや費用対効果を適切に評価せずに毎年予算計上していることが考えられる。

「情報」の観点：最新のセキュリティの脅威動向や脆弱性情報を把握できていない、予防・対処法について知識が不足している――などが挙げられる。背景には、企業内にセキュリティの最新情報を判別できる専門家や情報源の不足、そもそも自社のリスク状況が見えていないためにIT担当者や経営者の情報収集に対するモチベーションが低いことが考えられる。

4.3 マイクロセグメンテーション
侵入された後の被害を最小限にするために

エグゼクティブサマリ

●サマリ

・マイクロセグメンテーションとは、ネットワーク内に侵入した攻撃者がラテラルムーブメント（横移動）するのを防ぐために、企業・組織のネットワークを任意のワークロード（サーバーやPC、コンテナ）単位で細かく区分け防御する技術のことである。

・グローバルおよび日本国内において、攻撃者はランサムウェアをはじめとしたさまざまな手法で組織のネットワーク内に不正侵入し、侵入後はより重要（金銭的価値のある）な情報を求めて、隣接する端末を攻撃・掌握することで侵害範囲を拡大する。

・サイバー攻撃による被害は甚大かつ増加傾向にあり、侵入後の防御策としてマイクロセグメンテーションが欧米を中心に注目されている。

・従来の考え方・技術だが、各ベンダーのソリューションが充実して運用性が向上すると共に、現在のマイクロセグメンテーションはクラウド上のワークロードまで対象範囲を広げている。

●ロードマップ

・～2023年度：ゼロトラストアーキテクチャの概念がある程度普及し、アプローチの1つとしてマイクロセグメンテーションが日本でも注目され始める。

・2024年度～2025年度：ISMAPをはじめとした各種ガイドラインや基準でもマイクロセグメンテーションが言及され、導入・運用事例が増える。

・2026年度以降：マイクロセグメンテーション自体の成熟に加え、

CAASM、XDR（NDR、EDR）、SIEMなどとシームレスに連携することでエコシステム化が進む。

●課題
・マイクロセグメンテーションを実現するには、自組織の情報資産を正しく把握していることが大前提だが、これが完全に実施できている組織はグローバル企業においても多くない。
・ソリューションを導入すればすぐに実現できるものではなく、中～長期的に自組織にフィットするようチューニングしていく必要がある。そのためには、大きな組織であればあるほど、各部門の要件に柔軟に対応できるような運用体制の構築が必要である。

❶ 背景

マイクロセグメンテーションが再注目されている理由

　昨今のサイバーセキュリティの攻撃動向に目を向けると、ランサムウェアによる被害が後を絶たない。そうした被害の中には、企業ネットワークに侵入した後に重要情報を盗み取るだけでなく、医療機関や工場の稼働停止に追い込まれるような非常に深刻なものまで[注1]ある。この背景には、2つの大きな変化があると考える。

①クラウドサービスの普及による変化

　2018年に政府により「クラウド・バイ・デフォルト」原則が提唱され、クラウドサービスは一気に普及した。特にAWS（Amazon Web Services）やMicrosoft Azure、GCP（Google Cloud Platform）のようなIaaS（Infrastructure as a Service）やPaaS（Platform as a Service）の普及により企業のシステムはクラウド上でも構築され、オンプレミスからクラウドに移行される

注1　警視庁資料『令和4年におけるサイバー空間をめぐる脅威の情勢等について』

ケースが多くなった。提供形態もコンテナ、サーバーレスまでに及び幅広くなっている。

　従来はデータセンターの入り口となる部分にファイアウォールを設置し、社外と社内でネットワークセグメントを分け、社内では用途に応じてネットワークサブネットを分割して、セキュリティ対策を取っていた。しかし、クラウドやオンプレミス、それらのハイブリッド環境となると、常に安全なネットワークの設定を維持するためには複雑な運用管理が必要となる。それらから生まれる設定管理の穴（設定ミス）を攻撃者は突いてくる。実際にクラウド上の設定ミス起因で内部に侵入されてしまった事例もある。

　また、SaaSが業務で使われるのも当たり前となった。マルウェア（悪意のあるソフトウェア）の感染経路は従来メールがほとんどであったが、最近ではOneDrive、SharePointをはじめとした、企業が認可・指定したSaaSも悪用されるようになってきている。これは攻撃者の、マルウェアの侵入を検知される機会をなるべく少なくしようという意識の表れである。すでに多くの企業はメールについては対策済みのため、それ以外の方法で、かつ認可されているSaaSであれば、プロキシーサーバーのフィルターではアクセスブロック対象ではないためである。

②働く環境の変化

　新型コロナウイルス感染症が拡大した際、緊急事態宣言の発出をきっかけに、テレワークの実現手段として一般的な「VPN（Virtual Private Network：仮想専用通信網）」を緊急導入・増強した企業が多い。それ以来、テレワークも働く環境の1つとして定着し、今ではオフィス出社と組み合わせている企業も少なくない。

　しかし、企業ネットワークの入り口として設けられたVPN機器が攻撃の標的とされ、ネットワーク内部に侵入されてしまった事例が多くある。

　これには大きく2つの理由がある。1つはインターネットに対して、だれでもアクセスできるオープンポートとなっているVPN機器は、IDやパスワードが漏えいしてしまえば認証を突破できてしまうことである。IDやパ

スワードのような認証情報はダークマーケットなどでも出回っており、比較的簡単に攻撃者の手に入ってしまう。2つ目は、VPN機器自体に脆弱性があり、これを攻撃することで侵入されてしまうのである。なお、脆弱性に対する修正パッチを当てたとしても、修正パッチ適用前に攻撃者によってバックドアを設置されているケースでは侵入できてしまう。

　セキュリティを経営課題として捉えている企業では、予算を組んで新技術を活用しながら上述の①②のような変化によって生まれる脆弱性に対してさまざまな対策を講じている。

　たとえば①のIaaS・PaaSの汎用的な設定ミスについては、それらを検知し修正方法を提示するCSPM（Cloud Security Posture Management）というソリューションを導入する企業もある。SaaS経由でのマルウェア感染に対しては、CASB（Cloud Access Security Broker）やSWG（Secure Web Gateway）を導入している企業もある。これらはSaaS宛の暗号化された通信を復号し、SaaSのインスタンスを企業か個人か識別したり、コンテンツダウンロード時にマルウェアを検知・ブロックしたりする機能を備えたものである。

　②のVPN機器経由で内部ネットワークに侵入された際には、エンドポイント対策のEDR（Endpoint Detection and Response）を導入して対策している企業もある。

　セキュリティ対策がこのようになされることで、攻撃者は企業の内部ネットワークに侵入する難易度が上がっていく。しかし攻撃者は、あの手この手で侵入を試みる。たとえば、近年よく聞くのがサプライチェーン攻撃である。企業のサプライチェーンを構成するグループ会社や取引先などの中で、セキュリティ対策が弱いところを足掛かりに初期侵入し、権限の強い、あるいは重要情報を管理している会社へと徐々にラテラルムーブメント（横移動）していく（図表4-3-1）。

　初期侵入後、ラテラルムーブメントが成功してしまうと被害範囲が拡大し、より重要なシステムへのアクセスを可能としてしまうおそれがある。ま

　外部の攻撃者やマルウェアが企業の内部ネットワークの侵入に成功した後、ネットワーク内を横移動し侵害範囲を拡大していくこと。攻撃者の攻撃手法をまとめたMITRE ATT&CK Framework（https://attack.mitre.org/）においても、実際に紹介されている攻撃手法である。
　ラテラルムーブメントが成功すると侵害範囲が拡大するだけでなく、より重要なシステムや機密性の高いデータが狙われてしまう。また、攻撃者は一般的なセキュリティ対策を潜り抜けるように攻撃を進めるため、攻撃の進行を検知しにくく、判明したときにはすでに大きな被害が生じている場合がある。

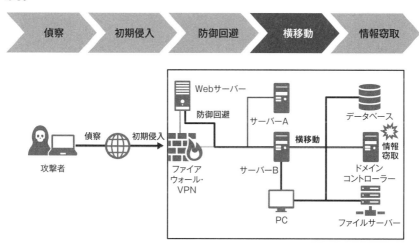

（注）簡略化のため、図は実際のネットワーク構成とは異なる

た、既存のセキュリティ対策が有効ではないケースもある。たとえば、EDRには攻撃者の不審なプロセスやマルウェアを検知して、被害範囲を封じ込めることができるものがある。しかし、最近では「ファイルレスマルウェア（あるいは現地調達攻撃）」といって、もともとエンドポイント内で正常に動いているプロセス（たとえばPowerShellなど）を悪用するため、EDRの検知をすり抜けるような攻撃手法もある。事実、こうした攻撃手法で、攻撃者は組織内部のネットワークを横移動していき、最終的にはアクティブディレクトリの特権アカウントを奪取してしまったという事例も聞く。

　このようにして既存のセキュリティ対策が突破されてしまった場合、あるいはエンドポイントでの対策が有効でない場合は、多層防御という考え方でマイクロセグメンテーションの導入が重要視されている。

② 関連技術・フレームワークの紹介

1. マイクロセグメンテーション

　マイクロセグメンテーションとは、ネットワークセグメントを細分化し、セグメント間のトラフィックの可視化と制御をするためのセキュリティ設計技術のことである。従来のネットワークセグメンテーションでは、ネットワークごとにファイアウォールを設置し、VLANなどで境界を設けていた。これは私たちに身近なオフィスビルを例に挙げると、入館ゲートや各フロアの入室ゲートのイメージである。もし悪意のある侵入者が入館証（社員ID）を入手してしまったら、オフィス内の各フロアまで簡単に侵入でき、重要情報にもアクセスできてしまう可能性がある。

　マイクロセグメンテーションでは、より細かいホスト単位（サーバー、PC、コンテナといったワークロード単位）で論理的に境界を設ける。オフィスビルの例で言うと、各フロアの部屋や重要情報が入ったロッカーは施錠されており、簡単にはアクセスできないイメージである。これは、前項で紹介した攻撃者が企業の内部ネットワークへ侵入後に試みるラテラルムーブメントを抑止し、攻撃の成立・被害拡大を防止する。

　NIST（National Institute of Standards and Technology：米国国立標準技術研究所）が「Zero Trust Architecture」を体系化した文書「NIST SP800-207」によると、マイクロセグメンテーションはゼロトラストを実現するアプローチの1つとして紹介されており、ゼロトラストとは、ネットワークの内部と外部を区別することなく、守るべき情報資産やシステムにアクセスするものはすべて信用せずに検証することで、脅威を防ぐという考え方である。実際にゼロトラストのネットワーク内外にかかわらず、決して信頼せずに検証するという考え方は、内部に侵入されることを想定したマイクロセグメンテーションの考え方に近い。これは、近年高度化するサイバー攻撃による被害が拡大しているランサムウェアおよび攻撃者のラテラルムーブメントを防止するソリューションとして注目を集めており、米国ではセキュリティ

に関する大統領令や米国クラウドセキュリティ認証制度（FedRAMP）に具体的対策として明文化されている。

2. NIST CSFとの対応関係

次に、マイクロセグメンテーションが、「重要インフラのサイバーセキュリティ対策」や「セキュリティ対策の全体像」として広く知られる「NIST CSF（Cyber Security Framework）」にどう対応するのかを整理する。NIST CSF Version 1.1では次の5つの機能をコアとしている。

1. 特定（Identify：守るべき情報資産を特定する）
2. 防御（Protect：攻撃を防ぐためのしくみを導入する）
3. 検知（Detect：攻撃を検知するためのしくみを導入する）
4. 対応（Respond：攻撃された場合の対応を迅速に行えるようにする）
5. 復旧（Recover：攻撃による影響を取り除き迅速に復旧する）

マイクロセグメンテーションは、このうち「1. 特定」と「2. 防御」の機能を主にカバーする[注2]。

「1. 特定」では、どの資産が攻撃される可能性が最も高いか、どの資産が侵害された場合に最も大きな影響を及ぼすかを特定する。すべてのワークロード（サーバー、コンテナ、PC）間のデータの流れを描画し、各デバイスの脆弱性を特定し、描画された接続に基づいてその機器の露出度を定量化する。「2. 防御」では、使用されていないリスクの高いポートやプロトコルをブロックする。資産やアプリケーションを分離し、最小権限に基づいてアクセスを許可する。

一方、前項でも触れたEDRは「3. 検知」〜「5. 復旧」の機能をカバーしており、エンドポイントに対する不審な活動や攻撃を検知する。そして、疑わしい活動や攻撃に対しては是正措置を講じることで対応する。SIEM（Security Information and Event Management）へのアラート送信、ウイルス対策ツールの起動、ファイルの削除や隔離などのプロセスを開始し、こ

注2　製品によりほかの分野のソリューションと内部連携することでカバー範囲を広げているものもあるが、ここでは単一機能としてみたときのカバー範囲を示す

れらの組み合わせやその他のアクションを実行することができる。

　セキュリティ監視の範囲を拡大し、電子メール、エンドポイント、サーバー、クラウドワークロード、ネットワークトラフィックを含むXDR（Extended Detection and Response）ではどうだろうか。XDRがあれば、EDRが見逃す可能性のある攻撃を検出できるかもしれない。しかし、XDRの機能はEDRと同じNIST CSFの「3. 検知」～「5. 復旧」に対応しており、マイクロセグメンテーションによって提供される「1. 特定」「2. 防御」に代わることはできない。

　以上のことから、マイクロセグメンテーションとEDR（XDR）は補完関係にあると言える。実際にマイクロセグメンテーションとEDRを組み合わせて使うことで、EDRのみの場合と比較して、ランサムウェアに対するインシデントレスポンスにかかる時間が4倍の速さになったというシミュレーション結果がある。また、EDRを導入済みの企業がマイクロセグメンテーションを導入している事例もある。

---

3. マイクロセグメンテーションがもたらすメリット

　マイクロセグメンテーションを採用する組織には、以下のようなメリットがある。

①外部からの攻撃および内部不正による被害範囲の削減

　マイクロセグメンテーションにより、ネットワーク環境全体およびネットワークに接続しているワークロードを可視化および制御することができる。ネットワークが必要最小限に制限されることで、攻撃者のラテラルムーブメントを制限し攻撃の拡散を防ぐことができるだけでなく、内部不正による機会も減らす効果が期待できる。

　セキュリティ担当者は事前定義されたポリシーの有効性を検証でき、ネットワークトラフィックを継続的に監視およびポリシーの再検証を実施することで、重要システムやデータ侵害への影響を最小化し、修復にかかる時間を短縮できる。

②コンプライアンス違反リスクの低減

　金融機関に求められるSWIFT CSCF（Customer Security Controls Framework）やPCI DSS（Payment Card Industry Data Security Standard：PCIデータセキュリティ基準）、あるいは医療機関に求められるHIPAA（Health Insurance Portability and Accountability Act:医療保険の相互運用性と説明責任に関する法律）などのコンプライアンス違反リスクを低減できる。具体的には、運用管理者は規制の対象となるシステムを残りのインフラストラクチャーから分離するポリシーを作成できる。規制対象システムとの通信をきめ細かく制御することで、コンプライアンス違反のリスクが軽減される。

③ポリシー管理の簡素化

　従来のネットワーク中心（IPアドレスに依存した）のポリシー管理を簡素化できる。マイクロセグメンテーションでは、IPアドレスに依存しない管理単位でワークロード間の通信制御を実現することができるためである（5.で後述）。また、一部の製品ではネットワークトラフィックデータを学習し、ワークロードの自動検出と最適なポリシーの提案を提供できる。

---

4. マイクロセグメンテーションの実装方式

　マイクロセグメンテーションの実装には、ソリューションごとにさまざまな方式があるが、以下ではエージェントベース、ネットワークベース、クラウドネイティブ機能ベースの3つを紹介する。

①エージェントベースのセグメンテーション

　サーバー、コンテナ、PCのようなワークロード上でソフトウェアエージェントを使用し、きめ細かな通信の可視化と制御を実現する。エージェントベースのソリューションでは、組みこみのOSファイアウォールを活用し、ワークロードID（ラベル、タグなどと呼ばれる。以下、ラベル）や属性に基づいて制御ルールの更新ができることが特徴として挙げられる。同じエージェントベースでも、ワークロードのカーネルスペースで動作するものと

ユーザースペースで動作するものがある。エージェントソフトウェアが対応してさえいれば、ワークロードの種類によらずにマイクロセグメンテーションを実現できることもメリットの1つである。

②ネットワークベースのセグメンテーション

ネットワークインフラストラクチャに依存する方式で、ロードバランサー、スイッチ、ソフトウェア定義ネットワーキング（SDN）やネットワークファンクション仮想化（NFV）などの物理デバイスと仮想デバイスを利用してポリシーを適用する。分離したい対象が仮想マシン中心であり、オンプレミスの基幹システムやIoT（Internet of Things）機器など、エージェントを配布できない機器が存在するような場合は、この方式が有効である。

③クラウドネイティブ機能ベースのセグメンテーション

クラウドサービスプロバイダー（AWSのセキュリティグループ、Microsoft Azureファイアウォール、グーグルクラウド・ファイアウォールなど）に組みこまれたネイティブ機能を利用して、マイクロセグメンテーションを実現する。オンプレミス環境が皆無で、パブリッククラウド上の資産がほとんどを占める場合、このアプローチが向いている。

マイクロセグメンテーションの実装方式には以上の3種類があることを説明したが、①と②はマイクロセグメンテーションに特化した機能を持つ製品が存在する。具体的には次の通りである。

■エージェントベースのセグメンテーションを提供する製品の例
- illumio Core、illumio Edge（illumio）
- Akamai Guardicore Segmentation（Akamai Technologies）
- Cisco Secure Workload（Cisco Systems）
- ColorTokens Xshield（Color Tokens）

■ネットワークベースのセグメンテーションを提供する製品の例

- VMware NSX Distributed Firewall（VMware）
- Nutanix Flow（Nutanix）
- Cisco ACI（Cisco Systems）
- Aruba ESP（Hewlett Packard Enterprise）

5. マイクロセグメンテーション実装に向けた具体的アプローチ

マイクロセグメンテーションを効率的に実装するには、IPアドレスやサブネットといった変更に対応しづらい要素ではなく、ラベルをもとに通信制御を行う必要がある。上述の3種類の実装方式のうち、特にエージェントベースのセグメンテーションがこれに対応しているため、具体的な実装アプローチについて次に紹介する。

①守るべき資産の棚卸し

はじめにマイクロセグメンテーション製品のエージェントソフトウェアを導入し、管理・制御をするための資産を特定する必要がある。企業・組織で管理しているサーバーやPCの資産一覧のようなものをイメージすればよい。

②管理単位の決定

そうして棚卸しした資産をどのような単位で管理するか、あるいは通信制御したいかを定義する。ここで前述のラベルを活用する。ラベルは資産に対して論理的に付与するIDだが、人間が視覚的に識別しやすいような名前がよい。たとえば、資産が存在する場所を表すのであれば、「Location：大阪データセンター」。資産の環境を表すのであれば、「Environment：検証環境」といった具合にラベルを作成し、これを資産に紐づけることで資産をひとまとめにして管理できるため、後述の通信制御のルール決めや可視化された通信の把握がしやすくなる。

③制御方針および通信要件の決定

作成したラベルを使ってどのように制御を実施していくのかを決定する。

たとえば資産の場所によって環境を分離したいのであれば、「Location：東京」ラベルが貼られた資産と「Location：大阪」ラベルが貼られた資産の通信は拒否するといったようにである（図表4-3-2）。

また、制御方針として「許可リスト方式（許可したい通信を定義しそれ以外を拒否する）」を取るのか、「拒否リスト方式（拒否したい通信を定義しそれ以外を許可する）」を取るのかの検討も必要である。利便性よりもセキュリティの優先度が高い企業は許可リスト方式を、その逆は拒否リスト方式がマッチするケースが多いと考えられるが、いずれの場合も現場が対応可能な運用設計（許可リスト方式では必要な宛先への通信を特定して速やかに許可ルールに反映するなど）が重要となる。

ほかにマイクロセグメンテーションの守備範囲への考慮が必要で、たとえば、重要サーバーへのアクセスにおいては特権ID管理製品、インターネット向けの通信はネットワークファイアウォールやSASE（Secure Access Service Edge）に委ねるといった判断も重要となる。

④通信の可視化

棚卸しした資産に対してエージェントが導入され、管理単位であるラベルも付与され、制御方針もある程度固まったら、マイクロセグメンテーション製品の機能を利用して通信を可視化する。可視化においてはエージェントソフトウェアが収集したデータを自動でクラウド側へ連携して、図・表などでわかりやすく可視化してくれる製品がほとんどであるため、利用企業・組織が気にかけるべきは可視化された通信が許可すべきものなのか否かである。セキュリティ部門の担当者だけでこれを判断することは難しいため、各システム管理者や運用ベンダーなど複数のステークホルダーを巻きこんで可視化された通信をみてもらい、許可すべき通信は時間をかけて洗い出していく。

■制御ルールの例：拒否リスト方式

Location:東京 と Location:大阪 間の通信はすべて**拒否**

Role:PC から System:人事管理 へは悪用されやすいポートのみ**拒否**

上記に記載のない通信はすべて**許可**

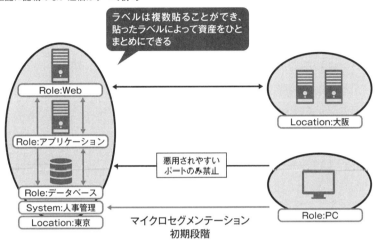

ラベルは複数貼ることができ、
貼ったラベルによって資産をひと
まとめにできる

■制御ルールの例：許可リスト方式

Role:Web から Role:App への**HTTP 80通信のみ許可**

Role:データベース から Role:App への**SQL 3306通信のみ許可**

Role:PC から System:人事管理 への**HTTPS 443通信のみ許可**

上記に記載のない通信はすべて**拒否**

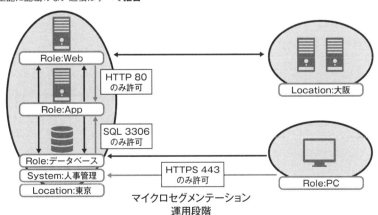

⑤制御ポリシーの最適化

　製品を導入して終わりではなく、可視化されたネットワーク内の継続的なリスク評価をしながら制御ポリシーを洗練していく。そのために運用体制の構築や各種運用手順の整備も並行して行う。また、ここで重要なのは、段階的に実施することである。最初から100点満点を目指してすべてを細分化した実装を目指すのではなく、本当に守るべき資産を厳しい制御ポリシーの対象とすることが望ましい。導入の初期段階では、拒否リスト方式で危険な通信のみを止め可視化された情報を継続評価することで、許可すべき通信を洗い出す。その後の運用段階でセキュリティの高い許可リスト方式に切り替えていく方法が現実的である。

　全体を通して言えることは、マイクロセグメンテーションの実装アプローチには非常に多くのステークホルダーの協力が欠かせない。現場主導で社内の調整を進めることは難しいため、プロジェクトはトップダウンで進められることが多く、経営層の理解・後押しが必要となる。

③ ITロードマップ

　図表4-3-3にマイクロセグメンテーションにおけるロードマップを示す。

～2023年度：

　ゼロトラストアーキテクチャの概念が普及し、アプローチの1つとしてマイクロセグメンテーションが日本でも注目され始める。マイクロセグメンテーションの導入事例は欧米を中心に増え始め、ベストプラクティス（成功事例）も確立されている。日本ではPoC（概念検証）や一部導入を実施する企業も現れるが、海外でのベストプラクティスは日本で求められる品質とマッチせず、そのまま日本企業には適用できない。デプロイの自動化および脆弱性管理、EDRやSIEM、脅威インテリジェンス製品との連携が可能な製品も存在する。

図表4-3-3 マイクロセグメンテーションにおけるロードマップ

		～2023年度	2024年度～2025年度	2026年度～
実用化および普及の状況	技術の動向	マイクロセグメンテーション製品における単体機能および連携機能の成熟	XDR（NDR、EDR）の本格的な普及	EASM、CAASM、SOARの普及 資産全体可視化や運用自動化のエコシステム完成
	市場の動向	ゼロトラストアーキテクチャの普及	各種ガイドラインの整備・充実	
	企業の動向	PoC実施による製品評価や一部企業における導入	日本国内における導入事例の増加へストプラクティスの確立	

2024年度〜2025年度：

ISMAP（Information system Security Management and Assessment Program：日本の政府情報システムのためのセキュリティ評価制度）をはじめとした各種ガイドラインや基準でもマイクロセグメンテーションが言及され、日本国内でも導入・運用事例が増える。事例の増加に伴い、日本企業にマッチするベストプラクティスが整備される。SASEやXDR（NDR〈Network Detection and Response〉、EDR）が本格的に普及し、MSS（Managed Security Service）ベンダーのサービスにも組み込まれ運用性が向上する。

2026年度〜：

マイクロセグメンテーション自体の成熟に加え、EASM（External Attack Surface Management）、CAASM（Cyber Asset Attack Surface Management）、SOAR（Security Orchestration, Automation and Response）などとよりシームレスに連携することで資産全体の可視化や運用自動化が進み、エコシステムに近づく。

実現に向けた課題

適切な資産管理と運用設計がカギ

先に243ページで実装に向けた具体的アプローチについて紹介したが、最初の「守るべき資産の棚卸し」が適切にできないといった悩みを持つ企業が多い。グループ会社や拠点を多く持つ大企業は特に資産管理で課題を抱えていることが多く、こうした課題を解決していくために、ロードマップにもあるCAASM製品との連携が期待される。CAASM製品では他社製品のエージェントから情報を収集し、資産全体を可視化するソリューションも出てきているためである。

また、マイクロセグメンテーションを許可リスト方式で導入した場合、各利用者への業務影響や運用負荷が重くならないような設計が難しいといった課題もある。マイクロセグメンテーションの導入は、中長期的に自組織に合

うようチューニングしていく必要があり、各部門の要件に柔軟に対応できるような運用体制の構築が求められる。具体的には、マイクロセグメンテーションに関連する製品の運用管理者だけでなく、各部門のシステム・ネットワーク担当者にも可視化された結果の閲覧権限を与えて、どの通信を許可するべきか判断できるような運用手順や業務フローの整備などが挙げられる。

脅威対策の最新動向

　昨今の脅威対策は「TDR（Threat Detection and Response）」の概念を基本としている。TDRとは、インシデントの予防だけに注力するのではなく、インシデントは排除できないという前提に立ち、その早期発見と被害軽減を重視するアプローチである。TDRを実現するソリューションの代表格はEDR（Endpoint Detection and Response）であり、現在までに多くの組織に導入され、脅威対策の中核を担ってきた。しかし、サイバー攻撃は日々巧妙さを増しており、EDRなど既存ソリューションだけでは対処できない状況も散見される。

　その要因の1つに、既存ソリューションの可視化領域から外れた脅威の出現が挙げられる。EDRであれば、その可視化領域はエンドポイントであり、可視化性能に優れた製品を利用したとしても、エンドポイントに痕跡を残さない脅威には対処できない。そのため、脅威の特性が変化すれば、それに応じた可視化領域を有する新しいソリューションが求められる。

　そして、もう1つの要因として、複数ソリューションを効果的に運用することの難しさがある。脅威の特性に応じて複数のソリューションを組み合わせる必要性があるものの、それらはインシデント全体の文脈に統合して処理される必要があり、理想的に活用できている組織は少ない。

　本稿では、最新の脅威に対してTDRを実現するソリューションとして、前者の要因に関しては「アイデンティティの脅威と対策」を、後者の要因に関しては「高度化したSOC（Security Operation Center）による脅威検出」をそれぞれ解説する。

❶アイデンティティの脅威と対策
アイデンティティ脅威の現状
　警察庁のレポート『令和4年におけるサイバー空間をめぐる脅威の情勢等

について』(2023年3月、https://www.npa.go.jp/publications/statistics/cybersecurity/data/R04_cyber_jousei.pdf)によると、2022年に警察庁へ報告されたランサムウェア（身代金要求型ソフトウェア）の被害件数は前年（2021年）比57.5％増となり、2020年から右肩上がりに増加している。ランサムウェアが組織に対する最大の脅威である状況はここ数年続く傾向だが、その感染経路には変化が認められる。「Emotet」など悪名高いマルウェア（悪意のあるソフトウェア）にみられるように、従来の主な感染経路は「メールへの添付ファイル」であったが、同レポートによると、2022年は「VPN機器からの侵入（62％）」と「リモートデスクトップ（以下、RDP）からの侵入（19％）」で大半を占めている。この変遷の要因として、アイデンティティに対する脅威（以下、アイデンティティ脅威）の台頭が挙げられる。アイデンティティの定義は本来はやや複雑であるが、本稿においてはIT環境の「アカウント」をイメージしていただきたい。アカウントは、「ユーザーの認証・認可に関する情報（ID・パスワード・アクセス権限など）」と定義され、IT環境を利用する「主体」の役割を担う。

　テレワークやクラウドサービスなどのIT環境下におけるユーザーは、物理ネットワークに依存することなく、どこからでもリソースにアクセスすることを求めるようになった。たとえば、従来は「重要ファイルは社内ネットワーク上のファイルサーバーに格納し、社員は同ネットワーク上のワークステーションからアクセスする」といった業務形態が一般的であったが、現在は「重要ファイルはクラウドサービスに格納し、社員は自宅のモバイル端末からアクセスする」という業務形態も珍しくない。そのためユーザーからのリソースへのアクセス可否の判断は、物理ネットワークではなくアイデンティティを根拠とするようになった。すなわち、IT環境におけるアクセス制御の重心は「物理ネットワークからアイデンティティに転換した」と言える。

　そして、アイデンティティの重要性が高まるにつれ、アイデンティティ脅威も必然的に増加している。前述の「VPN機器」や「RDP」は、組織のIT

環境にリモートアクセスを提供する「要」であり、まさにアイデンティティによるアクセス制御の重要ポイントである。一方、攻撃者目線で言えば、これらを侵害すれば、インターネットから組織のリソースへ自由にアクセスできるようになるため、最も「効果的な」攻撃対象と認識される。実際に、2022年10月31日に発生した大阪府立病院機構大阪急性期・総合医療センターに対するサイバー攻撃（同攻撃に対する同センターの「情報セキュリティインシデント調査委員会報告書」：https://www.gh.opho.jp/pdf/report_v01.pdf）では、診療システムの完全復旧までに73日間を要する被害を受けたが、その技術的発生要因として「VPN機器の管理やRDP接続の運用の不備」が指摘されており、アイデンティティ脅威の深刻さを示す事例となった。そして、感染経路を同じくするランサムウェアの被害件数も、前述の通り急増しており、これらはアイデンティティ脅威への対策が圧倒的に不足していることを示唆している。

　なお、アイデンティティに関するソリューションと言えば、IAM（Identity and Access Management）が最も浸透しており、導入している企業も多いだろう。詳解は他稿に譲るが、IAMとはIDやアクセス権限の管理と、それらに基づく認証・認可を提供するソリューションである。すなわち、IAMはアイデンティティの基盤そのものであり、アイデンティティ脅威への「対策」ではなく、アイデンティティ脅威の「標的」であることに留意いただきたい。

アイデンティティ脅威への対策：ITDR

　このようなアイデンティティ脅威への対策として、今「ITDR（Identity Threat Detection and Response）」が注目されている。ITDRは、2022年2月に米国の調査会社Gartner社から提唱された概念で、「アイデンティティ保護に資する以下の機能を提供するツール・プロセス」と定義されている。

- 検出と検査

- 分析
- ポリシー評価
- インシデントの管理と修復

　すなわち、ITDRとは、継続的にアイデンティティ脅威へ対抗し、インシデントの発生防止と被害極小化を目的としたソリューションと言える。すでに多くのセキュリティベンダーからITDRソリューションが提供されているため、ここではそれらの機能を実例として、ITDRの価値について具体的に紹介する。

リスク可視化

　アイデンティティには、たとえば「パスワードの文字列が短い」「必要以上の権限が付与されている」といったリスクがある。アカウントの設計フェーズであれば、比較的容易に認知できるリスクも多いが、運用フェーズにおいて業務効率化などを背景に新たに発生したリスクは、認知することさえ難しい。リスク可視化では、これらのリスクを継続的に監視・特定する機能が提供される。

インシデント検知・対応

　可視化されたリスクに対処し、インシデントの予防に努めることは大切だが、それでも完全に排除することはできない。そのため、インシデントの発生を前提としつつ、その被害を最小化するような脅威対策が重要になる。インシデント検知・対応では、これを実現するために、以下の機能が提供される。

- 記録：平時・有事を問わず、アイデンティティの挙動を記録する
- 検出：高度な技術によって、アイデンティティに特化した脅威を検出する
- 調査：事象の全容を解明するために、高速・詳細に調査する

- 処置：侵害を封じ込めるために、認証・認可のブロックなどの処置を
  する

ポリシー制御

　多くのIT環境において、アイデンティティによるアクセス制御は、あらか
じめ定義されたID・パスワード・アクセス権限に基づく認証・認可によって
判断されている。しかし、「ID・パスワードが漏えいした場合」や「端末が
マルウェアに感染した場合」は、このような認証・認可だけではインシデン
トを防止することはできない。このような有事を想定した場合、「なるべく
多くの情報」を活用して認証・認可を「動的」に行う方式が望ましく、広く
浸透している実装例としては、Webサービスにおけるリスクベース認証（異
なるブラウザーからのログインに追加認証を要求する、など）が挙げられる。
ポリシー制御では、普段の挙動や端末のセキュリティ状態などに加えて、前
述の機能によって発見されたリスク・インシデントの情報も活用し、リスク
レベルが高い場合にはアクセス可否の判断を動的に変更し、アイデンティ
ティをブロックするなどの機能が提供される。

❷高度化したSOCによる脅威検出

XDR（Extended Detection and Response）とは

　攻撃手法の高度化が進む中、セキュリティ機器のログを集約し、攻撃を検
知し相関分析する機能を持ったXDRが普及している。エンドポイント、
ネットワーク、クラウドなどの異なる環境のログを収集し、AIや機械学習を
活用して、普段みられない異常な動作や内部不正の検知など、高度な脅威の
検出も可能となる。さらに昨今では、セキュリティインシデント発生時の影
響調査や封じこめを自動化する機能が備わっている製品もあり、効果的に利
用することによって対応のスピードを飛躍的に向上させることができる。

XDR活用の例

　XDRには多様な機能が備わっており、正しく使いこなすことにより多大なメリットを享受できる。一般的なオフィス環境においてセキュリティインシデントが発生した場合のXDRの活用例（図表1）について、環境の構成要素・シナリオ・メリットの順に紹介する。

■環境の構成要素

EDR：エンドポイント端末の脅威検出と対応

SASE（Secure Access Service Edge）：Webトラフィックのフィルタリング

ITDR：認証試行の脅威検出と対応（詳細は本稿の前半で紹介）

※XDRでEDR、SASE、ITDRのログ収集・常時監視

図表1　XDRの活用例

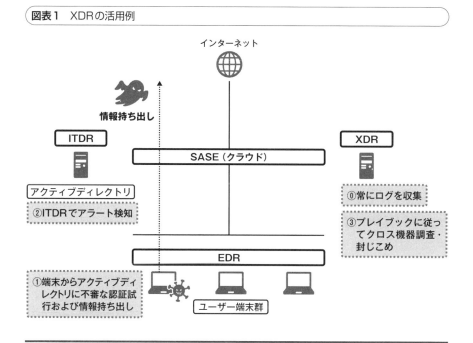

■シナリオ

①攻撃者が流出したID・パスワードを利用してリモートアクセス経由でユーザー端末に不正にログインし、

● 権限の昇格を目指してActive Directoryへの不審な認証

● 端末内のデータの持ち出し

を試行

②不審な認証試行をITDRが検知

③ITDRの検知ログはリアルタイムでXDRに収集され、それをトリガーに以下のようなプレイブックに沿ったアクションを自動実行

【調査】

● EDRのログから端末乗っ取りの起点を調査

● EDRのログから他端末に同様の侵害が及んでいないかどうかを調査

● SASEのログから情報持ち出し被害の特定

【封じこめ】

● ITDRにて侵害されたアカウントの無効化

● EDRにて侵害された端末の隔離

● SASEで情報持ち出し先のドメイン／URLを遮断

■メリット

このシナリオにおけるXDR活用のメリットは大きく以下の2点である。

①相関分析

ITDRによる検知が発生した後、ITDR自身のログに加え、XDRに蓄積されたEDRの端末挙動やSASEのネットワーク挙動のログを調査することにより、インシデントを詳細に分析できる。本シナリオでは、情報持ち出しの有無やユーザー端末が侵害された起点の特定が可能となる。

②調査・封じこめの自動化

XDRはセキュリティアラート発生時の調査やセキュリティ製品に連携して

端末の隔離や通信の遮断などを自動で行える機能を有することが多い。前述のシナリオの通り、多くの調査・封じこめが自動化できる。

　以上のように、XDRを効果的に活用することで、相関分析によるインシデント調査の精度向上、自動化による調査・封じこめの自動化が実現され、冒頭に記した課題である「複数ソリューションを効果的に処理する能力の不足」を解消できる。高度化したSOCには、異なる環境の複数ログを収集することで高度な脅威を検出して、さらには分析・対処を高速化することが求められる。今後、高度化したSOCを実現するためにXDRを活用する組織が増え、安心・安全な社会につながることを期待したい。

4.4 SRCとパスキー

·································

金融分野を取り巻く認証および関連技術の動向

エグゼクティブサマリ

● サマリ

・近年、インターネットを通じてさまざまな商品の購入やサービスの提供を受けられる一方、WebサービスからID、パスワード、クレジットカードなどの情報が漏えいしたりフィッシングで窃取されたりし、不正利用が多発している。

・Webサービスからの情報漏えいを防ぐためと、Webサービスでの決済手法を標準化することを目的として、「SRC（Secure Remote Commerce）」と呼ばれる技術仕様が公開され、「Click to Pay」というサービス名で海外での導入が進んでいる。また、フィッシングなどによるログイン情報の漏えいや、攻撃者による不正ログインへの対策として、「パスキー」と呼ばれるパスワードレス認証の導入が日本国内外のWebサービスで進んでいる。

・SRCによってWebサービスからの情報漏えいを防ぎつつ、パスキーによってログインを強化することで不正利用を減らすことが考えられる。

● ロードマップ

・3年後の2027年度において、SRCを実装したClick to Payは世界中で普及が進み、新たな決済手段の1つとして認知される。日本国内においてもSRCが普及し始め、情報漏えいの被害が減少する。

・同時期にパスキーが国内外の大半のWebサービスで標準の認証手段として利用され、パスワードの使い回しやフィッシングなどによって現在発生しているようなWebサービス利用時の被害が激減

することが期待される。

●課題

・SRCは、巨大な1つの共通決済プラットフォームであり、ブランド、カードを発行するイシュアー、カードを利用できる加盟店を開拓するアクワイアラー、加盟店、決済サービスプロバイダーなどのさまざまな事業体が関連しており、普及には費用や時間がかかることが課題として想定される。

・パスキーはパスワードと異なり1つのアカウントに複数のパスキーが同時に存在し得るため、利用しなくなったスマートフォンやPCのパスキーではログインできないようにするといった、今までにない考慮が必要である。また、パスキーがクラウド上に保管される場合にはクラウド側の認証の強固さと利便性の両立も課題となり得る。

① 実例

フィッシングによる情報漏えいや金銭被害の増加

2023年1月に情報処理推進機構（IPA）が公開した「情報セキュリティ10大脅威 2023」では、個人向けの脅威の1位として「フィッシングによる個人情報等の詐取」、4位に「クレジットカード情報の不正利用」、8位と9位に「インターネット上のサービスからの個人情報の窃取と不正ログイン」がランクインしており、クレジットカード情報を含む個人情報が盗まれ、不正ログインや不正決済などの被害が多発していることがわかる。

実際に、日本クレジット協会によると2022年のクレジットカードの不正利用被害額は約437億円を記録し、前年の約330億円を100億円以上も上回り過去最悪の金額となった。また、フィッシング対策協議会が発表する月次のフィッシング報告件数も2023年9月は約11万7000件となっており、前年同時期の約10万2000件より1万5000件も増えている。

これらの被害が増えている背景には、新型コロナウイルス感染症の影響により、インターネットを通じてさまざまな商品を購入しサービスを利用する機会が増えており、WebサービスごとにID、パスワード、氏名、住所、メールアドレス、クレジットカード番号、セキュリティコードなどの情報を入力することが日常的となっていることが挙げられる。一方で、数えきれないほどのWebサービスを利用するユーザーにとって、IDとパスワードを覚えきることは困難であり、異なるWebサービスを利用する際に同一のIDとパスワードを使い回しがちである。そのため、一度フィッシングサイトでIDやパスワード、クレジットカードが盗み取られると、ほかのオンラインサービスに不正にログインされたり、不正な決済に利用されたりするケースが頻発している。また、個人でフィッシングに引っかからなかったとしても、適切な脆弱性管理やセキュリティ対策を行っていないWebサービスを利用することで、本人のあずかり知らぬところで情報が漏えいしているケースも散見される。

　ID、パスワード、クレジットカード番号などの情報は、日常の中で重要な役割を果たしており、適切に保護されるべきものである一方、攻撃者からの保護が難しい問題となっている。

対策の動向

多要素認証

　前述した背景を踏まえて、IDとパスワードで認証を行うWebサービスでの不正ログインの対策として、多要素認証が導入されるケースが増えている。たとえば、IDとパスワードでログインする際に、携帯電話のSMSで6桁程度の番号のワンタイムパスワードをユーザーに送り入力させる方法である。そのほかには、一定時間ごとに番号が変わるタイムベースのワンタイムパスワードをあらかじめ設定し、SMSのワンタイムパスワードと同様にログイン時に入力させるという方法が導入されているケースもある。

EMV 3-Dセキュア

　Webサービス上のオンラインショッピングなどのインターネットを介して
クレジットカード決済を実施する際に、本人以外の不正利用を防ぐ認証のし
くみとして「EMV 3-Dセキュア」がある。EMV 3-Dセキュアとはクレジッ
トカード情報の入力に加えて、カード保有者本人しか知り得ない情報を追加
で要求するしくみである。ユーザーの普段の行動パターンなど（利用端末、
OS、携帯位置情報、購入する商品の情報など）を分析し、当該認証に関す
るリスク度を算出し、その判定結果に応じてパスワード入力などの追加認証
が要求され（リスクベース認証）、より安全に決済が行えるようになってい
る。

　多要素認証とEMV 3-Dセキュアという対策によって不正ログインや不正
決済の被害が防ぎきれるように思われたが、あいにくこれらの対策をかいく
ぐるさらなる攻撃が起こり始めている。

対策をかいくぐる攻撃

多要素認証への攻撃

　多要素認証としてのワンタイムパスワードはIDとパスワードが漏えいし
た場合には不正ログインに対する防御壁となり得るが、IDとパスワードに
加えてワンタイムパスワードも同時に盗み取り、攻撃者が裏で正規のユー
ザーになりすまして不正ログインを行う「リアルタイムフィッシング」には
脆弱である。また、多要素認証でSMSのワンタイムパスワードを利用して
いる場合でも、SMSのワンタイムパスワードの送付先の携帯電話番号の
SIMカードを攻撃者が不正に再発行し、SMSのワンタイムパスワードを攻
撃者が受け取るような「SIMスワップ」といった新たな攻撃手法での被害も
生じている。

EMV 3-Dセキュアへの攻撃

　EMV 3 Dセキュアは、クレジットカード番号が漏えいした場合には、漏
えいした情報を用いて不正決済をさせないための対策の1つになり得るが、

現状は万全の対策とは言えない。特に追加認証として静的なパスワードが利用されるケースにおいては、IDとパスワードに加えて静的なパスワードもフィッシングで窃取されて、EMV 3-Dセキュアを完全に回避されてしまうケースがある。また、EMV 3-Dセキュアの利用にはコストがかかるため、EMV 3-Dセキュアを導入しているWebサービスであっても、商品の金額が少ない場合にWebサービス側でEMV 3-Dセキュアを利用せずに決済を行わせてしまうケースもある。

　加えて、EMV 3-Dセキュアは、クレジットカードが漏えいした場合に不正利用を防ぐことに重点を置いているが、不正な決済を防ぐためには「情報漏えいの防止」および「不正利用の防止」の両面の観点が必要であり、「情報漏えいの防止」のアプローチが不足している。

　そこで本稿執筆時点（2023年12月）においてSRC（Secure Remote Commerce）とパスキーという、より高度な対策として攻撃自体を困難にさせ、直接的な被害の発生を未然に防ぐしくみの導入が進んでいる。

❷ 関連技術の紹介

新たな対策としてのSRC

　SRCとは、EMVCoが策定した技術仕様で非対面決済を安全かつ便利にする手法であり、本手法を実装したClick to Payと呼ばれるサービス名で、「ビザ」「マスターカード」「アメリカン・エキスプレス」「ディスカバー」の4ブランドからすでにサービスが提供されている。

　SRCが策定された背景として、対面でのクレジットカード決済は、EMVCoのICカード仕様により、利用方法やデータの保護方法が共通化されたこともあり情報漏えいは激減した。一方で、オンライン決済を含む非対面決済は統一的な決済プロセスがない。ID、パスワード、氏名、住所とクレジットカード番号、有効期限、セキュリティコードを入力させるWebサービスもあれば、IDを発行せずに事前に登録済みのアマゾン ペイやペイパルなどを利用して決済させつつ、個人情報を入力させないWebサービスもあ

る。

　このような統一されていない決済プロセスの存在が、セキュリティ上のリスクを高めている。ユーザーは複数のWebサービスで異なる手続きを経て情報を入力することになるため、ときにセキュリティ対策が取れていないWebサービスに自身の情報を預けてしまう場合がある。さらに、情報を繰り返し入力させられることで、ユーザーはフィッシングサイトや不正なポップアップなどの詐欺にも引っかかりやすくなる。その結果、個人情報が漏えいしたり、不正利用されたりするリスクが増大している。また、複数のWebサイトやサービスごとに異なるIDやパスワードを管理することは、ユーザーにとっても負担となり、それが安易なパスワードの使い回しや簡単に推測できるパスワードの使用を促してしまうこともある。

　これらの問題を解決するために、SRCはより安全でかつ便利な非対面決済のスタンダードを策定することを目的に、①ユーザーIDの統合によるユーザーの情報入力の簡略化、②データ保存場所の最小化、③決済データの暗号化、④決済トークンの採用、⑤決済プロセスの共通化──という5つの要点を肝に設計されている。これらの要点によりSRCはユーザーの利便性とセキュリティの両方を兼ね備えた優れた手法となっている。

　SRCの利用に際して、ユーザーは事前にSRCシステムに本人情報を登録する必要がある。現状、ユーザーの情報はビザなどのクレジットカードブランドのWebサイトから登録することが可能である。ユーザーの情報には、IDとパスワードのほかに、氏名、住所、メールアドレスや電話番号などを登録する。SRCシステムで利用されるIDは一意であり、従来のようにWebサービスごとにIDをつくる必要はない。SRCシステム側では、登録時にSRCシステムに利用できるクレジットカードであるかも併せて確認をする。ユーザーは、SRCが利用できるWebサービスで商品を選択してショッピングカートに入れた後、決済手段としてサービス名であるClick to Payを選択して、利用するクレジットカードを選択すると、認証が行われ認証後にクレジットカードで決済される（図表4-4-1）。

　昨今の情報漏えいは、セキュリティ対策が不十分なWebサービスから漏

図表4-4-1 SRCの概観

①利用者登録（ID・パスワードのほかに、氏名、住所、メールアドレスや電話番号などを登録する）

ユーザー　　　　　　　Webサービス　　　　　　SRCシステム

②商品選択　　　　　　　④本人認証依頼

③決済手段に
Click to Pay（SRC）を選択

⑤本人認証（ワンタイムトークン）の実施

⑥決済方法・送付先確認後決済

えいするケースが多いが、SRCでは新規で利用するWebサービスであっても
クレジットカード番号や氏名、住所などの情報をいっさい入力する必要が
ないため、利便性とセキュリティの両面を同時に向上することが可能であ
る。

　また、SRCは通信仕様も明確に定められており、たとえば決済データを通
信する際は強力な暗号化プロトコルを用いることや、そもそもクレジット
カード番号ではないトークンや参照可能なデータに変換することが規定され
ており、取り扱う情報の重要度を下げるしくみが設けられている。これは、
今までの加盟店のWebサービスから多くの情報漏えいが発生したという反
省から、個人情報の取り扱う範囲を最小限に抑えユーザーを守るためのアプ
ローチだと言える。

　そのほか、SRCでは決済時の画面についても標準化が進められており、ど
のWebサービスやアプリから利用する際も同じ見栄えの決済画面が表示さ
れるようになっている。表示内容においてもクレジットカード番号や重要な
個人情報はマスク化して表示されるルールが策定されるなど、ユーザーの情
報が第三者に漏れるリスクを最小限に抑える考慮もなされている。

新たな対策としてのパスキー

リアルタイムフィッシングなどでのログイン情報の窃取やWebサービスへの攻撃によるID・パスワードの漏えいに伴う攻撃に対して、ログイン情報自体はユーザーとWebサービスの間でやりとりせず、さらにはユーザーがパスワードどころかIDの入力もせず画面ロック解除での認証だけでログインなどができる「パスキー」と呼ばれるパスワードレス認証の導入が日本国内外のWebサービスで進んでいる。

パスキーによる認証（以下、パスキー認証）は、パスワードのようなユーザーの認証に使う同じ情報をユーザーとWebサービスの双方が持ち合わせて利用するのではなく、ユーザー側とWebサービス側が対となる鍵（「キー」）をそれぞれ持って認証する「FIDO（Fast IDentity Online）認証」の一種である。2022年度にアップル、グーグル、マイクロソフトの大手プラットフォームベンダー3社がパスワードレス認証手段としてのパスキーを利用可能にすることを表明し、各社のOSやブラウザーが搭載された多くのスマートフォンやPCでパスキーを利用できるようになった。

ユーザーがパスキーを利用する際には、まずWebサービスのログイン画面での「ID入力欄」や「パスキーでログイン」ボタンをクリックするとログイン可能なパスキー（アカウント）一覧がWebブラウザーによって表示される。その上でログインするアカウントをクリックすると端末の画面ロック解除手段（顔認証や指紋認証など）で認証が行われ、ロック解除手段での認証に成功するとWebサービスにログインする。ユーザーはIDやパスワードを記憶したり入力したりすることなく、普段から使い慣れている画面ロック解除手段だけでログイン可能となり、使い勝手が大幅に向上する。

パスキー認証に用いられているFIDO認証とは、パスワードレス認証を安全に実現する認証技術のしくみで、具体的には対となる鍵をユーザーとサーバーがあらかじめ持ち、双方がそれぞれの鍵を用いて認証情報をやりとりする。このときのユーザー側の鍵が一般的に「パスキー」と呼ばれている。

パスキー認証時にはパスキー自体はユーザーとサーバーの間で受け渡しされないため、ユーザーが誤ってフィッシングサイトにアクセスしてもユー

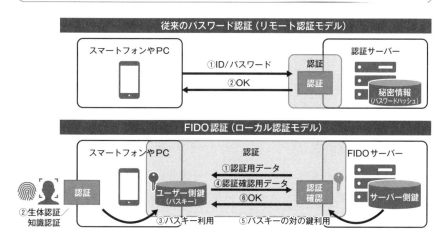

ザー側の鍵を盗み取られることはない。また、攻撃者がユーザーになりすまそうとして偽のパスキーを用いても、サーバー側は攻撃者による偽のパスキーの対となる鍵を持っていないため、なりすましを検知して不正ログインを防ぐことが可能である。

　さらに、ユーザー側のスマートフォンやPCが操作されて勝手に認証されることを防ぐために、パスキーが利用される際に、スマートフォンやPC内で完結する画面ロック解除手段として生体（指紋や顔）や知識（パスワードやPIN）での認証も行われる（図表4-4-2）。ここでの生体や知識の認証情報はユーザー側からサーバー側には送信されず、FIDO認証によってサーバー側が生体情報を受け取るようなことも起こらない。さらに、攻撃者がFIDO認証で不正ログインをするには、ユーザー側のパスキーが入ったスマートフォンやPCと、スマートフォンやPCの画面ロック解除手段の2つの要素を窃取する必要があり、不正ログインを行うことは非常に困難である。

パスキーの誕生

　パスキー認証が登場するまでのFIDO認証は、ユーザー側の鍵が格納されているスマートフォンやコンピュータをユーザーが紛失したり変更したりし

たら認証に使えなくなるという欠点を持っていた。ところが、2021年度にアップルがユーザー側の鍵をクラウド上に保管してスマートフォンやPC間で同期可能にするしくみであるパスキーを発表し、先述のように2022年5月にはアップル、グーグル、マイクロソフトの3社がパスキーへの対応を表明した。

　クラウド上に鍵を保管することで、ユーザーが利用するスマートフォンやPCといった端末間での鍵の同期が可能になった。ユーザーが端末を紛失・変更しても新しい端末でクラウド上の保管庫にアクセスできれば以前のパスキーも利用可能であり、しかも、ユーザーが複数の端末を利用している場合であっても、1台の端末でパスキーを登録しておけばほかの端末でもパスキーを利用することができる。

　加えて、パスキー認証が登場する前のFIDO認証では、ユーザーは最初にIDを入力する必要があったが、パスキー認証の場合はIDを入力せずとも認証に進めるようにもなった。

　大手プラットフォームベンダーがパスキー認証に対応し、ユーザーの利便性が向上したことで、2022年5月以降、国内外のさまざまなWebサービスがパスキー認証に対応し、ユーザーはパスワードレス認証を利用できるようになった。国内では、NTTドコモ、KDDI、メルカリの暗号資産取引、マネーフォワード、ペイパルなどがパスキー認証にすでに対応している。ちなみに、一部のWebサービスでは「パスキー」という表現は全面的には出さず、スマートフォンやPCのロック解除手段を用いることから「生体認証でログイン」などの表現のケースもある。

SRCとパスキーの併用による不正利用の激減へ

　SRCとパスキーを併用することで、将来的にはワンタイムトークンを利用することなく安全かつ確実に正規のユーザーであることの確認ができるようになると考えられる。具体的には、SRCの機能によりWebサービスからの情報漏えいが防げるほか、パスキーは、近年増加しているフィッシング対策としても有効である。2023年12月時点でのSRCの仕様には認証手段にパス

キーはないものの、今後の仕様改定時にパスキー認証が明記されることが望まれる。近い将来、SRCとパスキーが決済の標準的な認証手段として認知されれば、現在発生しているフィッシングを含む情報漏えいや不正利用が解決されるであろう。

③ ITロードマップ

現在～2024年度：SRCの海外での普及＝パスキーの黎明期

SRCは、JCBを除く「ビザ」「マスターカード」「アメリカン・エキスプレス」「ディスカバー」の4ブランドにおいてClick to Payというサービスで公開されており、ビザは50ヵ国、マスターカードは27ヵ国でサービスが提供されている。世界では徐々に普及が進んでいるものの、日本でのサービス提供はないとみられる。サービスが浸透し始めている米国では1万を超える加盟店で利用され、普及も加速していくであろう。

パスキーがNTTドコモ、KDDI、メルカリの暗号資産取引、マネーフォワード、ペイパルといった大手のサービスで導入されて知名度も高まりつつユーザーの理解も深まることで、2024年度までには国内外のWebサービスでさらなるパスキーの対応が拡大すると考えられる。ただし、パスキーに慣れていないユーザーや、スマートフォンやPCのトラブルによりパスキーで認証ができない場合を考慮して、パスワードなど既存の認証手段と併用してパスキーに対応させることが大半だと考えられる。

2025年度～2026年度：国内におけるSRCの利用開始＝パスキーの利用が拡大

SRCでは、EMV 3-Dセキュアの導入が進んだ後に情報漏えいを防ぐ方策としてClick to Payの検討が始まり、日本においてSRCの利用が開始される。

パスキーでは、ユーザーの慣れによって認証できないトラブルも少なくなり、先進的なWebサービスではパスワードなどの既存の認証手段を併用せ

	～2024年度	2025年度	2026年度	2027年度	2028年度～
SRC	SRCが海外で普及する		日本国内においてSRCの利用が開始される		日本国内においてSRCが普及し、不正利用が激減する
パスキー	パスキーが大手のサービスで導入される		パスキーのみを認証手段とするサービスの登場により利用が拡大する		パスキーがユーザーの間に普及し、フィッシングが激減する

ず、パスキーだけを認証手段とするサービスが出てくる。

2027年度～：SRCの普及＝パスキーが認証手段の標準となる

SRCでは、加盟店やアクワイアラー（加盟店の開拓や管理を行う会社）、イシュアー（カード会社）での導入が徐々に始まると共にSRCの認知度が向上する。結果として利用が促進され、クレジットカードの情報漏えい件数が減っていく。

2027年度以降は大多数のWebサービスでパスキーを認証手段として利用できるようになる。パスワードの使い回しがそもそも発生しなくなり、フィッシングなどによるWebサービス利用時の被害が激減することが期待される（図表4-4-3）。

SRCの課題

SRCは、次世代の決済手段の立ち位置を目指しているものの、普及にはいくつか課題がある。

1点めの課題として、SRCは巨大な1つの共通決済プラットフォームであり、ブランド、イシュアー、アクワイアラー、加盟店、決済サービスプロバイダーなどのさまざまな事業体が関連している。ユーザーがSRCを使えるようになるには、各事業体の役割に応じたSRCのシステム実装が必要で、費用や時間がかかる。特に小規模事業者は、すでに利用可能な決済手段があるにもかかわらず、SRCを実装するためには追加のシステム改修が必要となることから、SRC普及に向けた理解を得たり、低コストで導入できるしくみを提供したりすることが必要になり得る。

2点めの課題は、加盟店のWebサービスにユーザー情報が登録されないことである。これはSRCのメリットであるものの、Webサービスの運営者の立場からすればユーザーの属性情報が取得できず、そうした情報をマーケティングやビジネスに生かせないためデメリットであるとも言える。したがって、SRCとは別にマーケティングやビジネスに生かせる情報の取得方法を個別に検討する必要がある。

3点めの課題として、ユーザーのSRCへの受け入れが挙げられる。多くのユーザーは既存の決済方法に慣れており、新しいシステムに適応するのは容易ではない。SRCの操作感が直感的でないと、利用をためらうことが考えられることに加えて、SRCの利点をしっかりと伝えるプロモーション活動が不十分であれば、利用が控えられ得る。したがって、ユーザーにとってわかりやすく、メリットが感じられるプロモーションが必須である。

情報漏えいを減らす上でSRCが有効であることは疑いようがないものの、その普及には課題がある。このような課題を解決するために、クレジットカードブランド、イシュアー、アクワイアラーなど、決済に直接関係する団

体のほかに、SRCを策定したEMVCoやキャッシュレス決済を推進する官公庁などの団体が、一体となって技術的なサポートや啓発キャンペーンを通じ協調してSRCを推進していく必要がある。

パスキーの課題

パスキーでの認証自体は画面ロック解除手段だけですむため簡単であるが、鍵としてのパスキーはパスワードと異なり、1つのアカウントに対して複数のパスキーが同時に存在し得るため、Webサービス側はそれを理解した上での実装や利用者への案内が欠かせない。たとえば、OSが異なる複数のスマートフォンやPCで異なるパスキーを用いていた場合に、もう利用しなくなったスマートフォンやPCのパスキーではログインできないようにするといった対策である。

また、パスキーがクラウド上に保管される場合には、クラウド側の認証を強固にして攻撃者による鍵の窃取を防ぐ一方で、クラウド側の認証が面倒だとすると、利用者は、新たなスマートフォンやPCではパスキーを利用しない可能性もある。パスキー認証の今後の普及に向けて、パスキーを保管するクラウド側は認証のセキュリティ強化と利便性を両立させることが必須である。

FIDO認証の標準化を策定しパスキーの普及を進めている業界団体のFIDOアライアンスと、FIDO認証およびパスキーをWebブラウザー上で実装する標準を定めている標準化団体のW3C（ワールド・ワイド・ウェブ・コンソーシアム）には、今後、このような課題に対する標準仕様を協調して確定していくことが期待される。

4.5 IoTセキュリティ法規

各国で法規制が進む

エグゼクティブサマリ

●サマリ

・IoT（Internet of Things：モノのインターネット）機器とは、インターネットプロトコルなどを使用して外部のネットワークに接続可能な機器を指す（例：ウェアラブル端末、コネクテッドカー）。

・IoT機器は世界で約340億台あり、今後も増えると予測されている。IoT機器の普及[注1]に伴いIoT機器へのサイバー攻撃も増加している。

・増加するIoT機器のセキュリティ確保のため、先進国ではIoT機器に対するセキュリティ対策の義務化を求める法規が整備されつつある。法律を破った場合、数十億円規模の罰金や出荷停止処分を受ける懸念があるため、対象国でIoT機器を製造・販売している事業者は法規要件を把握する必要がある。

●ロードマップ

・2023年まで：国連欧州経済委員会（UNECE）の自動車基準調和世界フォーラムWP29で、「国連標準UN-R155/156」が成立。欧州を起点に自動車業界を中心として、製品セキュリティの法規化が進む。

・2024年：英国で消費者向けIoT機器を対象とした「Product Security and Telecommunications Infrastructure Act」が適用開始予定。また、米国でセキュリティラベル制度が成立予定。EUでデジタル要素を持つすべての製品（一部例外を除く）[注2]を対

注1 『総務省令和3年情報通信白書』、https://www.soumu.go.jp/johotsusintokei/whitepaper/ja/r03/html/nd105220.html

象とした「Cyber Resilience Act」の脆弱性報告義務が適用開始
予定。
・2025年：EUでネットワークにつながる無線機器を対象とした
「欧州無線指令（Radio Equipment Directive）」が適用開始予定
（将来的にCyber Resilience Actに統合される）。
・2026年以降：Cyber Resilience Actの製造義務が適用開始予
定。
●課題
・未公開の整合規格（Harmonized Standards）[注3]への対処。
・事業者間の連携。
・サプライヤーのサイバーセキュリティ能力の基準がない。
・消費者がセキュリティの面で商品・サービスを選ぶ際の基準整備。

❶ IoT法規がなぜ必要とされているのか

IoT（Internet of Things：モノのインターネット）機器とは、インター
ネットプロトコルなどを使用して外部のネットワークに接続可能な機器を指
し、ウェアラブル端末、コネクテッドカー、スマートファクトリーのかたち
で民生用と産業用両面において急速に普及しつつあり、今後も増加していく
と予想される。

一方で、IoT機器の増加に伴いサイバー攻撃の事例も増えつつある。その
ため先進国の一部では、IoT機器の安全性確保のための取り組みが行われて
いる。以下に代表例を示す。

注2　ソフトウェアを実装していて実行可能な製品を指す。ソフトウェア単体（スマートフォン用アプリ
　　など）も対象。また、次の規則の対象製品は適用除外である。「医療機器規則」（EU 2017/745）、
　　「体外診断用医療機器規則」（EU 2017/746）、「民間航空機規則」（EU 2019/2144）、「自動車の型式
　　承認規則」（EU 2018/1139）
注3　欧州標準化団体（欧州標準化委員会、欧州電気標準化委員会、欧州通信規格協会など）が作成す
　　る欧州の統一規格。適合性評価において対象の製品が該当の法律に準拠していることを確認する
　　ための手段の1つとして用いられる

- 電気通信事業法端末設備等規則第34条の10：日本国内における無線機器に対するセキュリティ対策の義務化を求める法規
- Product Security and Telecommunications Infrastructure Act：英国における消費者向けのIoT製品に対するセキュリティ対策の義務化を求める法規
- Cyber Resilience Act：EUにおけるIoT機器を含むすべてのデジタル製品（一部例外を除く）のセキュリティ対策の義務化を求める法規
- セキュリティラベル制度：ドイツ、フィンランド、シンガポールなどにおいて消費者向けのIoT製品に対するセキュリティの保護度合を示す認証ラベルを発行する制度。米国でも同様の制度が2024年後半に開始予定（本制度は強制力がない制度のため、本稿では詳細については述べない）

このように、IoT機器を製造・販売する際に販売国の法律に準拠することが求められている。IoT機器が侵害された際の影響として、IoT機器に保存されているデータを悪用した不正取引や不正送金などの直接的な損害だけでなく、侵害されたIoT機器がほかのサービスを攻撃する道具とされることで、ユーザーや企業の社会的信用の低下などの間接的な損害につながる。

❷ 代表的な法規

現在すでに施行ずみ、および施行が確定している代表的な法規を以下に示す。各法規で求められている要件については、「❸各法規で求められている要件」で後述する。

【1】日本：電気通信事業法端末設備等規則第34条の10

従来のIoT機器の技術基準にセキュリティ対策を追加するため、総務省により、既存の電気通信事業法を改正し、2020年4月より施行されている。本法規の対象は、PCおよびスマートフォンを除く、インターネットに直接接続可能な機器（例：ルーターやネットワークに接続可能なカメラ）である。

本規定に準じて技術基準に適合するIoT機器と認められなければ、電気通信事業者（移動体通信事業者、固定通信事業者、インターネットプロバイダーなど）の通信回線（公衆無線LANを含む）に直接接続することができない。また、本規定の準拠は国際標準ISO/IEC 15408に基づくセキュリティ認証（CC認証）で代替することも可能である。

【2】国連：UN-R155

車両のサイバーセキュリティおよびCyber Security Management System（CSMS）を定めた国連のサイバーセキュリティ法規である。セキュアな自動車を開発するための体制とプロセスについての要件が記載されており、国連欧州経済委員会（UNECE）の作業部会自動車基準調和世界フォーラム（WP29）で策定され、2021年1月22日に発効された。

UN-R155では、車両の型式審査の前段階として、車両を製造する企業が適切なプロセスを経ていることを示す「CSMS適合証明」を必要としている。サイバーセキュリティについて十分な性能があることや、その判定基準のすべてを数値化することは難しいため、代わりに適切と認められたプロセスを経て設計・開発された製品であることを示す証拠（設計文書）が求められる。認証を取得できない場合、法規の対象となる車両が販売できない。UN-R適用国各国の法規として採用されつつあり、適用国で認証を受けた場合、他国での認証手続きは不要となる。

また、認証の取得にはISO/SAE 21434が一助となる。

【3】国連：UN-R156

車両のソフトウェア・アップデート管理システム（SUMS）を定めた国連のサイバーセキュリティ法規である。UN-R155と同様の相互認証制度を採用している。認証の取得にはISO/SAE 24089が一助となる。

【4】英国：Product Security and Telecommunications Infrastructure Act（以下、PSTI）

英国で2022年12月7日に成立したサイバーセキュリティ法規である。対象は、消費者向けIoT機器のうちインターネット接続可能、またはインターネット接続は不可能だが間接的にネットワーク接続可能（Bluetoothなどのインターネットプロトコル以外の通信プロトコルも対象）な製品を、英国で製造、販売、または輸入する事業者に適用される。

PSTIでは急速に増加している消費者向けIoT機器をサイバー攻撃から守るために策定された2つのガイドライン（英国政府が策定した設計ガイドライン「Code of Practice for Consumer IoT Security」、および欧州電気通信標準化機構（通称：ETSI）の発行する設計・運用ガイドライン「EN 303 645」）を参照している。

違反した場合、販売停止、罰金の要求、製品の回収などの措置を講じられる可能性がある。罰金としては、1000万ポンドか、直近の年間グローバル売上高の4%のどちらか高い額が科される。

【5】EU：Radio Equipment Directive（以下、RED）

サイバーセキュリティ、個人情報保護、プライバシーのレベル向上を目的に、従来の無線機器指令を更新するかたちで、欧州委員会により、2022年1月12日に公表された。EU各国の電波法相当の法規に取りこまれた上で施行されることから、違反した場合の罰則は各国法規に従う。そのため、国によっては罰金だけでなく、販売停止措置もあり得る。

対象としては、直接通信するか間接通信（ほかの機器を経由した通信）するかにかかわらず、インターネット通信可能な無線機器のうち、特定のカテゴリーの無線機器[注4]を対象として適用される。

注4　各条文によって適用される対象が異なる。具体的には次の通りである。ただし、製品によっては、医療機器、航空機、自動車、電子道路料金システムなど、（一部の条文で）適用範囲外のものもある。第3条(3)(d)：直接またはほかの機器を経由してインターネット上で通信するものを対象とする。第3条(3)(e)：パーソナルデータ、トラフィックデータ、または位置情報を処理するものを対象とする。第3条(3)(f)：金銭データを処理するものを対象とする

なお、次のCRA制定に伴い、内容に競合する箇所が存在するため、RED
は廃止・修正される見込みである。

【6】EU：Cyber Resilience Act（以下、CRA）

接続された機器とソフトウェアのサイバーセキュリティを強化することを
目的とした法規案である。欧州委員会により、2022年9月15日に公表され
た。違反した場合、最大1500万ユーロ、または企業の年間グローバル売上
高の2.5％の罰金が科される。

法規の対象は、例外を除くデジタル要素を持つすべてのIoT機器であり、
EU加盟国で製造、販売、または輸入する事業者に適用される。

❸ 各法規で求められている要件

CSMS

CSMSとは、製品のライフサイクルを通して、サイバーセキュリティにか
かわるリスクマネジメントを効果的、効率的に行う体系のことである。

ライフサイクルとは以下を指す。

- セキュア開発（企画、設計、セキュリティテストなど）
- 工場セキュリティ（生産）
- サプライヤー管理（設計、出荷後）
- 脆弱性情報収集管理、インシデント対応（生産、出荷後）[注5]

【2】UN-R155では、車両のライフサイクル全体を通したセキュリティに関
するPDCAサイクルを運用する能力を持つことが要求されている。実施例
は以下の通りである。

- 管理体制・プロセス整備（実施例：社内管理、サプライヤー管理）

注5　一般的にProduct Security Incident Response Team（PSIRT）が販売後の脆弱性情報の収集を指
　　すことが多いのに対し、CSMSは開発段階を含め製品の脆弱性情報を確認してリスクレベルを算
　　出し、ライフサイクルを踏まえた対応可否および対応の検討を実施できる包括的な体制を築くこ
　　とを意図している

- 開発（実施例：リスクアセスメント、セキュリティ検査プロセス）
- 生産・生産後（実施例：脆弱性情報収集、インシデント活動）

また、【6】CRAでは、UN-R155同様に設計〜出荷後の対応を求められている。

Product Security Incident Response Team（以下、PSIRT）

PSIRTとは、IT機器の出荷後の脆弱性対応およびインシデント対応活動を行う社内組織のことである。

一般的に製品ライフサイクルにおけるセキュリティ対応、すなわち企画・開発段階でのリスクアセスメントで既知の脆弱性に対する対応策を実施していたとしても、出荷後に新たな脆弱性が発見されることが少なくない。特にIoT機器において近年は複雑なIT技術を効率的に実装するため、多くのサードパーティ製ソフトウェアを使用している。これらは定常的に脆弱性が報告されるため、不特定多数の攻撃者に攻撃されるリスクが考えられる。こうした背景を踏まえて、近年自社製品に関連する脆弱性情報・インシデント情報を定常的に収集および対処を行うPSIRTを設ける企業が増えている。

【2】UN-R155では、脆弱性情報の管理として以下が求められている。
- 開発、製造する車両に関連する脆弱性情報を継続的に監視し最新に保つこと
- 脆弱性情報を監視するスタッフは必要な専門スキルを備えていること
- 収集した脆弱性情報と各車種との関連性を判断できること
- 収集した脆弱性情報に優先順位をつけること
- インシデント発生時に認証機関へ報告すること

【4】PSTIでは、2024年4月より第三者からIoT機器に関する脆弱性情報を受け付ける窓口の設置が求められている。また、そのポリシーを公開しなければならない。ポリシーには以下が含まれる。
- 問題を報告する連絡先情報
- 下記に関するタイムライン

—最初の報告の受領確認

—報告された問題が解決するまでの更新状況

【6】CRAでは、2024年10月より脆弱性報告義務の要件が施行される見通しである。これは製造事業者に対して以下の対応を義務づけるものである。ただし、原則として2024年10月以降にEUから出荷される製品が対象となる。

- 製造事業者は自社製品に脆弱性を発見してから24時間以内にENISA（European Union Agency for Cybersecurity）に通知すること
- 製造事業者は自社製品に影響を与えるインシデントを発見してから24時間以内にENISAに通知すること
- 製造事業者は必要に応じてユーザーに脆弱性、インシデントに対する是正策を通知すること
- 製造事業者は自社製品で使用するOSS（Open Source Software）に関する脆弱性を発見した場合は、OSSの管理者に通知すること

ソフトウェア・アップデート

ソフトウェア・アップデートとは、IoT機器のファームウェアなどのソフトウェアを有線または無線通信などを利用してアップデートすることである。

攻撃者の攻撃手法は時間の経過と共に高度化していく傾向があり、IoT機器の開発時に強固なセキュリティを築いていたとしても、セキュリティ対策自体が危殆化する懸念がある（例：暗号化アルゴリズム）。

したがって、将来的に脆弱性が発見されることを想定し、製品のソフトウェアを安全に更新できる手段をあらかじめ備えておくことが望ましい。そこで次に本要件の各法規における扱いについて述べる。

【1】電気通信事業法端末設備等規則第34条の10では、対象機器のファームウェアの更新機能を備えること、および可能な限りファームウェアの更新を安全かつ自動で行うことが求められている。

【3】UN-R156では、現在自動車業界で進められている車のコネクテッド化

や自動運転によって、自動車が外部のネットワークに接続されサイバー攻撃にさらされるため、ソフトウェア・アップデートを加盟国各国の法規として定めることが示されている。主な要件は以下の3点である。

- 危険または無効なソフトウェア・アップデートを防止すること
- ソフトウェア・アップデートが可能であることを事前確認すること
- ソフトウェア・アップデートがなされたことを履歴として管理すること

日本国内では、世界に先駆けてUN-R156の要件を2020年4月より施行しており、日本国外も順次対応されている。

【4】PSTIでは、以下の要件が求められている。

- IoT機器のセキュリティサポート期間を明確化し、その情報を開示すること
- セキュリティサポートの提供には、出荷後の脆弱性問題に対処するハードウェアおよびソフトウェアの保守対応が必要

したがって、製造業者はセキュリティサポート期間の間、脆弱性がみつかった場合のソフトウェア・アップデートが求められている。

【5】REDでは、以下の要件が求められている。

- 個人情報および金銭情報の不正な保存、処理、アクセス、開示、不正な破壊、損失、改竄、または利用可能性の欠如につながる可能性のある脆弱性を必要に応じて緩和するためのソフトウェアまたはファームウェアを更新する、自動的かつ安全なメカニズムが提供されていること

したがって、対象の機器はソフトウェアの更新機能および自動的かつ安全な更新メカニズムを備えなければならない。

【6】CRAでは、以下の要件が求められている。

- 製造業者は、悪用可能な脆弱性が適時に修正または軽減されるよう、デジタル製品のアップデートを安全に配布するしくみを提供すること
- 製造業者は、特定されたセキュリティ問題に対処するためのセキュリティパッチまたはアップデートが利用可能な場合、遅滞なく無償で提

供すること

　また、関連する情報（取るべき行動を含む）をユーザーにアドバイザリーメッセージとして提供しなければならない。

- 製造業者は、デジタル製品の脆弱性に対し、遅滞なく対処・改善すること（セキュリティアップデートを含む）

　CRAで求められる設計要件はREDの設計要件を発展解消するものという側面もあるためか、基本的にはREDの要件と同様に安全なソフトウェア更新が求められており、加えて、無償での更新の提供および（被害の緩和という観点で）遅滞なく取るべき行動の助言を実施することなどが求められている。

Software Bill Of Materials（以下、SBOM）

　SBOM（ソフトウェア部品表）とは、製品に含むソフトウェアを構成するコンポーネントや互いの依存関係、ライセンスデータなどをリスト化した一覧表である。OSSのライセンス管理や脆弱性の管理、サプライチェーンのリスク管理などの用途で利用が進んでいる。

　特に2021年5月に米国バイデン大統領の大統領令（EO14028）において、政府機関が調達するソフトウェアについてSBOM活用の検討が明記されたことをきっかけに、SBOMが急速に検討され、普及しつつある。日本国内でも、経済産業省の主導によりSBOMの導入に向けた議論が行われている。また、欧州でもCRAにおいて言及されている。

　【6】CRAでは、製造業者に対して以下の要件が求められる。

- 製造業者は、製品に含まれる脆弱性とコンポーネントを特定し、文書化すること。少なくとも製品のトップレベルの部品をカバーする、汎用的かつ機械で読み取り可能な形式のSBOMを作成すること

　すなわち製造業者に対してSBOMの作成義務が課されている。ただし、SBOMの形式については2023年11月時点で検討中であり、今後整合規格の登場を待って決定される見込みである。

	CSMS	PSIRT	ソフトウェア・アップデート	SBOM	サプライチェーン管理
【1】電気通信事業法（日本）	―	―	✓	―	―
【2】UN-R155（国連）	✓	✓	―	―	✓
【3】UN-R156（国連）	―	―	✓	―	―
【4】PSTI（英国）	―	✓	✓	―	―
【5】RED（EU）	―	―	✓	―	―
【6】CRA（EU）	✓	✓	✓	✓	✓

✓：対象、―：対象外

サプライチェーン管理

　サプライチェーン管理とは、サプライチェーンのセキュリティ管理のことである。すなわち、製品セキュリティに関して適切なサプライヤーの選定・委託・調達・保守などを指している。

　【2】UN-R155では、CSMSの項でも述べた通り、車両のライフサイクル全体を通したセキュリティに関するPDCAサイクルを運用できる能力を持つことが要求されている。この中にサプライヤー管理も含まれており、特に自動車は部品点数が多く、かかわるサプライヤーの数もほかのIoT機器と比較して多い傾向にあるため、委託先の管理は重要な問題である。

　【6】CRAでは、製造業者に対して、以下の要件が求められる。

- 製造業者は、デジタル製品に含まれる第三者の部品に潜在する脆弱性に関する情報の共有を促進する措置を講じること（デジタル製品に発

見された脆弱性を報告するための連絡先提供を含む)

　したがって、第三者の部品の脆弱性に関する管理も求められているため、サプライヤーを含めた製品セキュリティの体制整備が要求される。

4 法整備のロードマップ

　図表4-5-2にIoTセキュリティ法整備状況のロードマップを示した。

～2023年：

　自動車業界を中心としたIoTセキュリティ法整備が進んだ。UNECEのWP29で国連標準UN-R155、UN-R156が成立し、加盟国の自動車型式認証において該当法規を採用する傾向がみられ、無線ソフトウェア・アップデート対応、かつ新型車両を対象とした要件適用が開始された。

　電波法に関連するIoT機器を対象とした法整備の検討が進んだ。日本では、2020年に電気通信事業法端末設備等規則第34条の10が施行された。欧州圏では、REDの規制内容の検討が開始された。

2024年：

　欧米圏を中心として、自動車業界以外のIoT機器も対象とした法規の成立が見込まれる。英国でネットワーク接続可能または間接的にネットワーク接続可能な機器を対象としたPSTI法が施行予定。

　加えて、EUのCRAについては、EU各国での販売国に対して、脆弱性・インシデントの報告義務が適用となる見込みである。

　また、UN-R155、UN-R156の適用範囲が、すべての新型車両と、無線ソフトウェア・アップデート対応、かつ継続生産車両まで対象となる。

　そのほかには、米国でセキュリティラベル法の施行が予定される。自動車業界限定だが、中国で型式認証にサイバーセキュリティ系の検査が組みこまれるなど、IT先進国を中心とした、規制が加速する見込み。

図表4-5-2 法整備状況のロードマップ（2023年11月6日時点）

	～2023年	2024年	2025年	2026年～
[1] 電気通信 事業法 （日本）	■ 2020/4 法律施行			
[2] UN-R155 **[3]** UN-R156 （国連）	■ 2022/7 適用開始 ■ 2020/6 法案採択 無線ソフトウェア・ アップデート対応かつ 新型車両のみ適用	■ 2024/1 対象範囲拡大 新型車両 すべてに 適用 ■ 2024/7 対象範囲拡大 新型車両と無線ソフトウェア・ アップデート対応	かつ継続生産車両に適用	■ 2026/1 対象範囲拡大 全車両適用
[4] PSTI （英国）	■ 2022/1 要件公布	■ 2024/4 法律施行		PSTI適用
[5] RED （EU）	■ 2022/2 草案公布	■ 2023/9 要件公布 Harmonized Standards ※整合規格（時期不明）	□ 2025/8 要件適用	RED適用 CRA本格適用後は、 REDのセキュリティ要件は CRAに吸収
[6] CRA （EU）	■ 2022/9 法案提出	■ 2023/10 要件公布	□ 2024/10 脆弱性・インシデント 報告義務	□ 2026/10 CRA 技術要件適用 CRA技術要件適用

脆弱性・インシデント報告義務

Harmonized Standards
※整合規格（時期不明）

■：確定マイルストーン　□：想定マイルストーン

2025年：

EUにてREDの適用が開始される。

2026年〜：

EUにてCRA対象の製品について、技術要件の準拠義務が開始。

また、国連加盟国でUN-R155、UN-R156を自国法に取りこむ各国にて、すべての対象車両への対応が必須となる。

❺ 今後の課題

本稿で示した通り、製品の輸出先および販売先の法規対象となる場合は、「法規と各要件の対応表」（図表4-5-1）に示した各要件を満たす必要がある。

またその上で、短期的、中期的な課題としては、以下が挙げられる。

- 未公開の整合規格への対処：2023年11月時点では、REDおよびCRAの整合規格が公開されていないため、IoT機器開発の要件定義の段階において各法規の開始までに間に合うかどうかは見通せない状況にある。

- 事業者間の連携：CRAおよびPSTIでは事業者に、当局へのIoT機器の脆弱性報告義務が課されている。事業者には販売業者および輸入業者が含まれる。それらの事業者が当局および製造業者に情報を円滑に連絡できるか。

- サプライヤーのサイバーセキュリティ能力の基準がない：サプライヤー選定時にサプライヤーのサイバーセキュリティへの対応能力がわかる基準、評価がない。

- 消費者がセキュリティ観点でIoT機器を選ぶ際の基準整備：2023年11月時点でセキュリティラベル制度が一部の国で検討されているが、日本国内などでは消費者が製品を選ぶ際の基準が制度化されていない。また、現在先行する国で検討中のラベル制度は強制力のある法規ではないため製造業者が遵守する必要はなく、サイバーセキュリティの向上につながらない可能性がある。

おわりに

　野村総合研究所（NRI）が最新のIT動向の調査結果を書籍にまとめた『IT
ロードマップ』も本書で19冊目となった。これまで19年にもわたり刊行し
てこられたのは、読者のみなさまの支持があったからに他ならず、この場を
借りてお礼を申し上げたい。

　2023年のIT業界はChatGPTに代表される生成AI一色と言ってよい一年
となった。ITベンダーはもちろんのこと、ユーザー企業のIT部門も生成AI
の効果的な活用方法を模索したり、あるいはハルシネーションのような生成
AIの課題への対処方法を最優先に検討したりしたことだろう。2024年も引
き続き、生成AIへの注目度は高止まりすると予想されるが、議論の中心は
基盤モデルから、より上位のアプリケーションへと次第に移っていくと考え
られる。また、オープンAI以外が提供する生成AI、とくに巻き返しを図る
グーグルの動向には着目したい。

　ただし、賢明な企業は生成AIにだけ目を奪われることなく、他のテクノ
ロジーの動向に目配りすることも忘れてはならない。その際は是非、本書の
第2章から第4章を参考にしていただければ幸いである。

　本書の企画・執筆にあたっては、東洋経済新報社の髙橋由里さんに大変お
世話になった。この場を借りてお礼を申し上げたい。また、われわれの日々
の調査研究活動を支えてくれているアシスタントの榎本実由さんにも、この
場を借りて感謝の意を表したい。

　2024年3月

　　　　　執筆者代表
　　　　　株式会社野村総合研究所　DX基盤事業本部
　　　　　プリンシパル・アナリスト

　　　　　　　　　　　　　　　　　　　　　　　　　城田真琴

〈 C 〉

CAASM：Cyber Asset Attack Surface Managementの略で、システムやアプリケーション、ハードウェア、ネットワークデバイスといった自社の資産や脆弱性を、APIを通じて絶えず監査することにより特定・可視化し、自社の資産が攻撃される可能性を減らすための手段を指す

〈 E 〉

EASM：External Attack Surface Managementの略で、外部に公開されている、攻撃を受け得る資産の把握と脆弱性を管理するためのセキュリティ製品を指す

EDR：Endpoint Detection and Responseの略で、標的型攻撃やランサムウェアなどによるサイバー攻撃を検出するため、エンドポイント（PCやスマホ）で対策するためのソリューションを指す

〈 I 〉

IPS：Intrusion Prevention Systemの略で、組織のネットワークやデバイスへの通信を監視することで、侵入の兆候を検知・遮断し、不正なアクセスを防止するセキュリティシステムを指す

ISMAP：Information system Security Management and Assessment Programの略で、政府情報システムのためのセキュリティ評価制度を指す

ISO/IEC 15408：ITセキュリティ評価および認証制度などでセキュリティ評価を行うための共通的な評価基準を定めたもの

ISO/SAE 21434：路上を走行する車両内部の電子制御システムに関して、サイバーセキュリティ観点でのプロセス定義およびリスク管理をガイドする目的で作成された国際規格

ISO/SAE 24089：車載ソフトウェアのアップデートに関する要求を扱う国際規格

〈 M 〉

MDM：Mobile Device Managementの略で、ビジネス利用のスマートフォンやタブレットなどのモバイル端末を、一元的に管理・制御していくシステムのこと

〈 N 〉

NDR：Network Detection and Responseの略で、ネットワーク全体を包括的に監視し、脅威の検知・対処を行うソリューションのこと

NISC：National center of Incident readiness and Strategy for Cybersecurityの略で、内閣官房に設置された内閣サイバーセキュリティセンターを指す

〈 S 〉

SASE：Secure Access Service Edgeの略で、ネットワークの機能とセキュリティの機能を一体として提供するクラウドサービス、またはその考え方・概念のこと

Seq2Seq：ある系統のルールに沿って作成された配列データを、別の系統のルールの配列データに変換する技術

SOC：Security Operation Centerの略で、企業などが所有する情報システムへの脅威を24時間365日体制で監視し、脅威情報の分析などを行い、対応策を示す専門組織を指す

Society 5.0：日本が目指すべき未来社会の姿として、2016年に閣議決定された「第5期科学技術基本計画」において内閣府が提唱した概念。サイバー空間（仮想空間）とフィジカル空間（現実空間）を高度に融合させたシステムにより、経済発展と社会的課題の解決を両立する、人間中心の社会を意図している

〈 V 〉

VLAN：Virtual Local Area Networkの略で、物理的な接続形態とは別に、仮想的なLANセグメントをつくる技術のこと

〈 あ 〉

アテンション機構：データのどこに注目すべきか、特定するための技術

〈 い 〉

遺伝的アルゴリズム：生物の進化からヒントを得た最適化アルゴリズムの一種。選択（淘汰）、交叉、突然変異という自然界の概念を用いてシステムをモデル化し、効率的な探索を行うことで最適な解もしくは近似解を見つけ出す

イミューダブルインフラストラクチャ：「不変なインフラ」であり、ITシステムでは本番環境に手を加えないインフラストラクチャを意味する。同じ構成のインフラを別に用意し、テストを実施して問題がなければ、ネットワークの接続先を本番環境から切り替える実現手法が提案されている

〈 え 〉

衛星コンステレーション：多数の小型の人工衛星を連携させ、一体的に運用する仕組み

〈 お 〉

オントロジー：特定の分野の事物や概念、関連性を系統的に表すための方法論やフレームワークのこと

〈 か 〉

開示プラットフォーム：情報を公開するためのシステムのこと。特に本文中では、企業の非財務情報の開示のためのシステムを指す

カーボンオフセット：企業などが排出した二酸化炭素の量と等しい二酸化炭素を削減、または

吸収する活動を支援することで、二酸化炭素の排出量をオフセット（相殺）すること

〈 き 〉

脅威インテリジェンス：攻撃者の意図や能力、設備などに関する情報を整理および分析することで有益な知識を導き出し、使用可能なものに変えたもの。企業は脅威インテリジェンスを活用することで、従来のセキュリティ対策で見逃されていた高度なサイバー攻撃を防御・検知できるようになる

〈 こ 〉

コンテナオーケストレーション：コンテナのネットワーク管理を自動化する技術である。コンテナのデプロイメント、スケーリング、ライフサイクル管理などの、運用作業の多くを自動化する

コンポーネント：システム全体を構成する部品、要素のこと。情報技術においては、サブシステムや下位のプログラムなどを指す

〈 さ 〉

サイバーハイジーン：ハイジーンは「衛生」を意味し、サイバーハイジーンとは一般の衛生管理と同じように社内のIT環境や個人のインターネット利用環境を健全な状態に保つことを推奨すること

サウンドスペクトログラム：音声の時間ごとの周波数と強度の変化を解析した結果のこと

サーバーレス：開発者がサーバーを管理する必要なくアプリケーションを構築および実行できるようにすること

サービスメッシュ：アプリケーション間の通信を、インフラストラクチャ側で制御する技術。具体的には、マイクロサービスごとに配置したプロキシを経由してほかのサービスと通信させる。マイクロサービス間の連携が強化され、相互運用性の向上につながるメリットがある

サブオービタル：「準軌道」ともいう。軌道を意味する英語のorbitの形容詞であるorbital（オービタル）に対する言葉として用いられる。サブオービタルは、地球周回軌道を飛行する人工衛星とは異なり、放物線を描いて地上に戻る飛行を行う

〈 せ 〉

セーフ・ハーバー・ルール：一定の条件などの基準を満たしていれば、違反や罰金の対象にならないとされる範囲のこと

ゼロトラスト：社内外のネットワーク環境における、従来の「境界」の概念を捨て去り、守るべき情報資産にアクセスするものはすべて信用せずにその安全性を検証することで、情報資産への脅威を防ぐという、セキュリティの考え方

宣言型API：「最終的に得たい結果」を指示するAPI。具体的に実行させたいコマンドを命令する「命令型API」の対比で用いられる。システムによる自律的な動作や制御を期待できる

ため、ユーザーが状況に応じてコマンドを指定する必要がないなどのメリットがある

〈そ〉
ソーシャルエンジニアリング：パスワードなどの重要な情報を、情報通信技術を使用せずに、人間の心理的な隙や行動のミスにつけ込んで入手する手法

〈た〉
タクソノミー：情報やデータの分類のこと。特に本文中では情報やデータなどを階層構造で整理したものを指す

ダークWeb：Googleなどの一般的な検索エンジンでは表示されることがなく、専用のツールやブラウザを必要とするウェブサイトのこと

〈は〉
パルスサーベイ：従業員を対象に、働きがい、満足度、モチベーション等の把握を目的とし、定期的にかつ短期間で実施される調査のこと

〈ひ〉
非構造データ：規則や形式に沿っていないデータのこと。反対は、構造化データ。構造化データは、表形式のようにあらかじめ決められたフォーマットに応じて整理されたデータ

〈ふ〉
ファインチューニング：学習済みのAIのモデルを特定のタスクやデータセットに合わせて調整すること

フォレンジック：セキュリティ事故が起きた際に、端末やネットワーク内の情報を収集し、被害状況の解明や犯罪捜査に必要な法的証拠を明らかにする取り組みのこと

プレイブック：インシデントが発生した際に、対応手順や要領を整備したチェックリストのこと

〈へ〉
ベイズ最適化：ベイズ統計を使い目的関数の挙動を確率的にモデル化し、最適な解を効率的に探索する最適化の手法の一種。特に目的関数の評価が高コストである場合や、関数の形が複雑で直接的な解析が難しい場合に有効とされている

〈ま〉
マイクロサービス：規模が小さいサービス同士を組み合わせて連係させ、ひとつの大きなアプリケーションやサイトを構築するソフトウェア開発手法

〈ら〉
ランサムウェア：「ransom（身代金）」と「software（ソフトウェア）」を組み合わせた造語で、ファイルを暗号化することで利用不可能な状態にした上で、そのファイルを元に戻すことと引き換えに金銭（身代金）を要求するマルウェア

執筆者紹介

野村総合研究所　IT基盤技術戦略室／第1〜3章
進展著しい情報技術の動向を把握、分析、予測するITアナリスト集団。
情報技術の変化を敏感に捉え、顧客企業やNRIグループが適切なIT投資や研究開発を行うための戦略立案機能を持つ。

城田 真琴（しろた まこと：プリンシパル・アナリスト）／第1章1、2節
専門はフィンテック、エンベデッド・ファイナンス、情報銀行、信用スコアリング、個人情報保護／プライバシーなどのITサービス、IT関連法。

亀津 敦（かめつ あつし：エキスパートリサーチャー）／第2章3、5節
専門はブロックチェーンやデジタルツインなどの新興技術動向と、コミュニケーション・コラボレーションなどワークプレイス関連技術、技術経営戦略など。

藤吉 栄二（ふじよし えいじ：エキスパートリサーチャー）／第2章2、4節、第2章コラム（日本のソブリンクラウド）
専門はデバイス技術全般、無線ネットワーク技術、量子コンピューティングなど。

長谷 佳明（ながや よしあき：エキスパートリサーチャー）／第2章1節、第3章2節
専門は人工知能、ロボティクス、デジタルヘルス、IT基盤技術、開発技術／開発方法論、基幹業務システムなど。

幸田 敏宏（こうだ としひろ：エキスパートリサーチャー）／第3章4節
専門はXR（VR/AR/MR）、リテールテック、フィンテック、HRテック、企業のオープンイノベーションプロジェクトなど。

鷺森 崇（さぎもり たかし：エキスパートリサーチャー）／第2章コラム（意思決定テクノロジー）
専門はデータサイエンス、機械学習プラットフォーム、ロケーションテクノロジー、AIアシスタント関連技術など。

権藤 亜希子（ごんどう あきこ：エキスパートリサーチャー）／第3章1、3節
専門はサステナブルテック（ESGリスク管理、レポーティング関連）、HRテックなど。

NRIセキュアテクノロジーズ／第4章
野村総合研究所グループの情報セキュリティ専門企業。変化の激しい情報セキュリティに精通し、世界レベルでの経験を積んだスペシャリストが、真に役立つ、高品質なサービスを提供。テクノロジーとマネジメントの両面から、企業・組織の情報セキュリティに関するあらゆるニーズに対応する。

大貫 秀明（おおぬき ひであき：研究主幹）／第4章監修
専門はセキュリティに関するコンサルテーション全般、セキュリティ監査、暗号理論など。

永木 良尚（ながき よしなお：研究主幹）／第4章監修
専門はサイバーセキュリティサービスの開発と運営、業界動向調査など。

西田 助宏（にした すけひろ：サービス開発推進部長）／第4章1節
　事業発掘に資する調査・研究、技術開発・獲得を担当。

藤井 秀之（ふじい ひでゆき：エキスパートセキュリティコンサルタント）／第4章コラム（ダークパターン）
　専門はデータ利活用に関する制度設計やデータガバナンスに関するコンサルティングなど。

岡部 拓也（おかべ たくや：エキスパートセキュリティコンサルタント）／第4章2節
　専門はセキュリティ中長期計画策定、セキュリティ方式・運用設計、ゼロトラスト・セキュリティ
　など。

境 文也（さかい ふみや：シニアセキュリティコンサルタント）／第4章3節
　専門はクラウドセキュリティ、ネットワークセキュリティソリューションの提案および導入支援な
　ど。

菅 智彦（すが ともひこ：エキスパートセキュリティコンサルタント）／第4章コラム（脅威対策の最新動向）
　専門はセキュリティサービスの開発、セキュリティ事故対応支援、ペネトレーションテストなど。

坂森 康礼（さかもり やすゆき：シニアセキュリティアナリスト）／第4章コラム（脅威対策の最新動向）
　専門はセキュリティ監視・ログ分析、SIEM/XDRなど。

日暮 一太（ひぐらし いちた：シニアセキュリティコンサルタント）／第4章4節
　専門は決済セキュリティに関するコンサルティング、カード国際セキュリティ基準の準拠支援など。

古川 英明（ふるかわ ひであき：シニアセキュリティコンサルタント）／第4章4節
　専門は認証・認可やデジタルアイデンティティに関するコンサルティングなど。

谷村 昂人（たにむら たかと：シニアセキュリティコンサルタント）／第4章5節
　専門は製品セキュリティ全般に関するコンサルティング、IoT関連のセキュリティ法規調査、車載
　向け開発プロセスアセスメントなど。

江藤 修（えとう しゅう：シニアセキュリティコンサルタント）／第4章5節
　専門は製品セキュリティ全般に関するコンサルティング、IoT関連のセキュリティ法規調査、耐量
　子暗号技術、軽量暗号技術など。

ITロードマップ 2024年版

2024 年 3 月 29 日発行

著　者──野村総合研究所　IT 基盤技術戦略室／NRI セキュアテクノロジーズ
発行者──田北浩章
発行所──東洋経済新報社
　　　　　〒103-8345　東京都中央区日本橋本石町 1-2-1
　　　　　電話＝東洋経済コールセンター　03(6386)1040
　　　　　https://toyokeizai.net/
装　丁…………山田英春
ＤＴＰ…………アイランドコレクション
印　刷…………港北メディアサービス
製　本…………積信堂
編集担当………髙橋由里
©2024 Nomura Research Institute, Ltd., NRI Secure Technologies, Ltd.　Printed in Japan　ISBN 978-4-492-58122-3